Donado por
La Familia
Kidwell

La primera vez
tenía seis años…

La primera vez tenía seis años…

Isabelle Aubry

Traducción de Roser Berdagué

Rocaeditorial

Título original francés: *La première fois, j'avais six ans…*
© Oh! Éditions, 2008. All rights reserved

Primera edición: marzo de 2010
Segunda edición: mayo de 2010

© de la traducción: Roser Berdagué
© de esta edición: Roca Editorial de Libros, S. L.
Marquès de la Argentera, 17, Pral.
08003 Barcelona.
info@rocaeditorial.com
www.rocaeditorial.com

Impreso por Brosmac, S.L.
Carretera de Villaviciosa - Móstoles, km 1
Villaviciosa de Odón (Madrid)

ISBN: 978-84-9918-061-8
Depósito legal: M. 13.315-2010

1

La puerta Dauphine y otros lugares

*E*n París, por la noche, hay coches que circulan discretamente por calles iluminadas o desiertas en los que viajan parejas correctas desde todos los puntos de vista. Se trata de hombres y mujeres sonrientes, excitados por el placer que disfrutarán a no tardar. Se dirigen todos a la puerta Dauphine.

También yo me dirijo a ella, porque el hombre que me lleva lo ha decidido así. Hace muy poco, antes de ponernos en marcha, Renaud me ha dicho que me había preparado una bonita sorpresa. Sea bonita o no, la única opción que tengo es seguirlo. Es de natural colérico e inclinado a la violencia. Con manos fuertes y nudosas, aplasta los cigarrillos con gesto vivo, brusco, con la misma presteza que emplea cuando suelta golpes. Hace mucho tiempo que Renaud me tiene amedrentada, pero hoy la cosa presenta buen cariz porque le oigo tararear por lo bajo. La juerga que tiene en mente le complace tanto como me inquieta a mí.

En la puerta Dauphine ya ha empezado la danza de coches. Se siguen, se adelantan, se arremolinan en torno a la rotonda. Conductores y pasajeras inspeccionan y evalúan la mercancía expuesta en el vehículo contiguo. Unos parpadeos de los faros en dirección a Renaud indican que el ocupante del coche vecino demuestra un vivo interés. Trato cerrado: Renaud lo sigue a través de los callejones adyacentes. París, periferia, aparcamiento, ascensor, pasillo: no sé aún adónde voy, pero el nudo que siento en el estómago me dice que estamos llegando al final. La famosa sorpresa, lo presiento, no será un regalo. Entramos en el pequeño apartamento del señor Fulano de Tal: un televisor, una moqueta marronosa, una mesa baja, la señora Fulana de Tal con el pelo teñido de rubio y un largo canapé en el que se acomodan los presentes. A lo que se ve, todos saben a lo que han venido. También yo lo adivino y la angustia que ya siento sube de nivel cuando, tras cerrar la puerta, me quedo a solas con el hombre. A quien no conozco. Que no me conoce. Que empieza a desnudarme. Que se desabrocha los botones de los vaqueros mientras me acaricia los pechos.

Sueño que huyo, que huyo en ese mismo momento, antes de que suceda lo que debe suceder. Pero me quedo porque Renaud, que está con la rubia en la habitación de al lado, así lo exige.

Dura mucho. La mirada vaga en el techo y el cuerpo se hunde en los cojines bajo el peso del hombre calvo desconocido. Su vaivén me provoca náuseas. Van pasando los minutos, el calor aumenta, parece que el suplicio no tendrá fin. Vuelve Renaud con su conquista y ahora nos revolvemos los cuatro en el raído sofá-cama, delante del televisor apagado.

Hago un esfuerzo de concentración para no sentir nada. El cuerpo se transforma en un amasijo de algodón a la merced de todos. Cuando cesan por fin los bufidos, sólo siento el deseo de morir.

Tengo trece años y medio y acabo de vivir mi primera orgía.

Habrá otras, muchas más. Orgías de cuatro, de seis, de veinte personas. No contento con meterme en su cama, Renaud hará de mí, niña morena y tímida, una puta rentable y callada. Mancillada a menudo, durante mucho tiempo, en la puerta Dauphine y otros lugares. Colegiala de día, juguete sumiso de noche: ésa es mi vida. Diez individuos, quince a veces, pasarán por mi cuerpo. Yo no cuento para nada. Cierro los ojos. Inerte, desconecto.

Una vez, uno de esos individuos me espeta:

—No parece que te guste... —dice.

¡Listo, el chico! Es evidente que no me gusta. Aborrezco

todo eso. Preferiría, como todas las chicas de mi edad, quedarme en casa mirando la tele o leyendo la biografía de Edith Piaf, a la que admiro, o hasta haciendo los deberes... ¿Por qué no? Preferiría que ningún cerdo emporcase mi vida. Preferiría no ser, noche tras noche, un saco de esperma para docenas de hombres que se desahogan entre mis piernas de niña. Lo daría absolutamente todo para que cesara esta pesadilla. Esas noches inacabables son una agonía. Son una muerte. Y al día siguiente empieza todo de nuevo. Podría echárselo en cara a ese desgraciado que se abrocha los pantalones, pero no digo nada. Callo porque soy una niña y porque Renaud, ese hombre que me viola todas las noches y que me presta a todo aquel que me desee, es mi padre.

9

2

Un objeto

*U*na peña rocosa y porfiada, azotada por brazos de mar, pero acerada siempre. Un espolón hincado en el océano, tierra de salvaje belleza, árida, hostil incluso en días de tempestad. La punta de la Torche sólo se suaviza cuando se adivina detrás de ella, en tierra, la redondez de dunas cubiertas de tulipanes de color naranja... Esa lengua de tierra tan peculiar es el lugar del mundo que prefiero, el corazón del país que llevo en el corazón, el Finisterre. Allí he vivido y, cuando lo he dejado, no ha sido nunca por mucho tiempo. Porque he vuelto siempre, de vacaciones cuando era niña y, ya adulta, con los amores de mi vida. En esa tierra salada se hunden mis raíces. Aquí, frente al mar, mis antepasados se afincaron en un triángulo yodado encerrado entre Audierne, Bénodet y Quimper. Aquí mis tatarabuelas esperaron, solas, a que su marido, su hermano o su hijo regresara de pescar lejos de la costa. Y mis abuelas, con el tocado del Pays Bigouden, pasaron su juventud con los ojos fijos en el azul, esperando a que volviera su padre marinero.

Así se habrían ido perpetuando generaciones de pescadores de no haber existido Valentine.

La primera que dejó Bretaña fue ella, mi abuela paterna. Valentine, de joven, es guapa a rabiar; una morena de tez pálida con porte de princesa... Tan guapa es que, poco antes de los dieciséis años, gana el premio de «reina de las bordadoras». Este concurso de belleza no es moco de pavo en la década de 1920, ya que confiere a mi abuela fama local, innumerables peticiones de mano y un viaje de ida y vuelta a la capital. La galardonada rechaza las alianzas, pero se embolsa el billete. De París se trae bonitas tarjetas postales en gris y blanco y, además, a mi abuelo, René Aubry. No es bretón pero, ¡qué más da! Ese peón de albañil joven que apenas sonríe y habla de manera brusca le cae bien. Es alto, de presencia imponente, esforzado en el trabajo. Es más, lleva oro en las manos.

Estamos a principios del siglo XX, la época en que las familias de Francia aspiran al progreso, a las comodidades. Mi abuelo está en condiciones de servírselas en bandeja, ya que conoce los secretos de la calefacción central. Cuando decide afincarse en la tierra de su mujer, cuando llega a mi Finisterre con esa alhaja moderna cuyos hilos él es el único de la región que sabe manejar, el que un día fuera paje se convierte en rey. Equipa todos los alrededores, trabaja a más y mejor y contempla cómo crece la empresa que ha fundado. En la tierra de la película *Caballo del Orgullo*, mi abuelo se queda con la parte del león. Mientras su marido calienta a los habitantes de la zona, mi abuela abre una tienda de electrodomésticos que no tarda en hacerse popular. Poco a poco, Valentine va subiendo la escala social. Su marido y ella acaban instalándose en los confines de aquella campiña agreste, donde ocupan una enorme granja abandonada. Mi abuelo resucita con sus manos la imponente edificación y planta hortalizas en la parte trasera de la casa y flores en la delantera. En el gran parque sólo han sobrevivido unos cuantos boneteros, inmunes a los ásperos remolinos de los vendavales. Salvo estos vegetales retorcidos de savia requemada por el soplo marino, no crece nada, según dicen. Pese a ello, mi abuelo es pugnaz y planta, en un alarde de tozudez, pequeños arbustos espinosos que, con el paso de los años, acabarán creando un lujuriante paseo de abetos, majestuosa y exótica barrera en el árido paisaje granítico... La historia de mis abuelos se parece a ese modesto jardín transformado en parque suntuoso, ya que a fuerza de trabajo se convirtieron en notables del país. No perdieron nunca su afán de trabajadores. Y me lo transmitieron.

Cuando niña, en los periodos de tiempo que pasé con ellos nunca estuve mano sobre mano.

—¡Isabelle, ven acá, quiero enseñarte una cosa!

Y allá voy yo, toda oídos, para escuchar a *papy* mientras diserta sobre filatelia, sobre el arte de reproducir un sauce mediante un esqueje o sobre la técnica de esculpir la pata de una silla... En el gigantesco taller de mi abuelo destaca, en efecto, un torno mecánico que me tiene fascinada. Apoyado en el banco, *papy* trabaja con los ojos fruncidos mientras yo contemplo cómo, en sus dedos, el tocón de pino se transforma por ensalmo en la pata de una cama o en otra maravilla. Estará días ocupado en fabricarme magníficos cubos, tallados y pulimentados, de hermosa madera de color caramelo...

—Isabelle, ¿sabrías decirme, por favor, qué significa la palabra «achaflanar»?

Puedo dar tres respuestas, pero estoy completamente en la inopia. Tratándose de René Aubry, hasta los juegos son educativos: coge un diccionario, pesca una palabra al azar y me deja que adivine su definición antes de facilitármela, así que suelto la lengua. Las dos palabrotas peores son, para él, «amateurismo» y «ocio». Cuando mi abuelo no tiene nada que enseñarme, acudo a mi abuela para que me dé una clase de mejunjes gastronómicos. Rebaño con la lengua la salsera de la langosta a la armoricana, revuelvo confituras humeantes aún y, mientras espero la hora del festín, hago una escapada al parque donde me dedico a capturar bichos. Una vez aparezco en casa, a la hora del aperitivo, cargada con un cubo dentro del cual hay una serpiente magnífica y reluciente que acabo de cazar.

—Mira qué hermosa culebra he atrapado, *papy*... Bonita, ¿no?

René Aubry, estoico siempre, me ordena prestamente que me aparte, se mete en el taller y sale con el cortacéspedes, que restriega frenéticamente sobre mi magnífico trofeo de caza.

Ese día, además de muchos mimos de consuelo, recibo una clase sobre animales peligrosos. Aprendo a distinguir una inofensiva culebra de una malévola víbora, pero también a cocinar, a hacer todo tipo de chapuzas, a coser, a hacer de jardinera,

13

a jugar al croquet... Con mis abuelos Valentine y René aprendo mil cosas.

Y con Augustine, aprendo lo que es querer.

Augustine es mi otra abuela, la madre de mi madre. Augustine es *mémé*. Sólo de pensar en ella se me encoge el corazón: esa buena mujer que nunca en la vida ha dejado de llevar el alto tocado del Pays Bigouden. Todavía suenan en mis oídos sus palabras dulces en lengua bretona y noto en mis dedos el peine hincado en sus cabellos grises, que manoseo cuando me sostiene en brazos... Quiero más a mi *mémé* que a nadie de la familia. Y ella me corresponde con creces.

Su casita, además, está a dos pasos de la playa y a mí me encanta la playa.

Así que dispongo de tres minutos, corro, vuelo a la playa. Sola, me zambullo en las olas, chapoteo en el agua, me sumerjo en los feroces golpes de mar. Pasa el tiempo, a veces salgo por la mañana y no vuelvo hasta la noche, cubierta de barro, sucia como una cerda, con las mejillas arreboladas y las pantorrillas cubiertas de arañazos. ¡Pero feliz! Y Augustine me espera en la puerta, furiosa e inquieta.

—Isabelle, ¿no sabe usted qué hora es?

La abuela suele liarse con los idiomas, mezcla el bretón con el francés, se pierde y de pronto me trata de usted, lo que en su lengua nativa es muestra de cariño. Pero, en realidad, está furiosa. Me he olvidado de merendar o me he revolcado por tierra, o le he cogido su bici negra, demasiado grande para mis piernas cortas de niña, y me he caído con tan mala pata que un vecino me ha tenido que llevar a casa, medio atontada.

Mémé me prohíbe seriamente que vuelva a coger su bicicleta.

—Nunca más, ¿entendido?

Pero la cosa no tiene importancia, porque no ando escasa de ocurrencias a la hora de divertirme y pronto descubro juegos aún más divertidos, como ir a cazar grillos o meter una aguja larga en el enchufe de la electricidad... Cuando a Augustine se le acaba la paciencia, recurre al látigo de nueve colas; a veces surte efecto o por lo menos trata de marcar límites. A pillo, pillo y medio: tan pronto como vuelve la espalda, arranco disimuladamente una de las cuerdas del látigo. Con el tiempo, el pobre acaba totalmente desplumado, y cuando Augustine intenta recurrir a él no le sirve de nada... Yo me río para mis adentros viendo la mala pasada que le he jugado. ¿Se percata de mi astucia? Es probable, pero cierra los ojos. ¡La buena de Augustine!

A veces la enloquezco con mis diabluras. Cuando llego a casa con dos horas de retraso se le estremece la toca al verme con el pantalón corto roto por haberme dedicado a coger moras entre las zarzas. Pese a todo, es dura y fuerte porque las ha visto de todos los colores. Su marido, mi abuelo, era pescador de altura. Cuando salía de casa para emprender los caminos del mar, espetaba a su mujer como quien no quiere la cosa, tal vez para conjurar la suerte:

—Seguro que esta vez no vuelvo.

Y su mujer, hablándole en bretón como él a ella, le contestaba que no se preocupara y que siempre le decía lo mismo. Hasta que el destino acabó por darle la razón y murió en el mar. Pero no ahogado, no: cayó a plomo en cubierta, fulminado por un aneurisma. En aquel entonces, cuando ocurría uno de esos dramas, la tripulación no perdía tiempo en sentimentalismos y los compañeros ataban al muerto con una cuerda y lo llevaban a rastras una o dos horas sumergido en el Atlántico para simular que se había ahogado. Se etiquetaba el suceso de accidente de trabajo y de ese modo la viuda tenía derecho a una pensión. Ya fuera por exceso de corazón o por falta de tripas, los compañeros de mi abuelo no siguieron la tradición y dejaron su cadáver en cubierta, lo que obligó a Augustine a remangarse. Sola, con cinco hijos a su cargo, sin ningún salario, la bretona tuvo que ponerse a trabajar en la fábrica. Año tras año, desde la mañana hasta la noche, trabajó en la conservería de sardina y cuidó a la chiquillería con la energía que todavía le quedaba. Y después de madre coraje, pese a estar desbordada, aún le quedaron arrestos para ser una abuela cariñosa.

15

Me acuerdo confusamente de mis manos en las suyas sosteniéndome, cuando yo era muy pequeña, a través de las dunas cubiertas de romero para enseñarme a caminar. Me acuerdo perfectamente de su olor en la almohada cuando, por la noche, me arrimaba a ella con la nariz pegada a su cuello antes de caer dormida.

A su lado paso los mejores momentos de mi infancia, es decir, de mi vida. Ella me protege, me consuela, me quiere y me divierte. Gracias a Augustine, existo.

Con mis padres, es otro cantar.

Del matrimonio de Augustine y de su marinero nacerá Marie, mi madre, la menor de cinco hijos, que sin duda se vio privada de su madre. Más adelante soñó con estudiar, pero por desgracia tuvo que ponerse pronto a trabajar. De René y Valentine nació mi padre, Renaud, niño mimado que disfrutó de todo lo que sus padres no habían tenido en su juventud. Se dedicó a electricista, pero sentía envidia de su hermano, que era ingeniero. Yo soy el fruto de la unión de aquella frustración y de aquella acritud, un fruto que germinó por inadvertencia. Mis padres vivían a pocos kilómetros de distancia y seguramente pasaron de vecinos a compañeros y de compañeros a novios. Así pues, fui concebida pero no deseada. Mi madre quedó embarazada cuando todavía no había cumplido los dieciocho años y soñaba con un gran futuro y con un trabajo en la ciudad. Para la menor de los hermanos, aquel embarazo es igual a catástrofe porque echa por tierra sus proyectos dorados. ¡Adiós estudios! Yo abro a Marie el camino del ayuntamiento. Allí posa para la fotografía, novia guapa envuelta en tules y con un ramo de blancas azucenas, cogida del brazo de mi padre. ¿Enamorados? Tal vez sí, pero sobre todo obligados por las circunstancias.

—Cuando supe que estaba embarazada, vi que había caído en la trampa.

O sea que, a partir de los primeros segundos de mi existencia soy un regalo del azar que no quiere nadie. Pasarán los años, mi madre no me ahorrará ningún detalle y sabré por ella que lo intentó todo para evitarme. Pasará nueve meses derramando ríos de lágrimas y saltando de roca en roca para tratar de liberar su cuerpo de aquel feto pequeño pero porfiado que soy yo. Pero todo es inútil porque estoy bien agarrada. Ya entonces doy muestras de tenacidad.

Pese a todo, nazco rebosante de salud el 11 de abril de 1965 en el hôtel-Dieu de Pont-l'Abbé. Mi madre me da de mamar durante un tiempo hasta que un buen día sus pechos se declaran en huelga. Demasiadas contrariedades, por eso no tiene nada que dar a la niña hambrienta.

—Discutí con tu padre y se me cortó la leche —me cuenta.

O sea que mis padres ya discuten. Hay que admitir que Renaud Aubry es todo un ejemplar: colérico, egoísta, imprevisible. Siendo niño, lo que más le divertía era dar un empujón a la vecina, cargada con la lechera. Mi padre disfrutaba al ver la leche derramada, una broma cruel. Ya adulto sigue cultivando esa faceta sádica. Cuando viaja en coche, a la que ve a un desconocido montado en un ciclomotor da un pequeño toque de costado al volante para que la moto y su ocupante caigan en la cuneta... Mi padre es dado a los odios fáciles: los árabes, los negros, los muy jóvenes, los muy viejos... Globalmente, sólo se ama a sí mismo. Convencido de que es un ser fuera de lo común, discute a menudo con su padre, a quien reprocha que no lo considere en su justo e inmenso valor. Él, el electricista, tiene una cuenta pendiente con la vida, con su hermano ingeniero, por eso la ambición lo corroe por dentro. Una nadería le hace perder los estribos y está convencido de que el mundo entero le tiene envidia y le roba. Sintiéndose orgulloso de su cinturón negro de judo, un deporte que practicó en la marina, no duda ante el puñetazo. Armas, fusiles, navajas... lo encandilan. Y más aún, las peleas. Un día se deja llevar por los nervios y arremete contra mi abuelo con gritos y alaridos. El día siguiente le tocará el turno a su cuñado, en la casita de Augustine. Basta cualquier insignificancia para que suba el tono de voz, reparta puñetazos, vuelque el aceite sobre el fogón de la cocina y las llamas lleguen al techo. Yo tengo tres años y el terror me petrifica.

Así es mi padre, ese padre a quien quiero por encima de todo y que tanto miedo me da. Porque yo quiero a mi padre, es evi-

17

dente, ya que es fuerte, inteligente y, además, es mi papá. Y él también me quiere, aunque a su manera. O sea, mal. Yo soy la carne de su carne, la sangre de su sangre y, como él se quiere tan desmesuradamente, también a mí me quiere un poco. Como digna hija de su padre, quiere que yo sea la más guapa, la más pícara, la mejor educada. Lo que soy de veras, lo que pienso, mis dichas y desdichas, le tienen sin cuidado. De hecho, existo para conferirle valor con mi existencia. A ojos de su esposa querría ser el centro del mundo; querría que Marie lo admirase, que lo acompañase allí donde vaya. Pero con ella las cosas no marchan tan bien como conmigo.

Mi madre, casada con un egocéntrico de pura cepa, a veces se hastía de sus prontos y de sus rabietas. Sus discusiones son mi pan de cada día en aquel apartamento de la periferia parisina donde vivimos. Mi padre ha encontrado en la zona un trabajo de reparación de electrodomésticos, mi madre es contratada como secretaria y me descarga en casa de una ama de cría del vecindario... Pero un día en que mi madre va a recogerme antes de la hora prevista, sorprende al marido de la tata de barrio en plena sesión de desahogo, es decir, asestándome sonoros cachetes y yo lanzando alaridos. ¡Cunde el pánico! Mi madre me retira al momento de aquella indeseable casa y pide ayuda a su madre. Así pues, mi queridísima abuela Augustine desembarca en Carrières-sur-Seine con su toca y su maleta, dispuesta a custodiarme. El trabajo es mucho y el dinero poco y, además, hay que contar con una niña y una suegra a todo estar... Entre mis padres no escasean las trifulcas y a menudo vuelan ceniceros por los aires. Una noche, cuando apenas tengo tres años, mi madre acaba por llevarse a su hija y a su madre y henos aquí escapando las tres por la boca del metro... Yo no comprendo nada, desfilan estaciones ante mis ojos y preguntas por mi cabeza. ¿Por qué he tenido que dejar mis juguetes? ¿Por qué mi papá se ha quedado en casa?

Así transcurre mi primera infancia, entre discusiones y angustias. Me veo privada de esa seguridad tan necesaria a esa edad para crecer serenamente. Nunca me sentí protegida al lado de mis padres. Basta una disputa para que uno de los dos se vaya

18

de casa dando un portazo o para que me envíen a casa de mis abuelos o a otro sitio cualquiera... Temo siempre el conflicto. A menudo me pregunto si por la noche dormiré en mi cama. No sé nunca cómo será mañana.

Mis padres hacen que crezca intranquila.

Así pues, cuando están enfadados, es el horror. Y cuando no lo están, la situación no es mucho mejor porque entonces quieren divertirse, montar a caballo, ir a bailar, tomarse unas copas y hacer el amor, puesto que ya no hay guerra entre los dos. En cualquier caso es como si yo no existiera.

A la edad en que estoy a punto de ingresar en el parvulario mis padres deciden regresar a su Bretaña natal. Mis abuelos Valentine y René se han jubilado y resuelven repartir sus bienes, ahora cuantiosos, entre sus dos hijos. Reciben una casa cada uno con una tienda en la planta baja. Corresponde a mi padre la tienda de electrodomésticos: él los repara, instala y pone en funcionamiento, lo que le permite meterse en casa de los clientes y hacer de las suyas; mi madre se ocupa de la tienda. Nosotros vivimos en el piso de arriba, en un apartamento que mi padre reforma según sus gustos y transforma en una especie de *loft*. Está de moda en la época y nada puede gustarle tanto como una vivienda sin tabiques, porque así puede ver y ser visto. Mi padre —dictador, obsesivo, manipulador— tiene el carácter idóneo para ser el gurú de una secta, algo así como un hippie perverso... Tiene amigotes hippies, a quienes designa con cierta condescendencia como los «yeyés». Pero Renaud Aubry es un pequeñoburgués, el hijo del presidente del Sindicato de Comerciantes, un jefe de empresa que vive en una aldea de provincias. En consecuencia, formará discretamente su comunidad en su propia casa.

Empieza por derribar los tabiques del apartamento donde vivimos. ¿Acaso sirven de algo? Mi padre es alérgico a la intimidad de los demás. En cuanto a la suya, todos deben aprovecharse de ella. Se pasea desnudo por casa cuando se le antoja y, cuando va al retrete o quiere ducharse, deja sistemáticamente abierta la puerta. Sin darle la más mínima importancia, mi padre crea un apartamento sin barreras, sin fronteras, un espacio

19

desprovisto de límites. Coloca el lecho conyugal en la sala principal; el salón y la habitación de mis padres son una misma estancia. Yo continúo teniendo mi habitación y las paredes que encierran el cuarto de baño también sobreviven a la demolición, pero en mi casa no hay puertas cerradas.

Por eso una tarde, a la salida de la escuela, tras subir la escalera que conduce a nuestro apartamento, veo a mis padres acariciándose en la cama, completamente desnudos. Han oído mis pasos, saben que estoy allí, muy cerca, pero eso no les impide seguir con sus actividades. No comprendo muy bien lo que ocurre, pero sé que no estoy en mi sitio. Siento una incomodidad que me empuja a refugiarme en mi cuarto. Es la primera vez que mis padres hacen el amor ante mis ojos, pero no será la última. Cediendo al instinto, a menudo se abalanzan uno sobre otro y, si en aquel momento paso por delante, asisto al espectáculo. A veces, con ocasión de un paseo dominical por el bosque, se despierta la libido de mi padre y agarra a mi madre por el brazo y la posee entre los arbustos. Yo me quedo en el borde del camino contando moscas, siguiendo sus instrucciones, tarareando por lo bajo para no oír sus aspavientos.

Tal vez mi presencia próxima les excita. O quizá tengo tan poca importancia que ni siquiera les importa. De lo que yo pueda sentir no se preocupa nadie. Tanto si retozan como en las demás actividades de la vida, no cuento para nada.

Mi madre se ocupa de la tienda, mi padre de la clientela y yo vengo después, tratando pese a todo de colarme en los huecos que deja su distribución del tiempo. No es fácil. A mediodía viene Suzanne, una asistenta de mis abuelos que me prepara la comida. Parece que la veo, llorando porque no quiero comer. No, no quiero compota, no quiero que me la dé la cariñosa Suzon, quiero que me la dé mi mamá y no hay más que hablar. Cuando aparece mi abuela, desesperada, me avengo a tragar unos bocados. A la salida de la escuela, me quedo en la calle con mis compañeras hasta que cierra la tienda o me refugio horas enteras en la caseta de mi perrita *Dolly*. El único recuerdo agradable que conservo de mi madre es el del día que vamos a buscar a esta encantadora teckel. Fue un flechazo para las dos. Así que vi su carita, la cogí en brazos y ya no volvimos a separarnos. Duermo la siesta acurrucada en sus cartones, arrimada a ella, juego incansablemente a pelota con ella. Porque *Dolly* no es como mi madre, que siempre tiene otros asuntos entre manos. ¡Me gustaría tanto que por la noche, después de cenar, estuviera un rato conmigo! Por eso hago lo imposible para atraer su atención y le pido que me dé un beso, que me haga trenzas para que los cabellos no se me enreden mientras duermo, le doy mi pijama fingiendo que no sé ponérmelo.

—No sé donde está lo de delante y donde lo de atrás. No lo entiendo, mamá, ayúdame, por favor.

Todas las noches la misma comedia, mi madre pierde la paciencia. La molesto, suspira, insisto, la pongo nerviosa. Quiero que me dedique tiempo, que acaricie mis largos cabellos, que nos hagamos mimos. Pero a ella le basta con lo mínimo. Cumplo cuatro años, cinco, seis... mi día a día de niña no interesa a nadie.

Una noche en que mis padres han salido para ir al restaurante me quedo sola en casa, como de costumbre, con mi *Dolly*, que está preñada. Se pone de parto aquella noche y la veo, trabajosa y doliente, y seguidamente presencio cómo de su vientre sale una bolsa... Asisto, aterrada, al nacimiento de unos teckels minúsculos y mojados. ¿Qué hago? ¿Cómo puedo ayudarla? Trato en vano de localizar a mis padres por teléfono. Volverán tranquilamente, ya entrada la noche. Y sonreirán apenas cuando les cuente las angustias que he pasado.

Así transcurren mis primeros años, sembrados de soledad y aburrimiento. Recuerdo claramente el sentimiento de vacío que siento cuando me abandonan mis padres para ir a divertirse por su cuenta. En una de estas ocasiones, durante una de sus épocas buenas, deciden ir a dar un paseo por la playa después de la comida dominical en casa de mis abuelos. A mí me dejan en casa con *Diane*, la perra, y con *papy*, quien, en parte a causa de la digestión, se queda dormido al momento. Yo me aburro... o sea que me dedico a matar el tiempo lo mejor que puedo: un bombón para mí y otro para *Diane*. Agotada la caja hasta que no queda ninguno, me lanzo al asalto de la habitación de mami.

Ataco el joyero, meto mano en todo lo que brilla, me lo pruebo todo y después distribuyo las joyas por todos los rincones de la casa y extravío de paso un brazalete de oro que no aparecerá nunca más. Tras consumir todas las Solutricinas vitamina C con que me topo, decido que ha llegado el momento de hacer de jardinera. Mientras mi abuelo sigue en pleno concierto de ronquidos, me cuelo en su taller y me apodero de su magnífica podadera con mango de madera. En la entrada de la propiedad, un imponente bonetero de varios metros de altura da la bienvenida a los visitantes. Oblongo, en forma de huevo, es el orgullo de mi abuelo, que desde hace años cuida de este árbol con gran cariño. Intento podarlo, pero le hago un enorme boquete de un metro de diámetro y de cincuenta centímetros de profundidad. Cuando mis padres vuelven de dar el paseo, se encuentran con el estropicio:

—¿Se puede saber por qué lo has hecho?

—No lo sé.

Pero sí lo sé. Quiero que me tengan en cuenta. Habría podido decírselo con estas palabras. Pero, en lugar de eso, me paso el resto del día vomitando.

Que yo esté enferma no despierta mayor interés en mis padres. Un día, cuando tengo seis años, vuelvo de la escuela con flojera en las piernas y un zumbido en los oídos. Seguramente tengo la gripe, pero en la tienda hay gente. Mi madre me mete cincuenta francos en el bolsillo y me envía, sola, a ver al médico. El veredicto es sarampión. Antes de desplomarme en la cama, debo ir a la farmacia. Después seguirán unos cuantos días de aburrimiento hasta que mis padres deciden que ya es hora de volver a la escuela. Pero sigo enferma. La maestra me devuelve a casa así que me ve, por lo que Valentine tendrá que abrirme las puertas de la suya para que pase la convalecencia en sus brazos amorosos... En otra ocasión vuelvo a casa con la rodilla ensangrentada debido a una memorable caída en bicicleta.

—Sube al piso y lávate —me suelta mi madre.

La herida, sin embargo, merece unos puntos de sutura, pero no me coserán y la cicatriz que me decora la pierna sigue recordándome hasta el día de hoy el drama que fue mi infancia. Mi madre no tuvo nunca tiempo para mí. Iré siempre sola al dentista, al médico, al peluquero. Mis padres no me obsequiarán nunca con caricias, no me darán seguridad, no me permitirán intimidad alguna. A los seis años sé muy bien que yo, a sus ojos, no existo. El futuro me demostrará que no me equivoco. Soy un objeto molesto para mi madre y deseable para mi padre.

3

Nuestro secreto

Será en la bañera donde tendrá lugar mi primera muerte.

Tengo seis años y, metida en la bañera, chapoteo con mi padre. Me mira fijamente mientras pataleo sumergida en agua caliente y me divierto salpicando el suelo a mi alrededor. Pero él juega mentalmente a otra cosa y, sin decir palabra, me coge la mano y la dirige entre sus piernas al tiempo que me indica el ritmo a seguir. Pasados unos largos minutos, mi padre hace una parada. Me dice que ha terminado el baño y que tengo que ponerme a gatas en el suelo. Le obedezco sin comprender lo que pasa, ya que se aparta de lo acostumbrado, es inquietante, extraño. Tengo miedo, pero ¿por qué ese miedo? Estoy empapada y chorrea agua de mis cabellos, yo sigo los regueros con la mirada. Noto que mi padre se arrodilla detrás de mí y siento una cosa dura que se restriega contra la base de mi espalda.

Tengo ganas de llorar. Me entra el deseo de escapar corriendo, huir de allí, cobijarme en la caseta de mi *Dolly*. Pero sigo allí, a gatas sobre el mosaico. Mi cuerpo es un bloque de cemento, la cabeza me zumba. Lo que acaba de ocurrir es grave, anormal: me lo dice el silencio reinante cuando mi papá se pone el albornoz, me lo dice la expresión seria que adopta después. Sin embargo, me dice que le gusta que haya querido jugar con él, aunque se trata de un juego que es sólo nuestro y que no hay que decirle nada a mamá.

24

—Ni una palabra, ¿comprendes? Los demás no lo entenderían.

El tono de voz es ahora imperativo. Reconozco esa actitud aviesa que no admite réplica. La mano se demora en el pomo de la puerta. Yo asiento: sí, será nuestro secreto.

No tengo que hablar, pero sí gemir. Cuando no está mi madre, mi padre me enseña a gemir, porque así le gusta más. A veces es después del baño. Otras, mi padre aprovecha un hueco en su empleo del tiempo y que mi madre ha salido de compras o está ocupada en la tienda para prodigar sus mimos a su Isa querida. En esos días ocurre en la cama, la mía o la suya.

Después, puedo volver a mis juegos.

Odio sus manos en mi cuerpo. Temo esos instantes sucios, pero temo más pedirle que suspenda sus manejos. Por tanto, no digo nada. A veces siento que las lágrimas me resbalan por las mejillas, pero el placer absorbe tanto a mi padre que no lo advierte. Por algo soy su hija y su muñeca, dócil y silenciosa.

—¡Has de ser muda como una tumba! —observa con los ojos fijos en mí.

Al parecer, está contento de mí. Según él, no todo el mundo dispone de una vida igual. De todos modos, no tiene motivos para inquietarse porque yo lo entiendo perfectamente, entiendo que si cuento lo que sea a quien sea, caerá sobre nosotros todo un diluvio de problemas. ¿Separarme de él? ¿Eso quiero? ¿Quiero que hagan daño a mi querido papá? ¿Quiero que aparezca la policía en nuestra casa, se lo lleve y lo aparte de mí? ¡No y mil veces no! Si cuento lo que sea arruinaré la vida de todos nosotros y será por culpa mía. O sea que me callo, lo que él me dice me mantiene atada.

—Tú eres la única que me quiere de veras.

Me lo repite a lo largo de mi infancia. Y en esto lleva razón, porque yo le quiero tanto como lo temo. Ni sus caricias inmundas ni los azotes a culo descubierto que me propina hacen que lo quiera menos. Un día, ya con siete años cumplidos, mi padre vuelve del trabajo. Siente un malestar repentino y se desploma ante mí. Siento como si el corazón me fuera a estallar. Mi madre se lanza precipitadamente sobre él, le abraza el torso y, caminando a trompicones, nos dirigimos al hospital, que se encuentra a pocos pasos de nuestro apartamento. Mi padre sufre una meningitis y los médicos ordenan su inmediato traslado a Nantes. Vivo momentos de angustia atroz pensando que mi padre morirá y yo no estaré a su lado... Pero no muere. Cuando voy a visitarlo al hospital me lo encuentro en cama, rodeado de parientes. Después de una hora de conversación, los visitantes deciden ir a comer al restaurante de al lado y abandonan al enfermo en su lecho. No yo.

—Yo me quedo con papá.

A partir de este día Renaud Aubry no se cansará de repetirme que yo soy la única que lo comprende. Me dice que yo soy la más guapa, la más inteligente de todas las mujeres. No ahorra frases bonitas para ensalzar ese amor filial que pisotea en la intimidad, pero que sabe adornar profusamente. De mí exige lo mejor. Quiere que sea la primera de la clase, la más obediente en casa y, sobre todo, que llene los vacíos que hay en su vida. Tiene la constante necesidad de que alguien se ocupe de él y es evidente que no le basta con su mujer, tanto más cuanto su relación con ella, como la luna de marzo, tan pronto señala buen tiempo como tempestad. Así pues, me toca hacer todos los papeles, desde el de compañera hasta el de confidente, el de criada y el de objeto sexual. Me cuenta con todo lujo de detalles sus problemas de pareja e incluso me enumera lo que gusta o disgusta a mi madre en el terreno erótico. Me exige que esté a su lado cuando trabaja, debo estar cerca de él para irle pasando las herramientas. ¿Que le entran ganas de hacer *jogging* por la playa o de jugar al ajedrez? Pues como a mi madre no le gusta ni una cosa ni otra, yo soy su sustituta. Caen sobre mí infinitas partidas de ajedrez, que me sientan fatal; recorro kilómetros en bicicleta bajo la lluvia y sigo a mi padre corriendo por la playa, mientras él prosigue a cortas zancadas. Después de una hora de carrera estoy que no puedo más, los muslos me queman... pero él no lo advierte siquiera. ¿A mi padre le entran unas ganas locas de ver cine? Pues hay que acompañarlo a ver la película que se le antoje. La primera que veré en la vida será *El chacal*, la historia de un asesino a sueldo contratado para matar a De Gaulle; es decir, un género

26

nada apropiado para una niña de ocho años. Pero lo importante es que mi padre tenga siempre compañía y que pueda satisfacer sus deseos sean del tipo que sean. Como su mujer le da esquinazo, se vuelca sobre mí. O ella o yo, que viene a ser lo mismo, ya que como dicen todos, y mi padre el primero, soy el vivo retrato de mi madre. Además, a ella le gusta que nos vistamos igual: cuando queda embarazada de mi hermana hace que le confeccionen una bonita túnica azul marino muy amplia, destinada a disimular sus redondeces y, como sobra tela, me confeccionan otra igual para mí en talla súperpequeña. O sea que soy una Marie en miniatura, una Marie mejor, porque soy sumisa y estoy siempre disponible. Así me quiere mi padre, o eso creo yo. Se masturba sobre mí y me roba la infancia, pero si lo hace es porque me quiere. Así me lo dice y yo estoy convencida de ello.

—Te quiero tanto que daría mi vida por ti —me dice.

Pero yo no deseo que me quieran de esa manera. Por eso, cuando un día mi madre me da un billete para que vaya al peluquero, voy decidida con una idea fija en la cabeza:

—Muy corto, por favor.

—¿Seguro, Isabelle? ¿No prefieres los cabellos largos?

No, nada de cabellos largos, estoy harta de toda esta pelambrera, quiero ver cómo caen a mis pies esos largos mechones negros. Quiero ser chico. Así, quizá, mi padre no me querrá tanto y me dejará en paz. El peluquero hace lo que le digo, pero mi estratagema no surte efecto, porque mi padre sigue queriéndome pese a mis cortísimos cabellos. Me quiere tanto en el cuarto de baño como en su cama conyugal. Me ama de día cuando se va mi madre o cuando anochece y ella sale.

No sé cuánto tiempo duró ese infierno. Sólo me han quedado imágenes que son como fogonazos y recuerdo, por ejemplo, la toalla que mi padre extiende sobre las sábanas para no dejar manchas sospechosas o el sexo de mi padre que asoma por encima del agua jabonosa de la bañera y el contacto de su cosa en mis nalgas. Es todo lo que recuerdo, pero basta para que, aún hoy, me provoque arcadas, pese a que han transcurrido treinta y siete años. En esos tres años mi madre no descubre nada. O muy poco.

Mamá es el fantasma de mi primera infancia. Incluso presente, está ausente. Está atareada en la tienda durante largas jornadas, preocupada el resto del tiempo. Creo de veras que no le intereso. Me dirige y basta, porque lo importante es guardar las apariencias, que la tienda funcione, que yo tenga buen aspecto y vaya bien vestida, que los vecinos vean en nosotros a una familia sin problemas. Por consiguiente, no me falta nada. Nada salvo cariño, complicidad, mimos, conversación. Todas esas cosas «superfluas», todo lo que compone ese lazo tan dulce que se establece entre un niño y su madre se cuela por el desagüe. Lo que quiere decir que, en aquel entonces, mi madre está tan distanciada de mí que no se encuentra en condiciones de advertir el calvario que yo vivo por causa de su esposo. Pese a ello, debe de barruntar algo porque un día, en un momento en que estamos solas en nuestro apartamento y la tienda está cerrada, yo debo de tener unos siete u ocho años, se me acerca muy seria y con el ceño fruncido:

—Isabelle —me dice—, hazme el favor de desnudarte y de tenderte en la cama.

Obedezco. Y ella me examina en silencio de pies a cabeza, me inspecciona incluso el sexo, tratando sin duda de descubrir qué está sucediendo... La inspección dura unos minutos. Yo no comprendo absolutamente nada. ¿Acaso sospecha algo? ¿Habrá sorprendido a mi padre en una actitud equívoca conmigo? De todos modos no me pregunta nada. Y la vida prosigue como siempre. O casi.

Porque aunque yo no diga nada a mi madre del calvario que sufro, mis actos sustituyen mis palabras y he empezado a estropear la bonita postal que es nuestra vida de familia. Comienzo a mearme en la cama y, al ver que no basta con esto para atraer su atención, le robo dinero del portamonedas. Primero de vez en cuando, pero después muy a menudo. Pero tampoco se produce ninguna reacción por su parte. Y entonces me decido al asalto directo de la caja de la tienda y me embolso una bonita moneda de cinco francos con la que compro una caja de herramientas que regalo a mi primo. La familia acaba por reaccionar:

—¿Cómo es eso? ¿Cinco francos? Mira, Isabelle, eso no se hace, porque el dinero cuesta de ganar. Anda, ve a jugar.

Y aquí termina la historia. Pues bien, si se trata de ocupar el puesto de mi madre sin que lo sepa nadie, lo haré a fondo. Junto a la cama de mis padres hay un armario impregnado del olor de mi madre y de sus vestidos. Allí guarda, cuidadosamente dobladas, sus blusas con sus minúsculos botones dorados, sus vistosas blusas de algodón y, colgados de las perchas, sus vestidos escotados que tan bien sientan a su esbelta figura. Sé que lo que hago no está bien, nada bien, pero pese a todo manoseo todas esas vestimentas de colorines. Me siento empujada a ello. Tengo que abrocharme su largo blusón sobre mi pecho de niña. Tengo que ponerme sus escarpines relucientes, demasiado grandes para la pequeñez de mis pies. Su falda corta me llega a los tobillos y tengo que sujetarme la parte trasera con una pinza del cabello para que no se me enrede en los pies. No me gusta lo que hago, pero hay una fuerza que me empuja. Sobre la cómoda están expuestas un sinfín de cajitas que exhalan perfumes. Cojo la polvera y me espolvoreo el rostro con su contenido; a continuación sigue el colorete en las mejillas y el carmín de labios. Ya estoy lista, totalmente emperifollada. Lo que hago me da miedo, la indumentaria que llevo me avergüenza, pero es una especie de desafío que yo misma me lanzo. Quiero que me vean ataviada de ese modo y eso no me corta en absoluto. Vestida como la sota de bastos, pintada como una muñeca de feria, me cruzo con algunos vecinos. Detecto la mirada de reprobación que me dirigen y me entra una vergüenza insoportable. No hay duda de que, en el fondo, lo que quiero es que propaguen la noticia a quien la quiera oír. Pero no la quiere oír nadie o tal vez los vecinos discretos prefieren reservársela. No viene nadie a casa para comentarla. Ya que no se ha producido el escándalo, paso a la velocidad superior.

En la escuela, me vuelvo una niña díscola. Sin el más mínimo esfuerzo soy una buena alumna pero, en lo tocante a comportamiento, voy de mal en peor. ¡No es para menos! Como en casa sufro lo mío, a la que escapo de la órbita de mi padre me empleo a fondo y no temo nada ni a nadie. Además, me encan-

29

ta hacer lo que se me antoja. Ya que mis padres dejan que yo me las componga, aprendo a ser independiente, una actitud que se convierte en una segunda naturaleza... O sea que, en la escuela, soy una líder. Tengo mi pandilla, un grupito de diez compañeros, niños y niñas de mi edad, a los que tengo dominados y a quienes obligo a hacer lo que quiero. Entre clase y clase nos dedicamos a pelearnos. Yo me encargo de organizar las luchas, en las que también participo de manera activa. Las maestras me dedican algún que otro rapapolvo pero, como soy tan buena alumna, las reprimendas no son severas. En el comedor soy la jefa de mesa, condición valiosísima que me permite imponer la ley. Disfruto excediéndome en mis funciones y tan pronto prohíbo a uno que coma como ordeno a otro que termine las espinacas pese a que le repugnan. Mi prima todavía se acuerda de esta época, en la que me tienen por una auténtica tirana. Preciso es decir que tengo buena escuela y que me limito a reproducir el talante avieso de mi padre, lo que me da un excelente resultado. Mis compañeros saben comportarse cuando están conmigo. En la parroquia, que frecuento los jueves, tengo unas compañeras que arrastro a incursiones muy particulares. Nos colamos en la iglesia cuando el cura está atendiendo a sus ocupaciones y saqueamos a conciencia el cepillo repleto de monedas. Seguidamente, con los bolsillos a reventar, corremos a la pastelería de la esquina, donde despilfarramos el botín. ¡Nos hinchamos de colas y de regaliz! El cura no nos pesca nunca; ni él ni nadie. Es evidente que hay tropelías que pasan fácilmente inadvertidas...

Creo que mi padre inicia sus manejos conmigo cuando mi madre está embarazada de mi hermana. Mi madre, escasamente dotada para serlo, todavía se siente menos madre a medida que el vientre le aumenta de volumen. Pero lo peor está aún por llegar. El día que nace mi hermana, mi padre abre la puerta para darme la gran noticia. Es por la mañana y yo todavía estoy profundamente dormida, por eso refunfuño y vuelvo a dormirme al momento. ¡Por favor, quiero aprovechar tranquilamente ese sueño! Todavía no sé que a partir de ahora tendré pocas ocasiones de dormir hasta las tantas.

Mi madre vuelve del hospital con un hermoso bebé de pelo negro y piel blanquísima en brazos. Es Camille, mi amadísima hermanita, que deposita a mi lado en la cama donde duermo. Me fascinan sus finísimos cabellos, los pliegues de su piel rosada. ¿O sea que un bebé es eso? Parece tan frágil, no lo imaginaba tan pequeño. Mi madre le retira el pañal, retira los imperdibles y me da instrucciones:

—Mira, eso es el pañal. Hay que doblarlo en forma de T y prenderlo a los lados con los imperdibles sin pinchar la carne. Ahora tengo que ir a la pescadería, o sea que termina tú.

Termina tú... Yo era ya la segunda esposa de mi padre y a los seis años y cuatro meses me convierto en la madre de mi hermana. La saco de paseo con un cochecito azul muy viejo que tengo que empujar con todas mis fuerzas porque abulta casi tanto como yo. Después del paseo viene la siesta y, si mi hermanita no se ha dormido, no puedo salir a jugar. Así pues, permanezco a su lado haciendo votos para que acabe de lloriquear y el sueño la rinda.

¡Hasta intento hipnotizarla, pero todo es en vano! En cuanto deja de llorar y se queda con los ojos entrecerrados salgo más aprisa que corriendo de la habitación, pero de puntillas, para reunirme con mis amigas y saltar a la comba o lanzarme a cualquier trifulca... Me escapo sin hacer ruido a través de la moqueta, pero Camille debe de tener un oído muy fino porque, a la que me alejo, rompe a llorar otra vez tan fuerte como si quisiera reventarse los pulmones. Entonces, contrariada hasta lo indecible, vuelvo junto a su cuna y le canturreo una cancioncilla, esperando que por fin se duerma... Pero es monísima con el diminuto pulgar metido en la boca... Mi hermana es todo mi amor, pero también mi pesadilla: cambio de pañales, paseo, biberón, otro cambio de pañales, siesta y otro biberón. Por culpa de ese bebé nuevecito estoy clavada en casa. Sus gritos me traspasan los tímpanos y sus necesidades me agotan. No tengo ni edad ni deseos de hacer de mamá. Y además, no entiendo nada. ¿Por qué tengo que ser yo la que atiende a la niña? ¿Por qué tengo que hacer de madre de mi hermana? ¿Por qué mi madre no me quiere como una madre? ¿Por qué mi padre me quiere como si fuera su mujer? Yo veo que, en el caso de mis compañeras, el mundo funciona de otra manera... Cuanto más tiempo pasa, más aumenta en mí la sensación de anormalidad.

Dirijo contra mí esta angustia que me borbotea en el fondo de las tripas. Alrededor de los siete u ocho años, empiezo a fumar. Robo dinero a mis padres y, sin ningún disimulo, me escapo al trote al estanco a comprar cigarrillos. Apesto a cenicero frío. Ya sea consecuencia o coincidencia, datan de esta época mis peores bronquitis. Para evitar males mayores, me envían un mes a una colonia de montaña a respirar aire puro.

Es algo horrendo. Por la noche, es tal el frío que hace que no paro de tiritar, envuelta en el edredón verde indefinido que mi padre utilizaba en el servicio militar. Sin tener plena conciencia de lo que hago, algunas noches me arrimo a mi vecina de cuarto y, por la mañana, nos encuentran con los cuerpos pegados. El veredicto es que soy sonámbula. Pero el problema es otro. En realidad, aspiro a que alguien me reconforte y desenrede este lío aterrador que son mis pensamientos. Tengo la sensación de ser diferente de los demás, de ser una criatura extraña. Veo que las cosas que ocurren en mi casa no son normales, aunque no me atrevo a decírselo a nadie.

«Los demás no lo entenderían.»

Esa frase de mi padre me tiene amordazada. Ese secreto nuestro y los demás secretos —mi hermana que me agota, mi madre que me ignora— son un conjunto de cosas que forman una bola putrefacta que tengo atragantada sin conseguir tragarla y que me hace sentir diferente de los demás niños. Yo, que en la escuela estoy al frente de la tropa que conduzco como capitana del recreo, cuando estoy entre desconocidos me siento tímida y salvaje. Veo que los demás se divierten y yo me quedo en un rincón, incapaz de hacer amigos. Permanezco al margen de todo lo que ocurre. Hasta que una tarde decido fugarme. Como no hay nadie que se preocupe por mí, tengo la osadía de abandonar la colonia y de trepar montaña arriba. Me siento en una roca y, con la cabeza apoyada en las manos, opto por esperar. Que me busquen, ¡y que me encuentren! ¿Se preocuparán por mi ausencia? La respuesta es sí. Pasadas unas horas, veo a los monitores presa de agitación. Desde el nido de águila donde me encuentro, veo arremolinarse a las hormiguitas que buscan a Isabelle. Por fin me encuentran y el alivio que sienten me procura un secreto placer hasta que me reúno dócilmente con los demás compañeros para cenar.

Es la primera fuga de mi vida, pero no será la última. Los hurtos, los cigarrillos, las peleas, los disfraces y los pipís en la cama son gritos desesperados que lanzó inconscientemente, pero que no oye nadie. En casa, mi madre se siente desbordada. No sólo debe atender la tienda, sino que a mi padre un buen día le da un nuevo antojo. El capricho en cuestión se llama Martine, una señorita guapa a rabiar de la que se enamora. Martine ocupa una habitación del castillo donde, de vez en cuando, van mis padres para montar a caballo. Es allí donde la descubre, la corteja y donde, con su pico de oro, la conquista. Sin embargo, en lugar de limitarse a un banal adulterio, el señor Renaud Aubry pica más alto. Tratándose de quien es, está convencido de merecer lo mejor. Si dispone de dos mujeres que se ocupen de él, mejor que mejor. Por tanto, cuando un buen día mi madre sorprende a su marido y a Martine en plena faena, mi padre le anuncia sin más preámbulo que tenga paciencia porque Martine se quedará a vivir en casa, tanto si le gusta como si no. ¿Acaso tiene otra opción? Mi madre tiene dos hijas de corta edad que alimentar y, si se queda sin marido, al mismo tiempo se queda sin dinero, porque la tienda donde trabaja pertenece a mi padre. En resumen, Marie está entre la espada y la pared. Y a lo mejor piensa en secreto que así no tendrá encima tan a menudo a su esposo si éste se divierte con Martine. En cualquier caso, me encuentro con que a partir de un determinado día tengo dos madres bajo un mismo techo.

Pero no me quejo, sino todo lo contrario, porque Martine me sirve en bandeja todo lo que me niega mi madre, es decir, tiempo, cariño, mimos. Hablamos largamente, nos hacemos cosquillas mutuamente y a veces, por la mañana, me hace unos peinados maravillosos que dejan verdes de envidia a mis compañeras de clase. Normalmente, los fines de semana me aburro soberanamente debido a que mis padres coinciden en el mismo sitio en el mismo momento y, por una simple nadería, la conversación degenera en discusión. No hay duda de que se origina en esta época el odio invencible que me inspiran los domingos. Pero desde que Martine vive con nosotros, ese día maldito transcurre con la rapidez del rayo, porque vamos al bosque a hacer comidas campestres y paseos a caballo. A veces enchufamos la radio y nos lanzamos las dos a una sesión de charlestón endiablado. En este extraño periodo, parece como si mi madre se empeñase en poner al mal tiempo buena cara. Cuando está en la tienda, puede confiar en Martine para que se ocupe de las crías, lo que a ella le encanta y a mí, más. A ojos de la gente, de la clientela y del vecindario, guarda las apariencias y miente como una bellaca limitándose a decir que Martine trabaja en casa y le da alojamiento, sin añadir más explicaciones. En privado, esposa y amante se llevan correctamente o por lo menos lo suficiente para acostarse las dos con mi padre a cualquier hora del día o de la noche.

Una noche, a las dos pollitas se les ocurre ir a bailar y dejar solas en casa, como de costumbre, a las dos mocosas. Pero Renaud, único amo y señor de la casa, no quiere ni oír hablar del plan. Precisamente esa noche se siente casero y prefiere quedarse con su harén. Las palabras suben de tono, pero las damas no por ello se desinflan, ya que se salen con la suya tras dejar a mi padre en la estacada. En plena madrugada, a eso de las cuatro, me despiertan unos alaridos de inusitada violencia. Mi padre ha esperado a sus mujeres buena parte de la noche y entre tanto se ha ido macerando en su propia salsa. Está furioso. Rabioso cuando vuelven, las persigue por toda la casa para enseñarles a divertirse sin él. Yo me acurruco en la cama y espero a que amaine la tormenta. Pero no es así. A los gritos suceden los golpes y a éstos los disparos. Al final me duermo después de haber estado temblando hasta el alba... Al día siguiente, a la hora del desayuno, sorprendo a las supervivientes, mi madre y Martine, con una sierra para metales en la mano, ocupadas en serrar en tres trozos la escopeta de caza de mi querido papá. Mi madre tiene el rostro tan hinchado que no puede ir a la tienda. Preocupada por el qué dirán, Marie prefiere guardarse para sí los variados avatares de su vida conyugal.

No recuerdo si mi padre, durante el episodio Martine, prosiguió sus toqueteos. Tal vez lo hizo o tal vez no. En todo caso, este periodo de mi vida se mantiene como un maravilloso paréntesis que, por desgracia, no tarda en tocar a su fin. Mi madre, sumisa pero no idiota, no tarda en cansarse de su sádico marido, ese hombre violento y bígamo. Pasados unos meses, pues, denuncia el adulterio y un día que salimos a hacer una comida campestre junto al río Odet, Martine me anuncia que se va.

—Más adelante, cuando seas mayor, lo entenderás —me dice.

Aquel día lloré todas las lágrimas de mi cuerpo. Yo quería a Martine y ahora volvería a encontrarme sola con mis padres... y a la merced de mi padre. Eso pensaba yo por lo menos, pero él se fue a vivir con su Martine dejando abandonadas a su mujer, a sus hijas y su tienda, que en aquellos tiempos arrastraba una deuda de ochocientos mil francos. Una mañana mi madre siguió sus pasos, huyendo sin duda de los acreedores y de la humillación pública del adulterio y abandono. Yo estaba entonces en el nivel CM1 de la escuela primaria —equivalente a cuarto de primaria en el sistema educativo español—. Mi madre fue a recogerme en coche con las maletas en el portaequipajes. En un minuto perdí la casa, la escuela y los amigos.

Nos instalamos todos en Brest, mi madre en un barrio tranquilo, mi padre y Martine junto al puerto. Éstos tienen un bar, el QG, frecuentado por los estibadores. Es un ambiente que encaja que ni pintado con mi padre, ya que allí puede satisfacer su sed de peleas. Gracias en parte a la cerveza, las noches terminan en borracheras acompañadas de golpes y lesiones o peor aún. Una noche particularmente agitada mi padre dispara una bala de gas lacrimógeno a un cliente y le da entre los ojos. Ignoro si, de resultas del hecho, queda ciego o se libra de la desgracia; lo que sí sé es que a mi padre le tiene completamente sin cuidado el hecho en cuestión. Escudado en la noche, huye a París, donde se instala. Se acaban, pues, Brest, Martine y el bar de estibadores... Después de ese rocambolesco episodio, mis padres hacen las paces y se reanuda para mí la pesadilla. Yo, que me sentía tan

inmensamente contenta creyendo que mis padres ya no volve-
rían a encontrarse nunca más en una misma habitación ni se in-
sultarían y arrojarían los platos a la cabeza, caigo de las nubes
cuando me entero de que se han reconciliado. Y de algo peor
aún: de que mi padre no ha cambiado ni un ápice. Mandón y colérico como siempre, continúa interesándose además por su hija
número uno, o sea por mí. Cuando comienza a revolotear a mi
alrededor entro en la fase de silencio y me anulo por completo.
Procuro no hacerle enfadar, pero tampoco despertar su interés,
aunque sólo consigo a medias mis propósitos.

Debo de tener nueve años y estamos de vacaciones en la
costa española. Hace calor y estoy con él en la playa. Detecto
sus intentos de acercárseme, quiere tocarme. ¡Que me deje
tranquila de una vez! Me arrojo al mar para evitarlo, pero me
sigue, se burla de mí, busca el contacto. Yo nado todo lo veloz
que puedo, sin aliento, pero con decisión, aunque llevo a mi
padre pegado a mis talones. ¿No va a calmarse nunca? Siento
que sube una cólera inmensa en mi interior. ¿Por qué tiene
que fastidiarme de ese modo? ¿Lo merezco acaso? ¡Estoy hasta la coronilla de sus caricias constantes! Nadaré kilómetros y
más kilómetros, me ahogaré si es preciso, pero esta vez no voy
a dejar que me toquetee. Aunque muerta de miedo, rompo los
diques que he construido con tanta paciencia y el odio me des-
borda.

—Como sigas así, se lo cuento a mamá.

Eso le grito, roja de rabia, y sigo nadando mar adentro. Aunque esto le haga daño, aunque acabe con nuestra familia, como
él viene diciéndome que sucederá, estoy dispuesta a cargárme-
lo todo. Soy capaz de cualquier cosa con tal de que esto no siga.

Ahora que lo pienso, ese día debí de pegarle un buen susto,
ya que mis palabras me procuraron el más precioso de los descansos. ¿No sería que mi padre, en un abrir y cerrar de ojos, se
vio no sólo rechazado por su mujer, sino con las esposas en las
muñecas? Posiblemente. Todavía recuerdo su expresión alterada, la rapidez con que me volvió la espalda y se fue nadando a
la playa. Gracias a este furor que me salió de no sé dónde me
dejó tranquila, por lo menos un tiempo. El recuerdo de sus to-

camientos morbosos se escondió en algún recoveco de mi memoria y allí se quedó, muy oculto, perfectamente camuflado, e hizo aflorar el amor que yo tenía a mi padre y me hizo olvidarlo todo.

Sucy-en-Brie, Alfortville... voy cambiando de localidad, de apartamento y de escuela al ritmo de las sucesivas mudanzas de mis padres. El estado financiero deja mucho que desear y la familia no tarda en verse confinada en un estudio. La relación de mis padres se deteriora a ojos vistas. Un buen día me los encuentro en la cocina intentando hacerse pedazos; llueven los golpes y mi madre empuña un cuchillo... Mi padre sale de casa dando un portazo y asunto terminado: papá y mamá acaban separándose, esta vez para siempre. Mi padre se va a vivir a Fontenay-sous-Bois y mi hermana, mi madre y yo nos mudamos a Maisons-Alfort. Y mi vida se transforma en un verdadero infierno.

De día, mi madre trabaja como vendedora en una tienda de electrodomésticos. Por la noche, sale sin que yo sepa donde va, seguramente en compañía del amiguito de turno. De repente me encuentro con mi hermanita en brazos desde la mañana hasta la noche y desde la noche hasta la mañana. Me encanta Camille, sus sonrisas me embelesan, sus gestos me dan risa... ¡pero qué carga inmensa para mi espalda! Voy a buscarla a la escuela y le hago hacer los deberes, la lavo, le doy de comer, hago la compra. Algunas noches, mi madre me deja cincuenta francos en la mesa de la cocina y una notita: «Para comer. Volveré pasado mañana».

Son palabras que me desesperan. Echo de menos a mi madre y estoy harta de hacer de ama de casa y de canguro. Mi hermanita, mi amorcito, acaba por fastidiarme. Además, tengo que hacer de madre sin haber tenido nunca un modelo fiable que imitar. Por eso mi Camille me toma el pelo. A veces me ataca tanto los nervios que le arreo unos soberanos cachetes. Tengo que exculparme diciendo que no estoy a gusto en mi papel porque la soledad me pesa enormemente. No hay nada que me interese, tengo pocas amigas en la nueva escuela, no dispongo de ninguna persona adulta que me dirija y, a mis nueve años, ese incesto que mantengo oculto ha comenzado ya su labor de zapa. Me doy cuenta de que no soy la misma de antes, de que estoy convirtiéndome poco a poco en una mujer. No me gusta mi cuerpo: es demasiado grande y gordo, demasiado todo. Así pues, a la salida de la escuela, dejo sola en el apartamento a mi hermana de tres años y doy la vuelta a la manzana corriendo hasta que estoy sin aliento con el solo objeto de eliminar calorías. Mientras ella cena, yo me contento con un plátano o una manzana. Estoy dando los primeros pasos en el círculo que recorren las anoréxicas.

A mi padre, en cambio, las cosas parecen irle bastante bien.

Ha reorganizado su vida con una tal Monique y vive con ella y sus dos hijos en Fontenay-sous-Bois. Como tiene derecho a visitarnos, lo veo de vez en cuando. Aún hoy día, me fascina comprobar hasta qué punto la niña que fui entonces se empeña en ocultar los capítulos más negros de nuestra historia común. A los nueve o diez años, hago por ignorar sus caricias inmundas. Ahora sé que ese escamoteo que hace conmigo mi memoria tiene un nombre: negación de la realidad. El incesto es lo increíble, lo inconcebible, lo imposible convertido en realidad. Es ni más ni menos que vuestro papá querido os viola una noche y al día siguiente os hace una carantoña. No queda más remedio que suicidarse u olvidar, ya que la criatura así atropellada no tiene otra alternativa. Por tanto, escondo el incesto debajo de la alfombra y ya veremos qué pasa. Mi cuerpo se desbarata, mi espíritu flaquea, pero aguanto gracias a negar el delito de que soy objeto. Levanto un muro entre el horror y yo. Es un agujero negro que me protege y, aunque la sombra sigue allí, la mantengo a distancia. Si mi padre continúa amedrentándome, su nueva casa me parece menos desagradable que la mía. En su apartamento hay vida, juguetes y dos compañeros que me van domando progresivamente. Se trata de Romain y Jérôme, los hijos de Monique. Son algo mayores que yo y los tres nos lanzamos a jugar largas partidas de cartas y hacemos los deberes codo con codo. O sea que, aparentemente, la casa de mi padre alberga una familia de verdad. No es como la de mi madre, donde me corresponde el papel de criada. Con Monique hablo de la soledad en que vivo y de la carga que representa mi hermana para mí. Supongo que se compadece al verme tan desgraciada y propone a mi padre que vaya a vivir con ellos. Como es lógico, mi padre acepta. Su amada hija al alcance de la mano y él convertido en patriarca de una familia recompuesta. La cosa no puede ser mejor.

Este nuevo nido, el apartamento de mi padre y de su compañera, me causa una tremenda envidia. Tengo la sensación de que, en esa pequeña tribu, me sentiré como pez en el agua. Pero mi madre está sorda de este oído y tiene otros proyectos para mí. Como ha visto que estoy cansada de tanto estar sola con mi hermana, me plantea una alternativa:

—Creo que te convendría pasar un año en un pensionado, Isabelle. Tendrías amigas y estarías con personas adultas que te orientarían...

¡Ni hablar! Yo quiero que me tengan en cuenta, deseo vivir con una familia de verdad, no que me encierren en una cárcel. Me imagino viviendo en un cole lleno de celadoras vigilándome y sin mis compañeras de clase. ¡Qué horror! El día en que me viene a buscar mi madre para llevarme al pensionado me doy a la fuga y me refugio en la comisaría. Se reúne conmigo mi madre, en tanto que el juez, reclamado por los policías, confirma que ella tiene autoridad en mi vida. Vamos, pues, directas al pensionado. Al llegar a la verja que da entrada a la institución y aprovechando que mi madre está de espaldas, echo a correr pies para qué os quiero y tienen que perseguirme y conducirme a la fuerza para volver a desaparecer después de nuevo. Percatados de mi tozudez, mi madre y el juez acaban por ceder, se realiza una investigación social y mi padre obtiene la custodia de mi persona. Acabo de iniciar el sexto curso cuando hago las maletas para ir a vivir a casa de mi padre y de su nueva compañera.

Entonces no lo sé, pero he vuelto a arrojarme en la boca del lobo.

4

Regreso a casa de papá

$\mathcal{U}$n vestido bonito de verdad, medias a juego y, además, zapatos nuevos. Es el fantástico atuendo con que me obsequia Monique para festejar mi ingreso en el instituto. Estoy encantada con las amabilidades que me dispensa esa mujer. Es una madre para mí, una auténtica madre y, aunque ya tiene dos hijos, me trata como si fuera su nuera. Incluso me inscribe en un gimnasio para que no esté mano sobre mano a la salida de la escuela. Gracias a ella hago el gran descubrimiento de mi juventud: los aparatos gimnásticos. De este deporte me encanta todo, desde notar que mi cuerpo supera los límites hasta la suavidad de las alfombras e incluso las mallas de color turquesa que debemos llevar. Cuando salgo del gimnasio, vuelvo a casa serena y feliz. Pero no por mucho tiempo. En nuestro apartamento, donde reina un ambiente tristón, un piso encaramado en lo alto de un edificio de viviendas de protección oficial, comemos a horas fijas y hacemos los deberes antes de acostarnos; costumbres de lo más normal. Pero en lugar de adaptarme a ese nuevo patrón familiar, me resisto a él. Aunque entro en la preadolescencia me exigen que respete los horarios, que sea educada y que deje que alguien se ocupe de mis asuntos; en resumen, que me convierta en la niña que no he sido nunca. Por otra parte, la infancia es para mí agua pasada. La indiferencia de mi madre me ha hecho independiente y los vicios de mi padre, salvaje. A los once años, pues, soy testaruda, autónoma, inestable e inclinada a la depresión. En dos meses me convierto en una niña maleducada. Motivos no me faltan, ya que nadie se ha tomado nunca la molestia de educarme. Monique, sin saberlo, paga los platos rotos. Se figura que ha acogido bajo su techo a una pobre niña desorientada de la que hay que ocuparse y someter a un poco de disciplina. Aunque le sobra razón, mi caso es mucho más complicado de lo que ella imagina. Su autoridad, totalmente legítima, se me antoja una doma insoportable. Además, sus pequeñas atenciones, sus regalos, sus mimos me sumen en un mar de confusión. ¿No serán pura comedia? Son cosas, en realidad, tan nuevas para mí... Con intención de poner a prueba su afecto, fuerzo los límites de su paciencia. ¿Me dice que me duche? Pues me niego en redondo y estoy varios días sin lavarme. ¿Que ponga la mesa? ¡Pues está fresca! Si dice blanco, yo digo negro, y así un día tras otro. Cuando, de vez en cuando, pasamos el fin de semana en un cámping, me aburro soberanamente. Como la clorofila me deja fría como el mármol, no me molesto en disimularlo. Tedio, asco de mi cuerpo, ansiedad... cuanto mayor me hago, más despóticos se vuelven mis sentimientos, que me agobian precisamente cuando menos lo espero. Hasta que una tarde en que juego a las cartas con el hijo pequeño de Monique me entra una rabieta tremenda por una tontería relacionada con una trampa y a punto estoy de arrojar a mi pobre compañero por la ventana del piso quince que ocupamos. Son incidentes que sacan de quicio a Monique y provocan conflictos constantes entre ella y su nuevo amante. Si mi padre se hubiera puesto al lado de su amada compañera, seguramente yo habría entrado en vereda, aliviada de poderme apoyar en personas adultas, pero mi padre es mi padre, le gusta nadar entre dos aguas y por eso un día me ordena que obedezca y al día siguiente y sucesivos se erige en defensor mío y arremete contra Monique. Mi madrastra, por tanto, cuando ya no puede aguantar más, opta por marcharse llevándose a sus dos hijos y, antes de salir dando un portazo, me grita:

—Ahora estarás contenta, ¡me voy!

Se equivoca. Su partida no me alegra, sino todo lo contrario, ya que señala el retorno de mis tormentos.

41

Estoy en quinto curso cuando me encuentro conviviendo bajo el mismo techo con mi padre. De vez en cuando veo a mi madre y, cada quince días, hago el periplo Fontenay-sous-Bois/Maisons-Alfort, tres horas de viaje ida y vuelta, para ir a buscar a mi hermana y pasar las dos el fin de semana, juntas, con nuestro padre. El resto del tiempo no estamos más que él y yo. Los finales de mes son difíciles y en ellos mi padre me insiste en las mismas argumentaciones:

—La culpa la tiene tu madre.

Entonces pone en marcha su labor de zapa. Si falta dinero es por culpa de Marie, que exige su pensión alimentaria. Mi padre me restriega por las narices los papeles que demuestran que su ex mujer se queda con importantes retenciones sobre su salario. Despotrica contra ella desde la mañana hasta la noche: «Si no puedes ir de vacaciones, reclama a tu madre.» «Tu madre sólo piensa en fastidiarme y en irse de juerga.» «Me lo quita todo y no piensa en ti ni un segundo, Isabelle.» Es un ronroneo cargado de odio que va incrustándose paulatinamente en mi cerebro. Mi padre siembra la división para poder reinar mejor, lo que hace que comience a alimentar en relación con mi madre un odio pertinaz. Hasta que llega un día en que, viendo que su táctica surte efecto, pasa a la velocidad superior:

—Tu madre me dijo que tú no eras hija mía.

Cuando, unos días más tarde, Marie viene a buscarme para pasar el día con ella, me niego a seguirla. Sé que tiene derecho a que nos veamos obligados a comer pasta a partir del día quince de cada mes. Y si encima es una zorra... Se lo echo en cara un día que me está esperando delante de la puerta con el abrigo de piel de conejo echado sobre los hombros.

—Isabelle... ¿quieres calmarte? Anda, ven conmigo...

Insiste en que la acompañe, intenta cogerme de la mano, pero yo me meto en la cocina, cojo una botella de aceite y se la arrojo a la cara, al tiempo que le escupo que no quiero volver a hablar con ella en la vida. Marie se bate en retirada sin decir palabra, digna y hierática, con el abrigo de pieles manchado de grasa. El juez levantará acta de mi negativa de ver a mi madre y ella no vendrá nunca más a buscarme. A partir de este día no volveremos a vernos, no habrá una sola visita, ni una sola llamada telefónica. Es tal el odio que me inspira mi madre que nada puede hacerme más feliz que esta situación. No la echo de menos, aunque debo decir que me tuvo siempre tan abandonada que su ausencia no se diferencia de lo acostumbrado. Abandonarla yo a mi vez tiene un resabio de venganza...

Mi padre ha conseguido lo que quería y, a los doce años, me encuentro más aislada que nunca.

Como en otros tiempos, papá me lleva con él a todas partes: vamos juntos de compras, visitamos a sus amigos, lo acompaño en su ronda de reparaciones. No me pasa por las mientes la idea de rebelarme. Me da miedo y, además, ¡me quiere tanto! Me dice que soy su favorita, su Isabeau, la carne de su carne... Como Monique se ha ido, mi padre no tiene compañera y, por tanto, me convierto de nuevo en chica para todo. Le preparo la comida, limpio la casa, incluso le ayudo a montar su nueva cama: un enorme camastro azul marino con cabecera y mesillas de noche a juego que compra desmontado en Conforama.

La cama que será mi infierno.

Desde esa cama reclama mi presencia una noche. Yo estoy en mi habitación, ocupada con mis libros, cuando oigo su voz que me llega desde el otro lado del tabique:

—¡Isa, ven enseguida!

Abandono de mala gana la biografía de Edith Piaf dejando el punto de lectura como señal y entro en la habitación de mi padre. Está tumbado. Me espera.

—Hija mía, ha llegado el momento de desvirgarte.

No comprendo lo que acaba de decirme. Sus palabras se quedan revoloteando por la habitación sin alcanzarme el cerebro. Papá me pide que me desnude y me tienda junto a él. Estoy magnetizada.

—¡Isabelle, ven!

Me siento cerca de él, demasiado cerca, un sitio que no debería ocupar. Tan cerca estoy que le distingo los poros de la piel, le huelo el aliento impregnado de tabaco rubio. Desliza la mano por debajo de mi camiseta, me acaricia los cabellos y sus labios me rozan la mejilla hasta que encuentran la boca.

43

—Mi pequeña...

Se quita el slip y se coloca sobre mí. Negrura infinita...

No recuerdo si sentí dolor, no recuerdo si lloré. Sé que no me resistí. Igual que si me hubieran partido en dos, mi cuerpo a un lado, mi cabeza al otro. Así dejé que Renaud Aubry me asesinase en su gran lecho azul. Le obedecí porque yo era su hija y él mi padre.

Y mientras miraba el techo, supe que aquel día era el de mi muerte.

Cuando mi padre termina conmigo, se levanta y abre la puerta del cuarto de baño que está junto a su dormitorio. Lo veo desaparecer. Yo estoy aturdida. Desearía hacer un ovillo de mi cuerpo, pero ni siquiera me atrevo a moverme. El ruido del agua me arranca del letargo. Quiero volver a mi habitación, irme de allí enseguida, enterrarme debajo de las sábanas, acostarme en mi cama, pero así que pongo los pies en el suelo, caigo desmayada.

Ojalá no hubiera vuelto nunca en mí... Por desgracia, las cosas no ocurren de esa manera. Unos segundos más tarde, recupero el conocimiento y me voy, flotando, a mi cama. Pero ésta será la última vez que duerma en ella. Tengo doce años cuando mi vida se convierte en espantosa pesadilla de la que no despertaré fácilmente. Durante dos años y dos meses, mi padre no se detendrá. Mi cama de niña ya no me sirve, porque duermo todas las noches con mi padre. Él lo quiere así. Estoy a merced de él, siempre disponible para sus antojos, tan frecuentes como variados. Siguiendo órdenes suyas, aprendo a dar variedad a sus placeres. Lo primero, a chuparle el sexo. El asco me provoca arcadas. Vuelvo la cabeza para el otro lado, obedezco a regañadientes, pero él no soporta que demuestre miedo ni tolera muecas de repulsión. En tales casos me pone mala cara, adopta aire malévolo y deja de hablarme. Insiste, argumenta. Después refunfuña, se levanta furioso, ha dejado de quererme. Ya no soy su Isabelle, la bella Isabelle. Cuando se enfurece me aterra, su mirada hosca me traspasa, la cólera le tensa los músculos del rostro, aprieta los puños y jadea enloquecido. No quiero que llegue a esos extremos. Si cedo, mi padre se vuelve inmediatamente amable conmigo. Que me tenga cariño, pues, depende únicamente de mí y él es lo único que me queda. Mis abuelos viven lejos y odio a mi madre, a la que ya no veo. Mi padre no me quiere de la manera que debería, pero por lo menos me quiere. Por tanto, no le niego nada. Por miedo, por amor, lo acepto todo de él, incluidas sus caricias y sus besos profundos. A medida que esta servidumbre va echando raíces, a medida que se van sucediendo las noches de horror, el asco que siento se revuelve paulatinamente contra mí. Me asquea verme sometida de ese modo. Si mi padre me desea hasta ese punto, será porque yo lo seduzco. Vivo ese infierno por culpa mía. Soy cómplice de mi propio asesinato y la pena que quiero infligirme está a la misma altura del delito. No merezco vivir. Ya no recuerdo exactamente cuando empiezo a querer morir. Seguramente es en esta época, cuando hago todo cuanto quiere mi padre sin que hacerlo me provoque asco, indignación ni odio... sólo el ansia sorda de acabar con todo.

Una tarde voy a ver a una compañera de clase que vive, como yo, en uno de los edificios de apartamentos de la ZUP (Zona Urbanizable Prioritaria). Mientras ella revuelve sus vinilos buscando un disco que tengo que oír o-bli-ga-to-ria-mente, me acerco cautelosamente a la ventana. Veo, abajo, coches, un solar, peatones minúsculos que recorren las aceras. Si me lanzase al vacío en ese momento terminaría todo. Estaría bien. ¿Salto o no salto? ¿Acaso tengo algo que perder?

—¡Ahí está! ¡Ya lo he encontrado! Isabelle, muévete, ven a escucharlo. Es *Grease*. ¿No has oído hablar del disco? Es genial...

John Travolta me salvó el pellejo. Esa vez, por lo menos...

Mi compañera no advierte nada porque, cuando salimos del apartamento, no le digo nada. No cuento a ninguna de mis compañeras lo que me está pasando. Ni a mi madre, puesto que ya no la veo, ni a mis abuelos, que ahora veo muy raramente, ni a nadie. Tampoco a Augustine, mi dulce *mémé*. Tampoco a ella se lo confieso, puesto que ahora vive en casa de mi madre y no tengo intención de visitarla. Además, el incesto ha levantado una muralla entre yo y los demás. Mi padre me ha advertido de

45

que debo mantener cerrada la boca y yo le obedezco. Pensándolo bien, no sé con seguridad si habría encontrado entonces las
palabras precisas para contar a nadie lo que me estaba ocurrien-
do... En realidad, no sé muy bien si soy consciente de que se trata de algo fuera de lugar. Lo que sí sé, sin embargo, es que mi
vida es una desgracia, de eso no me cabe la menor duda. Aun
así, no la considero anormal. Mi padre fue siempre autoritario,
violento, cariñoso a su sucia manera. Por otra parte, por lo menos cuando estoy en clase o con alguna compañera o haciendo
deporte, no estoy con él y por eso me aprovecho. Entonces entierro mi miseria, abro un paréntesis. En la escuela funciono
con el piloto automático y yo, que había sido tan aplicada en todas las asignaturas, empiezo a zozobrar; en matemáticas nau-
frago totalmente, en lo demás la situación no es tan dramática
y todavía tiene un pase. La única disciplina en la que continúo
destacando es la gimnasia. Aunque Monique haya desaparecido
del horizonte, no he dejado los aparatos gimnásticos. Si antes
era un placer, ahora se ha convertido en droga dura, mi válvula
número uno.

En el gimnasio, tendida en las esteras, me desahogo, lejos de
mi padre. Allí me siento protegida. No me interesa la competi-
ción, sino la superación personal. Lo que me gusta es dominar el
cuerpo, doblarlo en el potro, girar y volar en las barras asimétri-
cas a fin de que el cuerpo cruja y padezca. Mi droga es el control
de mi cuerpo, ya que el resto de mi vida ha entrado en barrena.
En el gimnasio lo domino, le hago hacer lo que quiero que haga.
Cuando hay que entrenarse con aparatos no hay que arredrarse
ante el sufrimiento, sino aguantar el dolor, y si mis padres me
han legado dos cosas son éstas precisamente, o sea que miel sobre hojuelas. A fuerza de trabajo y perseverancia, se va mejo-
rando, se mantiene el dolor a distancia. La gimnasia me ha ense-
ñado esta lección de resistencia. La gimnasia y Edith Piaf.

Esa mujer es el amor de mi vida, devoro todas las biografías
que se publican sobre ella, todos los artículos, todos los reporta-
jes. La admiro sin reservas y, de paso, me identifico con ella, sin
llegar a tener verdadera conciencia de ello... Después de todo,
mi idolatrada también sufrió lo suyo. Su hijita murió de me-

46

ningitis a los dos años; su amor, Cerdan, se estrelló en pleno vuelo; su madre era alcohólica y no estaba en condiciones de ocuparse de ella; su padre la metió en una pensión donde convivió con prostitutas; estuvo a punto de quedarse ciega antes de pedir limosna por la calle en compañía de su padre...

Como yo, Edith Piaf sabe qué es sufrir y, además, su voz sublime, me pone la carne de gallina.

> Todos los días de la semana son vacíos y suenan a hueco... Peor aún que la semana es el domingo pretencioso... Odio los domingos... Por la calle va la gente, millones de viandantes... La gente que circula con aire indiferente...

Lo que ella canta es mi vida. Edith Piaf me murmura al oído que debo aguantar. Me dice a mí, Isabelle Aubry, que el ser humano es capaz de soportar lo que sea. Si ella, la humilde cantante de los bajos fondos de Pigalle, supo conquistar Francia y Estados Unidos, quizá yo también encontraré por fin una puerta de salida. Escucho sus palabras repetidamente y eso me ayuda a resistir la atracción del vacío. Necesito una pizca de su coraje para aguantar los reveses.

47

Porque cuando vuelvo de la escuela o del gimnasio, todavía no ha terminado mi jornada. En casa, mi padre no pega sello y me delega todas las tareas domésticas sin excepción. Administro el presupuesto, hago la compra, lavo la ropa, cocino, limpio la casa. Ahora dispongo de una habitación para la ropa, donde la lavo y la tiendo a la salida de la escuela. Cuando, por la tarde, llega mi padre del trabajo, me anuncia el programa:

—Hoy me preparas un muslo de cordero y, para postre, tarta de albaricoque.

Una vez cometo el error de pelar las patatas demasiado despacio para su gusto. Veo que se pone nervioso y procuro darme más prisa, pero es demasiado tarde.

—¿Será posible que seas tan inútil? ¿Es que lo haces aposta?

A los cinco minutos es presa del furor y rompe todo cuanto encuentra en la cocina. Vuelan los platos y, de un manotazo, salen disparadas por los aires las mondaduras de patata.

—¡Espabila, espabila de una vez! —me grita a dos centímetros de la cara.

A partir de ese día intento cocinar con la rapidez del rayo. En cuanto Renaud me indica el menú que le apetece me lanzo a la carrera a satisfacerlo, me pongo el abrigo de cualquier manera, me planto en un santiamén en la tienda de la esquina a comprar los ingredientes necesarios para el festín del amo, mondo lo que haya que mondar, corto, lavo, cocino, ultimo la cena de mi padre y pongo la mesa. Pero no en la cocina, ni hablar de comer en la cocina: Renaud Aubry quiere comer en el salón. Entre tanto, yo me limito a mordisquear cualquier cosa, pese a que no tengo apetito. Él, ya con el estómago lleno, exhala un suspiro de satisfacción y me suelta:

—Déjalo, lo recogemos mañana.

Me da un cigarrillo, los platos sucios se quedan en la mesa del salón y sé que, dentro de unos instantes, estaré en su cama. Algunas noches mi padre se provee de una cámara fotográfica y se dedica a inmortalizar los momentos que pasa conmigo. Entonces tengo que hacer de modelo, tendida o sentada pero desnuda, siempre en posturas asquerosas.

Pero ni siquiera más tarde, cuando ya ha terminado con sus manejos, puedo estar tranquila. No hay que pensar en dormir. Persuadido de que es un ser superior, necesita regularmente un público para alardear de sus conocimientos, y el único auditorio que tiene a mano soy yo. Sin importarle la hora, ya sea del día y sobre todo de la noche, mi padre me da conferencias sobre lo que más le chifla. Su tema predilecto es Luis XI, llamado «La Araña Universal». Renaud Aubry se explaya en interminables discursos sobre aquel rey maquiavélico, autor de una máxima de la que mi padre se apropia: «Divide para reinar mejor». Es más, Luis XI fue taimado y a veces cruel y reprimió a la aristocracia con su energía y su astucia, cualidades que a mi padre le encantan. Admira a los líderes en general, a los hombres agresivos y tramposos. Sospecho que, en su fuero interno, se compara con esos grandes hombres. A él también le gusta infringir la ley y no le importa perjudicar a quien sea con tal de que no lo pesquen: robar al fisco, violar a su hija, estafar a los clientes...

Ese oscuro operario se tiene por más listo que nadie. Además, rinde culto a Hitler y se conoce al dedillo la historia de su subida al poder en la Alemania de entreguerras. Cuando me despierta en plena noche para que escuche sin rechistar su oda al nazi se empeña en hablarme en alemán. En el panteón de Renaud Aubry también se encuentra Napoleón y, por extraño que parezca, el Pascal de los *Pensamientos*. Para rizar el rizo del esnobismo, ese electricista que es mi padre va de aquí para allá el día entero con el libro del filósofo en el bolsillo y me obliga a mí a hacer otro tanto. Para comprobar si he sabido leerlo y entenderlo, me somete a interrogatorios por sorpresa a las cuatro de la madrugada, que remata con sus propias preguntas y respuestas. Su logorrea me agota, me duermo de pie, estoy que me caigo... Al final me desplomo en la cama, desesperada al pensar que al día siguiente se repetirá la misma comedia.

Estoy cansada, agotada, asqueada de esta vida que me impone mi padre, pero no la pongo en entredicho. Respeto a mi padre; lo admiro, además. ¡Es tan inteligente, tan culto! Pero me da tanto miedo cuando se enfada... Como ahora es la única familia que tengo, no me queda donde elegir. A decir verdad, no se me ocurre siquiera que mi vida podría ser diferente. La sumisión se ha convertido, a su lado, en mi segunda naturaleza. La angustia que siento va en aumento así que mi padre vuelve del trabajo. Enfrente del edificio donde vivimos hay un solar y una zona de aparcamiento visibles desde nuestra cocina. Cuando termino los deberes, espero junto a la ventana hasta que veo llegar su coche. Tan pronto como lo veo, siento que el corazón me estalla porque vivo sumida en un estado de terror continuo. Mi padre, en cambio, es feliz, muy feliz. Me tiene a mano cuando se le antoja poseerme y cuenta con una criada gratuita y eficaz. Pero resulta que todavía puedo serle más útil, ya que ha concebido ambiciosos proyectos en relación con su hija:

—Cuando tengas dieciocho años, Isabelle, harás la calle y yo te haré un hijo.

Estoy avisada. Entre tanto ha llegado Navidad y, como mis abuelos han venido a pasar unos días con nosotros, mi papá me intima a recuperar mi papel de niña, o sea que vuelvo a mi habitación, donde tengo el placer de encontrar de nuevo mi cama, mis libros y mis casetes. Mis abuelos asisten al espectáculo de un padre soltero que se ocupa lo mejor que puede de su hijita Isabelle, adolescente más bien huraña, siempre agazapada en su cubil. Yo hago el papel que me corresponde y aprovecho la tregua que me ha salido al paso sin confesarme con mis abuelos. No tengo intención de decir lo que sea a quien sea, ya que nadie me hace preguntas y mi padre lo quiere así. ¿No me ha dicho infinidad de veces que lo meterían en la cárcel si yo hablo? Y me callo también porque tengo la confusa impresión de que merezco lo que me ocurre. Si no me resisto, debe de ser porque yo lo quiero así y, por lo tanto, no tengo derecho a quejarme. Aparte de eso, mi padre me quiere de esa manera y debo aceptarlo. Mi papá, de eso no cabe la menor duda, es un ser como no hay otro, un padre excepcional. René y Valentine, pues, no sospecharán nada. Eso jamás, ni siquiera cuando vayamos a pasar días de asueto con ellos en mi Finisterre amado.

Allí están y no les confieso nada del calvario que vivo. Mi padre está encantado. Si he sabido guardar silencio delante de esos abuelos que amo, será que tiene libertad para pasar a la velocidad superior, lo que quiere decir que ha sonado la hora de mi primera orgía sexual.

—Vamos a salir —suelta una noche Renaud a sus padres—. Tengo que solucionar un asunto urgente con un amigo y me llevo a Isabelle. Así se distrae.

Mis abuelos aceptan de buen grado el encargo de guardar la casa y de pasar la velada tranquilamente delante del televisor. Mi padre incluso les pide prestado el coche, más vistoso que nuestro viejo Citroën dos caballos de color naranja. Y salimos. Destino: puerta Dauphine, punto de encuentro con vistas a los intercambios parisinos.

Aquella noche, mientras *papy* y *mamy* dormían pacíficamente en casa, fue la primera vez que me encontré sola y desnuda delante de un desconocido. La primera vez que un hombre que no era mi padre me puso el sexo en la boca y en otros lugares, la primera vez que tuve que acostarme con una mujer, su pareja y mi padre al mismo tiempo. Tuve el cerebro alerta, a la espera de que todo terminara cuanto antes. Hoy tengo borrados de mi memoria los nombres y rostros de aquel hombre y de su mujer. Fueron tantos los que siguieron después...

Con el transcurso de las semanas, el ritmo de las salidas se intensifica. Cuando está en la puerta Dauphine y ve tantos coches y tantos cuerpos a su disposición, mi padre parece un niño en Disneylandia. Hay que precisar que, para un gran número de mentes retorcidas, el hecho de que yo tenga trece años supone una prebenda nada desdeñable. En cuanto el conductor entrevé la niña que soy, se apresura a entablar conversación. A su lado, la señora hace una valoración del jefe y estima aceptable el físico de mi padre. De ese modo, gracias al intercambio, Aubry puede despacharse a un número incalculable de mujeres diferentes... Espera poder aprovecharse largo tiempo de ese maná. Con esta finalidad y para su propio placer, me arrastra un sábado por la tarde al centro comercial Rosny II. Allí desenvaina el talonario de cheques sin que le duelan prendas, nada es demasiado caro para transformar a la adolescente mal vestida en sensual burguesa. Me compra vestidos y maquillaje, y la *razzia* termina en una tienda de lencería. Como no podía ser menos, las dependientas se conmueven viendo a ese marido tan atento que va acompañado de su hija, fuera de las fechas habituales de San Valentín o Navidad, para regalar a su mujer tal cantidad de ropa interior provocativa. Sólo que su mujer soy yo, la chica con zapatillas deportivas y tejanos que espera en la puerta de la tienda. La que, cuando cae la noche, se transforma en profesional del sexo, uniforme incluido, es decir, medias negras, liguero y *body*.

A veces, el hecho tiene lugar en el coche de mi padre. Otras, mi padre lleva su presa, marido y mujer, a nuestra casa. O nosotros vamos a casa de ellos. Ésta no se ubica forzosamente en la periferia sórdida ni es tampoco un apartamento de protección oficial; todo lo contrario. Los seguimos en coche hasta los barrios opulentos de París y sus apartamentos son inmensos y suntuosos. Recuerdo perfectamente uno de esos palacios del vicio, con su salón de cien metros cuadrados y su cuarto de baño con el techo y las paredes tapizados de espejos. La orgía no es

51

deporte de proletarios. Médicos, abogados, auditores contables...
entre mis piernas desfila todo el anuario de las profesiones libe-
rales, al que vienen a añadirse algunos artistas, funcionarios y
otros que no se molestan en mostrar su currículum antes de ba-
jarse los calzoncillos. Ninguno sabe que soy la hija de Renaud
Aubry, ya que me presenta como su compañera, si bien mi edad
y mi aire juvenil podrían hacerles sospechar. Pero no hacen preguntas. ¿Por qué iban a hacerlas? No están allí para hacer cate-
quesis, sino para pasárselo bien. Yo soy un instrumento, punto
y aparte.

Uno de los tipos que mi padre invita regularmente a casa es
un fotógrafo extranjero oriundo del norte de Europa. Estar con
él es un infierno, ya que no se contenta con la faena habitual,
sino que además quiere que dure, dure, dure... Acaba con mi paciencia e interiormente rezo a Dios para que, si me escucha, me
libere de ese artista a quien tanto le gusta tomarse la cosa con
calma. Una noche me retiene dos horas encerrada en su habitación mientras mi padre espera en el salón en compañía de su esposa. Cuando me reúno con ellos después de haber vivido una
gran tortura, mi padre clava en mí sus ojos y me espeta:

—Pero ¿se puede saber qué estabais haciendo? ¡No hay que
entretenerse tanto tiempo!

Mi padre está celoso. ¡Es el colmo!

Vemos a menudo al fotógrafo y a su mujer. Incluso vamos
con ellos a cenar y al cine. El azar nos conduce a ver *La luna*,
historia de un incesto entre madre e hijo. Mi padre elige cuidadosamente las películas que vemos y a veces me lleva al Barrio
Latino a ver películas porno en salas especiales. Es ilegal, puesto que soy menor, pero ¿preocupa acaso el detalle a papá? En esa
clase de sitios no hay nadie que se rasgue las vestiduras cuando
ve a un viejo de treinta y cinco años acompañado de una adolescente, acomodados tranquilamente los dos ante la gran pantalla para presenciar cómo unas monjas se dan el lote en el con-
vento. Los cinéfilos amantes del género tienen la piel curtida.
Cine, pero también restaurantes, fines de semana en un cámping naturista, etc. Mi padre ya no hace nada sin sus nuevos
amigos, los aficionados al intercambio. Organiza varias veladas

libertinas por semana. A fuerza de frecuentar la puerta Dauphine, mi padre conoce a mucha gente, a la que invita a esas fiestas refinadas y cuyos datos personales anota cuidadosamente en una libretita. También me lleva a salas de fiesta «particulares», donde hay parejas dispuestas a pasar, juntas, buenos ratos. En uno de esos clubes nocturnos hay una cama inmensa con capacidad para diez personas. No podía haber sitio mejor, ya que compendia el principio rector: todo el mundo revuelto, todos alegremente ensamblados. Bien mirado, prefiero pasar más tiempo con mujeres que con hombres. Lo encuentro menos repugnante.

Los hombres, a veces, resultan ser unos tarados. A algunos les gusta la violencia; otros están tan bien dotados por la madre naturaleza que me parten el cuerpo en dos y me dejan incapaz de andar durante varios días, cubierta de hematomas. Pero prefiero esto que acostarme con mi padre. Ése es el peor de los horrores, el asco absoluto. Cada vez que lo vivo me entran deseos de cortarme las venas, tal es la tensión sofocante que siento. Sufro menos con los desconocidos. Cuando conocemos a una pareja nueva, Aubry se retira con la mujer y a mí me deja con el hombre. Y en las orgías, ídem. Salta sobre las primeras faldas que se le ponen a tiro y opta siempre por la novedad. Por tanto, cuando salimos, por lo menos no tengo que soportar sus ataques, porque se consagra a las otras mujeres. Al volver a casa de madrugada está cansado y nuestras relaciones son menos frecuentes. Soy yo, pues, quien lo empuja a las orgías cuando no ocurren por iniciativa suya. No dudo ni un momento y elijo instintivamente la puerta Dauphine antes que una velada en casa. Como los animales, procuro evitar lo que más me perjudica y, para mí, la peor pesadilla es acostarme con mi padre. Por consiguiente, antes diez tíos que él.

Y cuando digo «diez tíos» no hablo por hablar.

El día siguiente por la mañana voy a la escuela como si tal cosa. Basta que llegue a clase para que la mitad de mi persona se aletargue y trate de interpretar lo mejor que pueda el papel de buena alumna y excelente compañera. Me cuesta muchísimo. Cuando estoy con mis compañeras procuro no hablar de mí y

53

opto por prestar oído a sus historias. La insignificancia de sus problemas hace que me olvide de lo mío, me convierto en la confidente predilecta de mis compañeras e incluso en la guasona de turno. En efecto, me desternillo de risa ante cualquier nadería; es mi diversión y mi manera de desahogarme. Me siento tan exhausta que los accesos de risa estallan sin que pueda controlarlos y a veces tengo que esforzarme para que no acaben en sollozos. En lo tocante a resultados escolares, nada de particular, pero las calificaciones bajan y, además, acostumbro a quedarme dormida en plena clase. La voz del profesor se convierte en un arrullo que me empuja suavemente a un sueño profundo durante la clase de inglés o de historia. Los profesores acaban por preocuparse al ver la caída en picado de Isabelle Aubry. En consecuencia, el director convoca a mi padre.

—Nos preocupa su hija, antes era una buena alumna y ahora está totalmente dispersa y hasta se duerme en clase.

Mi padre adopta aire de circunstancias y confía a su interlocutor la terrible verdad:

—Lamentablemente, mi hija Isabelle es víctima de una terrible enfermedad que requiere un tratamiento muy severo que le causa una enorme fatiga.

Suelta a continuación una perorata sobre los síntomas de una patología cualquiera cuyo nombre ha pescado en un periódico y pasa a la conclusión: es absolutamente indispensable que yo duerma. Cuando una persona está afectada, como es mi caso, por un mal grave, raro y penoso como éste, ¿qué importancia puede tener una clase de matemáticas? El profesor, sinceramente conmovido por tan terrible noticia, despide a mi padre sin pedirle un certificado médico y hasta recomendándole, de paso, que tenga valor en los momentos difíciles que atraviesa.

No sé si Luis XI era astuto, pero Renaud Aubry lo es.

Por la noche me cuenta la anécdota, hilarante a sus ojos, y se cree el más listo de los listos.

De todos modos, para asegurarse de que el cuerpo docente lo va a dejar tranquilo, a mi padre se le mete entre ceja y ceja que tengo que mejorar las notas sin pérdida de tiempo. Además de las noches que me hace pasar, del instituto, del gimnasio y de la casa, cuyo peso también recae sobre mí, ahora me exige que haga deberes suplementarios, redacciones e interminables ejercicios de matemáticas... Traza un programa de revisiones y, cuando vuelve del trabajo, comprueba que lo he entendido todo. Todo esto no contribuye a mejorar mi estado de salud. Es un régimen que obliga a mi organismo a pedir socorro urgente. Mi padre no había mentido, ya que estoy enferma de verdad.

Una noche, mi padre me lleva a casa de una de sus amistades. Se trata del menú habitual: la sexualidad practicada en grupo. Estoy extenuada. Desde hace algunos días sufro mareos y el dolor de cabeza no me abandona. Cada paso que me acerca al maldito apartamento me deja agotada, las piernas apenas me sostienen. Así que salgo del ascensor me desplomo delante de la puerta del jefe de la orgía en cuestión, quien, como hecho adrede, resulta ser médico y, más exactamente, interno del departamento de cirugía. Sosteniéndome por el torso, me introduce en su casa y me examina de pies a cabeza.

A través de una especie de niebla mental, oigo que me dice:

—Tendrás que hacerte un reconocimiento a fondo. En este momento no puedo decir qué te pasa, pero no es normal.

Después de examinarme concienzudamente, se abalanza sobre mí de forma igualmente concienzuda y es imitado por las diez personas que se encuentran en el salón.

Posteriormente, mi padre me lleva al hospital para que me practiquen un reconocimiento a fondo: análisis de sangre, electroencefalograma... Me someto a una batería completa de pruebas médicas. El diagnóstico es anemia y agotamiento.

A mi padre entonces se le plantea otro problema: en las orgías que me inflige no circula ningún preservativo. Estamos a finales de los años setenta y todavía no está de moda usarlos; además, como no tengo aún la menstruación, tampoco empleo ningún medio anticonceptivo. Pese a todo, dado que su ídolo es Luis XI, llamado también el Prudente, mi padre empieza a preocuparse. Me envía a una ginecóloga a fin de asegurarse de que no corro el riesgo de quedar embarazada. La ginecóloga me lo confirma y, a los diez minutos exactos, salgo de su consultorio. Esa señora ni me examina siquiera, como tampoco me hace pregunta alguna. Hace su trabajo aprisa y mal, por supuesto, pero pese al apresuramiento me ayuda. Al darme un no por respuesta y declarar que no puedo quedarme embarazada antes de ser púber, despierta mis neuronas y hace que me pregunte: ¿quiere decir eso que la naturaleza no prevé que se tengan relaciones sexuales antes de tener la regla? Y en ese caso, ¿es lógico tenerlas a mi edad? Yo, que nunca me había hecho pregunta alguna con respecto a la normalidad de lo que vivía cada día, empiezo a reflexionar sobre el asunto.

Mi padre, en esta época, trabaja en una empresa parisina en calidad de operario dedicado a reparaciones. Allí conoce a Brigitte, la telefonista del establecimiento. Es una chica simpática, cariñosa y algo despistada, con poca familia que la proteja, no mucho mayor que yo, ya que se acerca a los veinte años; es decir, es la presa ideal para mi padre, a quien no le parece suficiente, ante una chica tan guapa, limitarse a citarle a Pascal. Cuando me anuncia este ligue quedo literalmente encantada. ¡Por fin contaré con alguien que se ocupará de mi padre y de la casa y tendré un poco de descanso! Por desgracia, aunque Brigitte se instala, en efecto, a vivir en nuestra casa, no por eso mi padre me deja tranquila. El trío del que formó parte en los tiempos de su matrimonio le ha dejado buen sabor de boca y ganas de repetir. Como es lógico, al principio no anuncia a la señorita el plan que está maquinando. Solamente vive bajo nuestro techo y él, simpático e ingenioso, se limita a practicar el juego importante. O sea, que vuelvo a dormir en mi habitación para no asustar a la recién llegada. Brigitte, que al principio parece encantada, no tarda en hartarse de mi padre, quien tiene la costumbre de sobarla y besarla lánguidamente ante mis ojos. Está preparándola poco a poco y, además, ahora acostumbran a hacer el amor con la puerta abierta de par en par. Hasta que una noche da la estocada.

Quiere mi mala suerte que esa noche pase por delante de su habitación en el momento en que están los dos encamados y oiga a mi padre que me llama:

—Ven, Isabelle...

Obedezco. Sé qué tengo que hacer. Hace tanto tiempo que

me tiene condicionada que interpreto el papel a la perfección igual que una autómata. Sé qué espera de mí y a qué me arriesgo si no lo hago. También sé que no tengo alternativa, que mi vida ahora va a consistir en ser utilizada, poseída y abandonada después, como si estuviera muerta, en la cama. Sé qué tengo que hacer y que sólo después podré dormir. También Brigitte sabe que allí, delante de ella, hay un padre que va a copular con su hija. Ella deja hacer. A partir de ahora, dormiremos los tres juntos.

Desde el día que Brigitte se muda a nuestra casa, mi padre se retira de los intercambios nocturnos y demás placeres parisinos. Permanecemos los tres en nuestro modesto barrio. Ahora nos toca a nosotras satisfacer los vicios de mi padre. Tenemos barra libre de alcohol y un buen día mi padre decide que ha llegado el momento de iniciarme en los placeres de la droga. Tengo catorce años cuando empiezo a fumar hierba con regularidad. Pero mi padre es un hombre a quien le gusta apurar hasta el final la perversión en los demás. Un día que mi hermana Camille pasa el fin de semana con nosotros, se le ocurre una idea retorcida como todas las suyas. 57

—Brigitte, Isabelle, besaos.

Estamos en el coche, Brigitte está sentada delante, Camille y yo detrás.

—¡Vamos, nenas, en la boca! ¡No perdáis tiempo!

Brigitte se vuelve y me larga un beso en la boca ante los ojos de mi hermana, que en aquel entonces no tiene más que ocho años. En aquel momento surge en mi interior una sensación nueva y, además de la incomodidad atroz que me posee, noto el miedo agarrado en el vientre. Es un terror desconocido hasta entonces, resultado de pensar que mi hermana va a pasar por lo mismo que yo, que será sucia como yo. Mi Camille corre peligro, pero yo no puedo remediarlo y esa impotencia me martiriza. Siento un alivio inmenso a última hora del domingo, cuando la veo regresar a casa de nuestra madre.

Brigitte está tan confusa como yo, disponemos de mi padre en común. No tardamos en hacernos buenas amigas. Me acostumbro a hacerla partícipe de mis desgracias. Le confío mis inquietudes, me quejo de mi padre durante horas... Y sobre todo, le hablo de Pierre, el primer hombre de quien me enamoro. Todavía no he tenido nunca novio. Mis únicos hechos de armas han sido una fiesta en la que bailé sin otra intención que el baile. Nada más.

A ese tal Pierre lo veo en verano, en Bretaña, donde alquila con su esposa y sus dos hijos una parte de la propiedad de mis abuelos. Tiene alrededor de cuarenta años y lo que más me fascina de él es su amabilidad. Atiende de maravilla a sus dos hijos. Una noche, cuando me dirijo a los lavaderos, lo sorprendo sentado en la cocina. Está a oscuras, con las piernas cruzadas, envuelto en la penumbra como si aprovechara que sus hijos están acostados para relajarse, y a su alrededor veo flotar el humo gris del cigarrillo. Es un buen padre de familia que, como yo, disfruta de momentos de soledad poblada de nicotina... No sé qué efecto produce en mi joven cerebro la asociación de esas dos cualidades suyas, pero sí que inmediatamente se produce en mí una fascinación por el tal Pierre.

58 En aquel momento creo firmemente que acabo de enamorarme de aquel hombre. Hoy, cuando veo las cosas con más claridad, comprendo hasta qué punto estaban morbosamente confundidos en mi cabeza el sexo, el amor y el afecto. Buscando desesperadamente ternura y cariño, me fijo precisamente en ese padre ideal que no me pide nada.

Paso semanas, pues, en que pienso continuamente en él. Averiguo su número de teléfono en la guía y lo llamo a cada momento. Así que oigo su voz, cuelgo, angustiada ante la idea de pronunciar una sola palabra. Me desahogo a través de mi musa, Edith Piaf. Cuando Pierre contesta, oye resonar en su oído las palabras de *Milord* e imagino su desorientación. Espoleada por Brigitte, que no pierde ni un ápice del folletín «Pierre», me decido finalmente a coger el toro por los cuernos y a hablarle por teléfono. Le digo a bocajarro que quiero verlo inmediatamente, en aquel mismo momento. Nos citamos en un bar de la puerta Maillot. Estoy loca de amor por este hombre y acudo a la cita con el corazón apesadumbrado, las manos húmedas y las mejillas arreboladas, como corresponde a la niña que soy en realidad. Quiero decir a ese cuadragenario que ha hecho zozobrar mi corazón lo mucho que le amo. Quiero susurrarle palabras dulces y oírle decir que ese amor es recíproco.

—¿Por qué querías verme, Isabelle?

—Porque me gustaría acostarme contigo.

Eso es lo que escucha ese día Pierre de labios de una niña de trece años delante de una taza de café. Se sorprende y no entiendo por qué. Para mí, el amor pasa indefectiblemente por el sexo porque no puede pasar por otro sitio que éste y porque no existen otros medios de expresarlo, ¿o sí? De otra forma no es amor, sino comedia. Si no fuera así, ¿por qué iba mi padre a acostarse conmigo?

Pierre atrapa mis palabras al vuelo:

—De acuerdo, vamos a un hotel inmediatamente pero, en ese caso, no volveremos a vernos nunca más. O por el contrario, nos despedimos tal cual y quedamos amigos. Tú eliges.

—El hotel.

Pero de camino me doy cuenta de que Pierre me ha metido en un callejón sin salida y de que, si hacemos el amor, no volveré a ver a este hombre que quiero. Pero si no hacemos nada, quiere decir claramente que no me quiere. De todos modos, en ambos casos salgo perdedora. Me inunda una tristeza infinita y digo a media voz:

—Acompáñame al metro.

Ignoro si el amado Pierre habría acabado por lanzarse sobre mi cuerpo una vez en la habitación del hotel o si quería simplemente empujar hasta su última trinchera a aquella muchachita petulante que yo aparentaba ser en aquel entonces. De lo único que me acuerdo es de la espantosa desesperación que se apoderó de mi alma en el momento fatal de dejar a Pierre. Me parece verlo al otro lado del andén, esperando su metro para volver al trabajo. Y recuerdo el deseo de arrojarme a la vía que me acometió de repente. Cuando vuelvo a casa, cuento entre sollozos a mi querida Brigitte el final de la patética saga y ella se apresta a consolarme. Me guardará el secreto y mi padre no tendrá nunca noticia de este episodio; durante largas semanas, mi amiga hará lo posible para subirme la moral, que está por los suelos.

En esta época puedo contar con ella, es para mí una amiga, una amiga de verdad. Desgraciadamente, mi padre acaba por cansarse de esa muchacha, que está tan a disgusto con él como yo misma. Después de haber vuelto a saborear las mieles de la tríada, empieza a desahogar sus nervios en la pobre chica, que se ha transformado en una amante poco complaciente. Brigitte recibe una buena tanda de enérgicas palizas antes de decidirse a hacer las maletas sin hacer reclamación alguna.

Vuelvo a encontrarme una vez más a solas con mi padre. Pero ahora he entendido una cosa: que me siento mejor si confío a alguien mis penas.

Es el hecho que marca el principio de los problemas que recaerán sobre Renaud Aubry.

5

¿Quién querrá ver?...

$\mathcal{H}$ace cuatro años que llegué a casa de mi padre, y dos que me utiliza como su juguete preferido. Acepto la vida tal como viene y a mi padre, tal como es. Pero cuanto más tiempo pasa, más dudo de la normalidad de mi situación. Lo que más me turba es esta historia de la regla. ¿Se pueden tener relaciones sexuales antes de tener la regla? Una noche veo perfilarse bruscamente ante mí el lado insólito de mi vida.

Estoy de pie en la entrada del salón y tengo a pocos pasos la tele en marcha. En TF1 pasan una película romántica y veo en la pantalla a los protagonistas besándose apasionadamente. Mi padre hace lo mismo conmigo: me atrae hacia él y su boca se pega a la mía.

Los personajes del film tienen unos treinta años y están enamorados. No pertenecen a la misma familia. Se miman, es lógico.

Nosotros hacemos lo mismo que ellos, pero él es mi padre y yo soy su hija y, además, una niña. No es lo mismo. De pronto veo claramente que es algo que está mal. Estas caricias siempre me han agobiado, pero ahora al asco se añade un sentimiento nuevo que se traduce en repulsa, en la posibilidad de rechazar a mi padre. Tal vez no esté obligada a aceptar sus besos puesto que no son normales. Y además, ahora tengo catorce años. ¿Puede continuar haciendo lo que quiera conmigo, como si yo fuera un bebé, como cuando era pequeña? Debería negarme pero... ¿cómo?

Poco a poco, pero con fuerza, va incrustándose en mi cerebro una obsesión nueva: tengo que escapar a las acechanzas de mi padre. Sigo queriéndole, sigue provocándome mucho miedo, pero sé que, sin mí, su vida sexual sería mucho menos incitante. Gracias a mí puede acostarse con otras mujeres, o sea que existe un margen de maniobra, aunque sea muy estrecho. Con el paso del tiempo voy adquiriendo más seguridad y procuro aminorar los daños.

—No quiero ir con el tipo ese, es demasiado viejo. Hay que buscar otro.

Cuando vamos a la puerta Dauphine procuro no acostarme con hombres que tienen un aspecto excesivamente vicioso o sucio; o lo intento, ya que es frecuente que no tenga posibilidad de elegir: cuando mi padre decide que debo tener tratos con veinte hombres, los tengo y no hay más que hablar. Pero otras veces, Renaud Aubry me suelta la brida. Algunas noches tengo derecho a elegir a la persona con quien deberé acoplarme y a menudo incluso soy yo quien se encarga de la «negociación». En resumen, soy yo la que pregunta a un hombre y a su mujer si vamos a su casa o a la nuestra, si su apartamento está lejos, cuántas personas habrá... Mi padre prefiere verme asomada a la ventana del coche informándome sobre el itinerario a seguir que enfurruñada en el asiento, como si esperara al verdugo. Porque cuando parezco cansada o contrariada, él disfruta menos. Y en lo que a mí respecta, cuando soy yo la que negocia no tengo tanto la impresión de ser un cero a la izquierda. Continúo siendo un objeto, eso por descontado, pero por lo menos soy un objeto que tiene voz.

Durante el día, saco de donde puedo pequeños espacios de libertad. Cuando, en casa, mi padre tiende la mano hacia mí para tocarme o me acerca los labios para besarme, me niego. Invento una excusa cualquiera, digo que me duele la barriga, que estoy indispuesta, que tengo que limpiar la cocina, que debo terminar los deberes. Odia que le niegue esos pequeños placeres, y entonces aborda el asedio valiéndose de declaraciones de amor. Soy su amada, su sangre, su corazón. ¿Por qué, entonces, me empeño en hacerle daño? ¿Por qué le niego lo que le complace?

Si los manejos suaves no funcionan, mi padre cambia de táctica y se pasa horas enteras sin dirigirme la palabra. Después empieza a ponerse nervioso, inicia un tamborileo de dedos en la mesilla baja, fuma cigarrillo tras cigarrillo... La tensión va subiendo. En momentos así, el miedo se impone a todo lo demás. Siento que me invade el temor de que ya no me quiere, el miedo de que me pegue, el miedo de que me mate. Y entonces cedo. Vamos a su habitación.

Pero un momento antes, he reflexionado y me he dicho que, puesto que lo he hecho tantas veces, una más tiene poca importancia. Trato de bloquear el cerebro. Lo importante es no pensar.

Cuando ha terminado, pienso que ojalá me hubiera muerto, ya que no he tenido fuerza suficiente para resistirme.

Me siento culpable cuando lo decepciono porque me niego, pero culpable también de las cochinadas que hacemos si cedo. Como soy una niña encantadora, una niña tan guapa, su hija querida, soy culpable de que él me ame demasiado, de que me ame tan mal. Mi gran error es vivir.

Los únicos momentos de verdadera felicidad los vivo fuera de casa, en el gimnasio y en clase con mis compañeras. Véronique y Valérie son mi tribu, mis amigas inseparables, y con ellas hago las mil y una. A los catorce años soy una adolescente dividida en dos mitades, una de las cuales está muerta, y la otra sólo sueña en vivir a fondo. Cuanto más nula y deprimida estoy en casa, más alegre con las chicas de mi edad. Con mis compañeras paso horas conspirando, hablando de música, cine, libros, vestidos. Son paréntesis mágicos que me hacen olvidar durante un tiempo el asco que siento de mí y las ganas de acabar con todo. Hablar me limpia el cerebro, hablar se me hace indispensable.

Mi padre se da cuenta de que hay un cambio de vientos, de que me hago mayor, de que disfruto con la compañía de los demás, o sea que me aprieta los tornillos y no quiere ni oír hablar siquiera de que salga por la noche sin él, me prohíbe que pase la noche en casa de una amiga. Mi padre trata con tanta frialdad a mis amigas cuando cometen el error de venir a mi casa que éstas no tardan en dejar de poner los pies en ella. Así pues, fuera de casa es donde me suelto. En el colegio soy una líder y no sólo tengo la labia necesaria para ese papel sino que, además, tengo toda la pinta de serlo con mis zapatillas deportivas y mi bolsa decorada con una hoja de marihuana. Pese a que nos vigilan, nos reímos como locas de todo y de nada, como si no existiera el profe. Montamos a caballo en las sillas en plena clase, es decir, no somos precisamente lo que se dice unas chicas formales. Por supuesto, no soy el ojito derecho del personal docente, ya que los profesores no tienen nada de masoquistas pero, sin embargo, entre los alumnos gozo de relativa popularidad. La prueba es que me nombran delegada escolar. La administración no tiene suerte conmigo, ya que puesto que en casa me veo obligada a doblegarme, cuando estoy fuera no hay quien me sujete. Un día, el cocinero de la cantina nos sirve unas tartas infectas que yo califico al momento de rancias. ¡Zafarrancho de combate! Bajo al patio de recreo y, ante una audiencia de compañeros, improviso un foro de tema único:

—¿Habéis visto lo que han querido hacernos tragar?

Estoy indignada, les suelto una larga parrafada y propongo a mis compañeros la única solución posible ante el abominable escándalo de las tartas putrefactas: ¡la huelga! Tras una hora de inflamadas deliberaciones, se amotinan detrás de mí doscientos coléricos alumnos. He conseguido lo que quería, que es ni más ni menos que todo el instituto Jean-Macé interrumpa sus actividades y que el director de dicho establecimiento nos reciba más rápidamente que lo que se tarda en contarlo y nos prometa que el hecho no se repetirá. Valoche, Véro y yo festejamos nuestra primera victoria sindicalista en el bar La Bergerie, nuestro cuartel general. Es un bareto situado no lejos del instituto donde solemos dar rienda suelta a nuestros hábitos en cuanto suena el timbre que señala el final de las clases. Allí nos precipitamos y hablamos sin descanso y nos atizamos nuestras bebidas habituales, mis compañeras a base de cafeína y yo a base de lúpulo.

En mi casa, el alcohol es habitual. Yo bebo antes, durante y después de la escuela. Después de dos o tres cañas, vuelvo a clase medio ebria o a veces totalmente borracha. En momentos ociosos robo vestidos; me escondo en la cazadora los vaqueros y camisetas de última moda burlando vigilantes y cámaras. Una sonrisita inocente a la cajera y salgo a la calle; lo he conseguido. Después vendo la preciosa mercancía en la escuela y con el dinero me compro cigarrillos. ¿Tengo algo que perder? En el fondo, muy al fondo, quiero que me descubran y que alguien ponga fin a la pesadilla que vivo. Sueño que unos policías me detienen, lo que al final acaba por ocurrir.

Me pescan en unos almacenes C&A. Los gorilas de seguridad me esperan en la salida y yo llevo los bolsillos llenos de blusas con todas las etiquetas colgadas. Me conducen directamente a la policía. No estoy nada asustada. Todo lo contrario, incluso estoy contenta. Cuando me encuentro en la comisaría, altar de la ley y la seguridad, sé que aquellos jóvenes de uniforme tienen el inmenso poder de enderezar mi mundo con la fuerza de sus palabras. Si quieren, pueden preguntarme por qué he emprendido ese camino. Y si se empeñan, se enterarán de las cosas inmundas que ocurren en el piso quince de un edificio de la ZUP y, gracias a su mediación eficaz, mi padre se desvanecerá en el horizonte y yo estaré por fin tranquila. Por desgracia, las fuerzas del orden deciden tratar con suavidad a la chica que soy yo. Consumado el hurto, me dirigen unas cuantas amonestaciones... y aquí se acaba todo. No hay nadie que se interese seriamente por mi situación. Razón no les falta, porque los adolescentes que se visten a expensas de los grandes almacenes forman legión. Un policía telefonea a mi padre, que viene a buscarme unas horas más tarde. Cuando salimos de la comisaría, papá me pone la mano en el hombro, me mira a los ojos y pronuncia estas palabras:

—Hija mía, estoy orgulloso de ti.

A Renaud Aubry le complace visiblemente que yo haya dado, como él, mis primeros pasos en el mundo de la delincuencia. Está encantado de que me salte las reglas porque ve que su educación da sus frutos. También los vigilantes parecen estar contentos de haberme pescado y los policías de haberme echado un sermón y devuelto a manos de mi padre. Un mundo pequeño que se congratula de haber obrado bien, nadie se pregunta por qué una chica de catorce años se pone a robar de pronto en unos almacenes. Nadie se devana los sesos para tra-

65

tar de averiguar qué puede ocultar este delito banal, como nadie tampoco me hace la más mínima pregunta al respecto.

Como robar no me sirve de nada, suspendo por completo los escamoteos.

¡Me habría gustado tanto, en esa época, que alguien se detuviera en mi caso! Pero no hay que confiar en que ocurra. No lo hicieron los policías ni tampoco lo hará nadie. En dos años, las conquistas de mi padre y los intercambios de pareja se han multiplicado bajo nuestro techo y a nadie le ha llamado la atención que una adolescente se acostara con un viejo. A Brigitte, testigo número uno de un incesto consumado, no le pasó nunca por la cabeza denunciar el hecho a las fuerzas del orden y lo mismo ocurrió con la que sucedió a Brigitte. En efecto, después de que ésta se fuera, mi padre trae al piso a una nueva presa llamada Sylvie. Ésta no es tan joven como la otra, está menos desorientada y es también menos influenciable. Me enseña a maquillarme y a vestirme. Juntas, ensayamos. Me gusta Sylvie. Sin embargo, a ojos de mi padre, tiene el inmenso inconveniente de ser relativamente equilibrada y bastante lúcida. Por eso, cuando un buen día, aprovechando que estamos tomando el aperitivo en el balcón, Renaud Aubry me acaricia los muslos delante de ella, la expresión del rostro de la muchacha no deja espacio a la esperanza y los tríos quedan relegados definitivamente al pasado. Unos días después, la señorita hace las maletas sin que le preocupe lo más mínimo que un padre toquetee a su hija de catorce años ante sus ojos. ¡Valor! ¡A huir tocan! Es el clamor de Sylvie y, en cuanto se va, se convierte en el mío.

Un día que estoy en el límite del aguante decido fugarme. El hecho ocurre una tarde en la que no consigo dividirme en dos mitades. La perspectiva de la noche que me espera me ha ido minando la moral durante todo el día y ni siquiera las bromas de mis compañeras han conseguido hacerme reír. Imaginar que también hoy tendré que estar a merced de mi padre en la cocina y en la cama me resulta insoportable. Así pues, a la salida de la escuela, cuando mis amigas vuelven a casa de sus padres, me quedo paseando por la calle sin saber qué hacer pero con un propósito firme: no volveré a poner los pies en el apartamento de mi padre, que se las componga sin mí. Y de pronto se me enciende una lucecita:

—¡Hola, Pierre, soy yo, Isabelle!

La única persona que quiero ver, la que puede consolarme, es Pierre, mi Milord, mi amor perdido... Le llamo por teléfono directamente al trabajo y le digo que le espero en la puerta de su empresa. Hago autoestop para reunirme con él en el otro extremo de París. Subimos a su coche y le cuento lo que me pasa, aunque sin entrar en detalles, es decir, le digo que estoy hasta la coronilla de mi padre y que me he fugado de casa. Me escucha sin decir palabra. Sólo reacciona cuando inicio el capítulo «romántico».

—Pero, Isabelle, no vuelvas a decirme que quieres acostarte conmigo. Sobre esto ya hemos hablado. No es posible, debemos seguir siendo amigos, tú sabes que estoy casado...

¿Significa eso que mi Milord no me querrá nunca? ¿Por qué, por qué, por qué? Viendo que se me han agotado los recursos, le propongo la última oportunidad:

—Si no quieres nada a solas los dos, podemos hacer algo con tu mujer, los tres juntos.

Me mira y, después de un largo silencio, dice:

—Lo hablaré con mi esposa. Llámame mañana.

Pierre me deja al pie de la estación de trenes y va a reunirse con su esposa creyendo que yo, la chica fogosa que acaba de proponerle una orgía, se dirige, muy formalita, a casa de su papá. Evidentemente, nada más lejos de mis intenciones. Unos jóvenes vestidos de cuero piden limosna en la entrada de la estación. Estoy sentada a escasa distancia de ellos y acabamos por entablar conversación. Al poco rato me pongo a su lado y charlamos mientras la gorra que tienen en el suelo se va llenando de monedas amarillas. Son yonquis que mendigan todas las noches para pagarse su dosis.

—¿Has probado la droga? —me pregunta uno.

—Pues... sólo hierba.

Me pregunta si me apetece probar shit o heroína. Opto por lo segundo. Dos chicos salen en dirección a París para hacer la compra.

Es curiosa la sensación que me produce esta fuga. No es desagradable. Tengo la impresión de flotar entre dos mundos, de entrar en un paréntesis fuera de la realidad. No existe el tiempo, mi vida cotidiana se ha desvanecido y ha dejado espacio a una gran hoja en blanco en la que puedo escribir lo que se me antoje. Un simple paso a un lado me permite tomar el tren en lugar de ir a casa, apartarme de los caminos sórdidos a los que me tiene condenada mi padre. Aquí, sentada al lado de esos yonquis a los que no conocía hace sólo unos minutos, entre sus perros y sus latas de cerveza, espero serenamente el momento de pincharme y me siento protegida. Protegida de mi padre. Sé que aquí donde estoy no puede nada contra mí. Ha cesado la pesadilla. Con tal de que ese lapso de tiempo perdure...

Pero no es así.

Los dos chicos que han ido a comprar heroína no vuelven. Al final, paso parte de la noche tumbada en un parque hasta que me despierta uno de los pastores alemanes a lametazos en la cara. ¡Uf! Uno de los chicos me invita a esperar el amanecer en su casa. Pasamos unas horas juntos comparando las diferentes drogas y escuchando casetes de rock duro. Estoy inmersa en la música de AC/DC y la coca, indiferente a todo, cansada de ese pobre drogata que todavía vive con su madre. Lo único que me importa es ponerme en contacto con Pierre cuanto antes y escuchar de sus labios que tiene ganas de verme.

Espero una hora prudente antes de telefonearle para enterarme de su respuesta. ¿Hacemos el trío o no? ¿Ha accedido su mujer? Su respuesta me encanta:

—No nos parece mal. Ven a casa y hablamos.

Perfecto, voy enseguida. Pero así que llego a la bella mansión de Pierre y veo a mi Milord con su maruja y sus guapos hijos alrededor, el encanto se desvanece. El golpe de gracia a mi obsesión es el timbre de la puerta de entrada. Pierre se levanta para recibir a los recién llegados y veo que quienes entran en el salón son mi madre y, tras ella, mi padre. ¡Catástrofe! Pierre me ha traicionado. La fuga no me ha servido de nada. Sigo a mis padres totalmente desmoralizada y vuelvo a la casa de la que huí, la de Renaud Aubry. Moralmente, estoy hundida. Busco desesperadamente una salida de emergencia y la encuentro: mi madre. Anuncio a mi padre que quiero pasar algunos periodos en casa de mi madre y de su nuevo marido. Al fin y al cabo, si me ha venido a buscar después de dos años de nuestro enfrentamiento quiere decir que algo debo de contar para ella. No me ha dicho nunca que me echaba de menos, nuestras relaciones no han alcanzado nunca ese nivel de calor humano, pero por lo menos ha venido a buscarme. Cuando le pregunto si puedo ir a su casa de vez en cuando acepta al momento:

—Por supuesto que sí, Isabelle, nos organizaremos.

¿Se sorprende de que quiera volver a verla? ¿Está contenta? ¿Aliviada? No tengo ni idea. Mi madre se guarda sus sentimientos. No decimos ni una sola palabra sobre el pasado, sobre la fuga, sobre el trío sexual que propuse a Pierre. El silencio lo cubre todo. Pero ya estoy acostumbrada. Nuestras conversaciones se reducen, pues, a banalidades de tipo doméstico.

«¿Te gusta esta falda?» «Isabelle, ¿me ayudas a poner la mesa? Esta noche cenamos canelones.» «Di a tu hermana que se dé prisa, por favor.»

69

Siempre ha sido así, pero me tiene sin cuidado. Lo que sí me importa es que por lo menos me libro de las garras de mi padre. Si estoy con mi madre no estoy con él. Pero no tardo en sufrir las consecuencias de mi conducta. Sin duda, Renaud Aubry empieza a maliciarse que yo pueda hacer alguna confidencia a su ex mujer. No tiene manera de impedir que la vea, pero me lo hace pagar con creces y son frecuentes los puñetazos que recibo en plena cara. A la más mínima ocasión se abalanza sobre mí y me arrea soberanas palizas.

Un día, cuando vuelvo de visitar a mi madre, entro en nuestro edificio con el miedo en el cuerpo. Todo me indica que hoy voy a cobrar. Llevo media hora de retraso y adivino, detrás de la puerta, a mi padre dando vueltas y sazonándose en su propia salsa. No me equivoco. Así que me ve entrar en el piso, se precipita sobre mí y me descarga una enorme bofetada en plena cara.

—Pero ¿es que no sabes qué hora es? ¿Se puede saber dónde estabas?

Son tantos los golpes que ni siquiera puedo responderle. Me agarra por los cabellos, me zarandea, me golpea la cabeza contra las paredes y acaba derribándome de un empujón y yéndose a fumar un cigarrillo.

Es un loco furioso. Vivo con un loco furioso.

Tengo que encontrar una salida de emergencia, tengo que escapar de aquí, de lo contrario no viviré para contarlo. Porque mi padre puede matarme. Es una idea que va tomando cuerpo y que me hiela la sangre. Y todavía hay algo peor: desde hace un tiempo, Renaud Aubry mira a mi hermana de una manera extraña cuando ésta viene a nuestra casa a pasar el fin de semana con nosotros. La impresión de que la mira con deseo va perfilándose cada vez con más claridad en mi cerebro. La sola idea de que pueda hacer con ella lo mismo que conmigo me pone enferma. Hay que pararle los pies pero ¿cómo? Siento un peso muy grande, terriblemente grande, en el corazón. Tengo necesidad de contar lo que me pasa, de mostrar a alguien los repugnantes bastidores de mi vida. No a mi madre. Aunque a ella la veo regularmente, todavía no le tengo confianza. Y además, ¿cómo voy a chivarle que su ex marido me viola y me pega si ella sólo me habla de compras, comida y comadreos del vecindario? Me lleva de tiendas, me llena el armario de ropa... pero no sirve para abrir las puertas de mi corazón. Y éste necesita abrirse. Un día en que mi alma gemela, mi mejor amiga, Véronique, y yo estamos cómodamente sentadas en el suelo de los lavabos del instituto con el paquete de Peter Stuyvesant al alcance, vomito todo lo que llevo dentro. Los retretes son el lugar ideal para fumar sin que a una la descubran y, por tanto, el salón de las confidencias. Y esta mañana estoy en el límite, harta de todo, de mi padre y de la vida, harta de que me pegue, harta de vivir en una nube cuando estoy en casa, de no poder salir sola, de tener que limpiar la casa, harta de ser la esclava doméstica y sexual de un tirano que se cree Dios. ¡Harta, harta, harta!

—Estoy agotada —le digo a Véronique—. Mi padre me dio una paliza el otro día que ni te cuento... Y además, por la noche salgo con él... Vamos a las casas de otras personas y nos acostamos con desconocidos, ¿comprendes? Lo hacemos a menudo...

casas llenas de tíos... y también de tías... todos apelotonados...
Pero de pronto me siento agotada...

Véronique no dice ni mu. Sólo me mira fijamente y sigue
intentando hacer aros con el humo del cigarrillo. Yo continúo:

—Y también lo hago con mi padre...

Me interrumpe el timbre, es hora de empollar. Véronique
echa la colilla en la taza del retrete, coge la bolsa y se vuelve hacia mí:

—Continuará en el próximo número, ¿no?

Exactamente así pone punto final a nuestra conversación.
¿Ha captado de veras lo que le cuento este día? ¿Se lo ha tomado como una bravuconada de mi parte, una broma, una mentira para pasar el rato? Es probable que el tono que empleo habi-
tualmente, más bien distante, y mi carácter aparentemente
jovial hayan hecho que mi amiga dudara de la verdad de mis
palabras. Sin duda necesita tiempo para digerir lo que acaba de
oír. Sin embargo, en aquel momento, la reacción de mi querida
Véronique me dejó fría. Decididamente, lo que yo vivo en casa
de mi padre debe de ser normal, puesto que mi amiga no ha
pegado un salto hasta el techo al saberlo. Si antes ya estaba
convencida de que mi destino era ser desgraciada, ahora, después de esta corta conversación en los lavabos de chicas, todavía me siento más fatalista. Busco desesperadamente a alguien
que me escuche y alivie mis penas.

Por suerte, en mi vida está Françoise.

Françoise Abeille es el oasis del edificio donde vivo. Como
yo, vive en el piso quince y su apartamento es una colmena
cuya puerta tengo siempre abierta. Esta mujer de unos treinta
años de edad es encantadora, dulce, cordial, siempre bien arre-
glada, peinada y perfumada con una fragancia elegante y cara que me embriaga. Me dobla la edad, pero eso no importa, porque Françoise me quiere. Las cosas que le cuento le interesan,
mis bromas la hacen reír. Me hace mil preguntas sobre mi vida
y sobre mi día a día. A su lado me siento protegida. Sin duda
soy un baño de juventud para ella, la madre de familia... Paso
mucho tiempo en su casa, sola o con mis compañeras. Françoise
Abeille no tiene un pelo de tonta y advierte que me siento an-

71

gustiada así que se acerca la hora en que mi padre vuelve a casa. Sabe, porque yo se lo he contado, que Renaud Aubry me pone deberes suplementarios, que me obliga a limpiar la casa y que, si no tengo la comida a punto cuando él quiere comer, se pone hecho una furia. Françoise empieza a barruntar que mi padre es un tipo raro. Acepta regar nuestras plantas cuando nos vamos de vacaciones, pero no entiende su manera de educarme. Lo encuentra excesivamente severo, extravagante, algo tiránico. Y sobre todo, considera que su hija, esa chica tan reservada, le hace preguntas curiosas:

—Oye, Françoise, ¿se pueden tener relaciones sexuales antes de tener la regla?

Madame Abeille se queda de una pieza. A su hija, que tiene más o menos mi edad, no se le ocurriría nunca hacerle semejantes preguntas.

—Escucha, cariño, todavía eres muy joven para tener relaciones sexuales. Tienes que esperar y, cuando te enamores de un chico, entonces las tendrás de una manera natural.

¡Si ella supiese! A veces, delante de ella, se me escapan unos suspiros tan profundos que partirían el corazón de cualquiera, en ocasiones acompañados de comentarios como que ojalá se acabase todo de una vez. Lo que vivo es tan duro que me siento sucia constantemente y temo más las caricias de mi padre que sus golpes. ¡Me gustaría tanto llevar la vida de mis amigas! Tener unos padres que se ocupasen de mí, no tener que encargarme de llevar la casa ni de distribuir caricias sórdidas. ¡Poder dormir toda la noche!

—¿Qué es lo que te preocupa, Isabelle? —me pregunta Françoise cuando me ve con la mirada perdida y la expresión sombría.

—Nada, que estoy harta, que esta vida me cansa. Es eso...

Y me meto en su dormitorio para jugar con su colchón de agua, que hace un ruido muy curioso cuando salto sobre él...

Françoise intuye que algo raro ocurre en casa de sus vecinos de rellano. Aunque da vueltas a la idea, no dice nada. Cuando la dejo, con prisas y cansada, para ir a mi apartamento, fregar la cocina y planchar la ropa, me abraza cariñosamente y me desea valor. No sé si soy la Cenicienta, pero sí que he encontrado a mi hada madrina. A ella se lo confío todo... o por lo menos todo lo que tengo el derecho de confiarle. Nada de mis desvíos hacia la puerta Dauphine, eso por descontado. Sólo los incidentes banales de mi vida. Pero cuando me viene la regla, me apresuro a comunicárselo, y también cuando cateo las matemáticas.

Llegan las vacaciones escolares y tengo que dejar a mi Françoise para pasar una semana en casa de mis abuelos. Han cambiado de domicilio: han tenido que dejar la bella propiedad donde vivían para instalarse en el centro de la población debido a que mi abuela necesita importantes atenciones médicas. Está recuperándose de un accidente vascular que la ha dejado parcialmente amnésica e incapaz de hacer los gestos cotidianos más sencillos. Ya no puede escribir ni caminar sin ayuda. Mi queridísima abuela tiene conciencia de su decadencia: una noche me confía que prefiere morir antes que seguir en ese estado. Ese año me voy de Bretaña con la certidumbre de que no volveré a verla. Cuando abandono mi Finisterre con los ojos arrasados en lágrimas y vuelvo a Fontenay, aprovecho que mi padre está en el trabajo para visitar a Françoise. Me falta tiempo para verla y confiarle mis inquietudes. Pero así que abre la puerta, advierto que mi vecina predilecta me recibe con menos alegría que de costumbre. Me hace sentar delante de ella y fija sus bellos ojos maquillados en los míos:

73

—Isabelle, mírame, por favor. Isabelle, ¿ocurre algo raro entre tu padre y tú?

No respondo. Ella insiste:

—La semana pasada, cuando fui a regar las plantas a tu casa, vi un tampón usado sobre la mesilla de noche de la habitación de tu padre. Deduzco que este tampón es tuyo y que duermes con tu padre. ¿Es así, Isabelle?

Sigo muda, más callada que un pez. Tengo la impresión de que, si digo la verdad, ocurrirá algo y será atroz. Lo veo por la seriedad de Françoise y por su insistencia. No me soltará a no ser que le responda. De pronto me embarga un miedo espantoso, un miedo insoportable.

—Isabelle, ¿tu padre hace cosas contigo?

Quiere una respuesta y tengo que responderle. Tendrá que salir todo a la luz.

—Isabelle, ¿tu padre se acuesta contigo?

—Sí.

Ya lo he dicho.

Y el mundo no se ha hundido.

Y no me he quedado muerta de repente.

Pero no tardaré en morir. Cuando mi padre se entere de que he revelado nuestro secreto me matará con sus propias manos. Se sentirá tan loco de rabia que me estrangulará al cabo de un segundo, o me dará tal paliza que no me quedarán arrestos para levantarme. En cualquier caso, mi fin está próximo, tengo de eso la certeza absoluta. Suplico a Françoise que no diga nada, pero ella insiste y me responde que debo decírselo a mi madre o a la policía... o ambas cosas. Yo protesto, porque entonces los polis no meterán a mi padre en la cárcel enseguida, tendré que pasar la noche con él y aprovechará la ocasión para matarme. En cuanto a mi madre, ¿me creerá si le cuento lo que me pasa? ¿Se avendrá a acogerme en su casa? No estoy segura... Françoise, muy alterada, no me promete nada. Con mi secreto a cuestas, espera a que llegue su marido, René, por la noche para contárselo todo. El marido tiene la reacción lógica.

—Pero ¿quieres decirme qué es toda esa historia que pone los pelos de punta?

Como no cree una sola palabra, el fin de semana siguiente Françoise me lleva a rastras ante él y me pide que le repita a su marido lo que ocurre al otro lado de la pared divisoria que separa nuestra casa de la suya. Obedezco y respondo lacónicamente a las preguntas que me hace el buen hombre. Sí, duermo con mi padre. Sí, por la noche salgo y tengo relaciones con otros hombres. No me apetece entrar en detalles. Las palabras que pronuncio me avergüenzan, me doy cuenta de que es monstruoso todo lo que sale de mi boca y cada vez estoy más azorada al ver que mis respuestas hacen palidecer a René. Está asombrado. Pero ¿qué es todo esto que se les ha venido encima de pronto? Mientras reflexionan sobre lo que es preciso hacer, Françoise Abeille y su esposo guardan silencio.

A partir de ese día, mi vecina me arranca en cuanto puede de las garras de mi padre. Nos vemos por la tarde a la salida de clase y también los fines de semana. No pierde ocasión de invitarme a su casa a merendar o al bosque de Vincennes para pasear con sus hijos... Su piso se convierte en mi segunda casa. Por fin puedo hablar con alguien de toda mi vida, alguien que me escucha y que procura aliviar mis penas. ¡Qué consuelo el suyo! ¡Qué felicidad poder confiar en ella! Esto no cambia mi situación, pero por lo menos siento que no estoy sola. También encuentro refugio en casa de Françoise cuando conozco a Julien, mi primer noviete. Nos conocemos en el gimnasio, donde se entrenan las esperanzas del equipo de Francia. Mi enamorado forma parte de los efectivos y es uno de los pocos hombres con los que me relaciono sin la mediación de mi padre. ¡Es tan guapo, fuerte, simpático e inaccesible! Para resumir: estoy loca por él. Y como lo quiero tanto, para conseguir que él también me quiera tengo que acostarme con él. No dudo ni un momento de la imparable lógica de mis sentimientos. Como la sexualidad es el único medio que conozco de ganarme su ternura, propongo inmediatamente a Julien una cita galante... en casa de Françoise Abeille. Digo a mi amiga que tengo unas ganas locas de organizar una pequeña fiesta con unos cuantos amigos: Julien, Valérie, Véronique...

—Pero mi padre no se presta, está celoso de todo el mundo, me tiene secuestrada, quiere que sea sólo para él —le digo, despechada y furiosa.

Mi amable vecina se compadece de mí. El cerdo de su vecino tiene prisionera a su hija para violarla a sus anchas... No sólo la pervierte, sino que además le impide los esparcimientos propios de su edad. Así pues, Françoise me presta su casa de buen grado porque considera que esta tarde de alegría levantará mi decaída moral. Pero resulta un fracaso. Aquel día, en el piso de Françoise, me acuesto con mi atleta, mi guapo y tenebroso moreno, que me quiere tan poco después de nuestros fogosos jugueteos como antes de los mismos. Me encuentro, pues, abandonada y al borde de la desesperación. Madame Abeille me recupera lo mejor que puede poniendo en juego los recuerdos de desdenes

75

amorosos de su época adolescente. Aquel amorío de una sola dirección resulta, pues, un lamentable fracaso, aunque, para mí, será una rotunda victoria.

Julien representa el primer paso que doy hacia la libertad, mi primer acto de mujer libre, a pesar de que todavía no soy una mujer y de que sigo viviendo en una cárcel. Aquel hombre, por muy insignificante que sea, es alguien al que elijo y si llego con él hasta el final es porque yo lo decido. Nadie me obliga a acostarme con él; nadie me lo impone. Y eso es algo nuevo. Para poderlo amar, tengo que burlar la vigilancia de mi padre, robar un momento de intimidad; en cierto sentido, este hecho marca mi emancipación. Prescindiendo de la manera de conseguirlo y aunque sea poco a poco y muy a la chita callando, voy conquistando mi independencia. Es evidente que mi padre lo adivina. ¿Será porque mi madre ha entrado en mi paisaje y he empezado a tener una vida social? De pronto dedica un gran dispendio de energía a rodearse de credibilidad. Se han terminado las tríadas, los intercambios de pareja y los devaneos libertinos. Se lanza a buscar en los anuncios una mujer aceptable bajo todos los aspectos. A las viudas desconsoladas, a las solteras sin hijos y con el reloj biológico juguetón, se presenta como el papá ideal, responsable y soltero. Me pide que me amolde a su nueva imagen, seria y formal, no fuera a ahuyentar la caza. Para no despertar dudas entre las aspirantes a la felicidad conyugal, me pide que vuelva a mi cuarto de niña. Veo desfilar la cohorte de nuevas conquistas, que va usando y tirando una tras otra. Y de vez en cuando, entre una y otra, surge a todo galope su inclinación natural y vuelve a meterme en su cama. Precisamente por no ser tan frecuentes, sus asaltos todavía me resultan más penosos, si ello es posible. Está el asqueroso olor del miembro sexual, el contacto inmundo de su piel con la mía, de sus labios en mis pechos. Y además, lo que más me mata: la sensación de ser menos que nada, un instrumento, un objeto sin ningún valor, sin voz, sin derechos, sin dignidad, mero sucedáneo de una muñeca hinchable. Tengo la impresión de que es mía la culpa si mi padre no sabe contenerse, un sentimiento que me hace sentir anormal y que aflora en mí así que él se queda dormido. Cada vez me digo que aquella será la última vez, que mi padre acabará por encontrar la horma de su zapato y me dejará en paz. Llego a convencerme de que la situación no continuará. Pero continúa. Vivo cada noche sumida en la angustia de pensar que me solicitará. La existencia se me hace insoportable.

Hasta que un día, a mediodía, salgo de la escuela y no vuelvo a casa. Mi plan es otro: irme con mi madre. Hasta ahora pasaba con ella un fin de semana al mes, a veces con más frecuencia. Todo muy normal. Entre nosotras no hay enfrentamientos y me gusta ver a mi hermana pequeña, que ya está haciéndose mayor. Camille es una niña encantadora, siempre alegre y sonriente. La diferencia de edad y los años durante los cuales hemos vivido separadas han enfriado nuestras relaciones, pero me alegra estar de nuevo con ella. En cuanto al nuevo marido de mi madre, David, no me hace el menor caso. Y lo que más cuenta: cuando estoy en casa de mi madre no tengo que cocinar ni limpiar la casa y estoy fuera del alcance de mi padre. Quiero, pues, que mi madre me admita definitivamente en su casa.

—No quiero vivir nunca más con mi padre.

Al oír estas palabras, mi madre no reacciona en un primer momento, ni me pregunta por qué, así de pronto, me ha dado por volver a su casa. Con una sonrisa, me suelta en tono comedido:

—De acuerdo, Isabelle, quédate esta noche con nosotros y déjame que lo piense. Ahora descansa, estás cansada.

No sé cuánto tiempo dura mi siesta pero, así que me despierto, mi madre me anuncia la última novedad:

—De común acuerdo con tu padre, hemos decidido enviarte a un pensionado hasta tu mayoría de edad.

Mi madre tiene ganas de acogerme bajo su techo y eso es temible. ¿Ha sido mi padre quien la ha convencido de que hay que enviarme lejos, muy lejos, para evitar que me confíe a ella? ¿Acaso no la seduce la perspectiva de acoger a esa hija aficionada a fugarse, esa hija rebelde que un día estuvo a punto de vapulearla con una botella de aceite? No tengo ni idea. Lo único que sé es que mis padres se han puesto de acuerdo con respecto a la necesidad de atarme corto. No hay que olvidar que, en los

77

últimos meses, he propuesto una orgía a un padre de familia, me he fugado con unos drogatas, he robado en unos almacenes... No le cuesta mucho a mi padre convencer a mi madre de que soy díscola y de que es preciso apartarme y reformarme. Deseo tanto incrustarme en el nuevo hogar de mi madre, tener en él un sitio seguro, que esa forma de apartarme hacia los márgenes de la familia me hace mucho daño. En fin, ya que no me quieren, acepto el pensionado. Por lo menos no estaré con mi padre, que es lo que más me importa. Voy, pues, acompañada de mi madre a casa de mi padre para hacer las maletas. Preparo el equipaje con buen ánimo, contenta de abandonar de una vez por todas el maldito piso paterno. La puerta se cierra y termina todo, todo, todo... No volveré nunca más. Mientras espero el ascensor al lado de mi madre, se abre la puerta del piso de Françoise Abeille. Mi buena amiga se me acerca:

—¿Qué es eso, Isabelle? ¿Adónde vas con tantas bolsas?

—Como me fugué, me meten en un pensionado hasta que llegue a la mayoría de edad.

—¿Ah, sí? Bien, bien... Hasta pronto, pequeña mía.

Mi querida Françoise me da un fuerte abrazo, saluda a mi madre y vuelve a cerrar la puerta.

La echaré de menos.

Por la tarde, mi madre y mi padrastro salen y me dejan sola en su apartamento. Me dedico a matar el tiempo yendo de la tele a mis libros y me quedo medio dormida cuando vuelven inopinadamente mi madre y David. Veo que él tiene los ojos irritados y que se encierra directamente en su cuarto, mientras mi madre se me acerca y, entre sollozos, me dice:

—¿Es verdad? ¿Es verdad que él te ha hecho todas esas cosas? Dímelo, dime si es verdad... ¿Tu padre te ha hecho todas esas cosas?

Asiento.

No tenía más que preguntármelo.

6

Culpable

*F*rançoise Abeille ha hablado.

No sé si tardó unas semanas o varios meses después de mi confesión en decidirse a contar a mi madre aquellos hechos inconcebibles. Lo importante es que lo contara. Cuando me sorprendió cargada de bolsas, se apoderó de ella una ira sorda. ¿O sea que me castigaban a mí, me enviaban a un pensionado dirigido por monjas, mientras mi padre salía de rositas? Para poder mirarse en el espejo y porque sabía que yo ahora estaba en sitio seguro en casa de mi madre, lo volcó todo.

Ese día Françoise deja que mi madre y yo nos vayamos, pero así que nos hemos ido, descuelga el teléfono y marca el número de mi madre:

—Si quiere a su hija, venga a verme inmediatamente.

Después de pronunciar estas palabras, espera a que Marie y su esposo crucen el umbral de su apartamento. A mi madre le contraría que la haya molestado. No quiere sentarse, no se quita los guantes, no quiere el café que Françoise le ofrece. No comprende qué hace en este piso desconocido donde viven unas personas desconocidas que se entrometen en la vida de su hija. Y a continuación se entera del hecho imposible.

—Pero, vamos a ver, ¿usted está loca o qué?

Así recibe mi madre las acusaciones de Françoise.

—No, señora, su ex marido abusa de Isabelle, lo sé por boca de su propia hija.

Y Françoise Abeille dice todo lo que sabe: que Isabelle lleva ropa interior demasiado provocativa para su edad, que Isabelle duerme en la cama de su padre, que Isabelle participa en orgías perversas. Cuando mi madre oye estas palabras, le fallan las fuerzas y cae de rodillas en el suelo. Hay que reanimarla con un paño húmedo y dejar que se recupere en el sofá para que las piernas puedan sostenerla. Después, recoge el bolso y vuelve a Maisons-Alfort para enfrentarse conmigo.

Hasta que detienen a mi padre, Françoise Abeille no sale de su casa por miedo a que le dispare un tiro... Renaud Aubry no se anda con chiquitas, demasiado lo sabe. Françoise tarda un tiempo en revelar a mi madre el drama que vivo. Tiene miedo, por supuesto, miedo de hablar, miedo de mi padre, miedo de los problemas que puedan sobrevenirle después de aquella revelación. Pese a todo, ha hablado, no ha mirado para otro lado, no ha fingido que no ha oído bien. Se lo ha pensado varias veces antes de abrir la boca para hablar, pero por lo menos no la ha mantenido cerrada. Me ha hecho justicia.

El día que ella habla, cambia mi vida de forma definitiva y pone mi destino en manos de mi madre.

A quien le toca actuar ahora es a Marie.

—No es posible, pequeña mía... que te haya hecho eso...

Incluso me coge las manos entre las suyas. Verla así, tan cercana, tan trastornada, me deja helada de angustia. No estoy acostumbrada a verla de ese modo. El mundo se ha desmoronado sobre mi madre y yo soy responsable de que sea así. Esto me hunde por completo. Ojalá pudiese desaparecer, pero es demasiado tarde... Ahora no hay momento que perder, hay que ir inmediatamente a la comisaría. Estamos en pleno mes de diciembre y yo llevo un gorro de lana con los cabellos metidos dentro. Da pena verme, exhausta, arrebujada para protegerme de la escarcha. Dos hombres vestidos de paisano escuchan lo que les cuento. Mi madre me explica que se trata de agentes de la policía judicial. Me tiene totalmente sin cuidado su pedigrí, lo que me importa es que sean amables conmigo. Y lo son.

—Si yo se lo cuento a ustedes, mi padre me matará... así que me vea, me matará.

Los inspectores me tranquilizan. No volveré a ver a Renaud Aubry porque lo detendrán dentro de unas horas. ¿De veras? ¿Lo dicen de verdad? Sí, los policías lo dicen de verdad. Así pues, lo cuento todo: las noches de intercambio de parejas, la puerta Dauphine, los hombres haciendo cola en el boulevard des Maréchaux porque esperan turno para copular conmigo, las fotos en que aparezco desnuda, las películas porno, lo que ocurría en la gran cama azul. Lo cuento todo, todo, todo. Incluso lo que me hacía mi padre hace muchísimo tiempo, cuando yo tenía seis años, en la bañera los dos. Los policías no ponen en duda mis palabras ni por un momento. De vez en cuando, me hacen alguna pregunta y anotan cuidadosamente mis respuestas. Es increíble, pero me creen. Y ver que me escuchan, me comprenden, se interesan tanto en todo lo que les cuento me encoge el corazón. Brotan torrentes de lágrimas de mis ojos, un mar de sollozos.

Paso cuatro horas hablando y llorando.

Después de esta primera audiencia, no he vuelto a llorar nunca más.

Dos días después, la mañana en que venía a recogerme de la casa de mi madre para llevarme al pensionado, detienen a mi padre. Los policías le esperan en la entrada del edificio y lo conducen directamente a la comisaría. Yo estoy durmiendo.

A partir de este día, mi madre dirige la logística de mi vida y de la investigación policial. Me informa de que se ha nombrado un juez instructor y de que se han embargado algunas cosas en el piso de mi padre. La policía confisca todo lo que encuentra, desde las listas con los nombres de los que practicaban intercambios hasta la ropa interior que me compraba, el maquillaje, las fotos porno en las que aparecíamos los dos... Someten a largos interrogatorios a mi padre y acaba por confesarlo todo. Todo. Masivamente. Pero el juez todavía no está satisfecho y ordena batidas en la puerta Dauphine a fin de encontrar a las personas cuyos nombres figuran en las agendas de mi padre. Interrogan incluso a vecinos, amigos y parientes de Bretaña como parte de una investigación de carácter moral centrada en mi padre. El juez hace lo que corresponde y mi madre parece contenta.

En cuanto a mí, me tiene totalmente sin cuidado.

Lo único que quiero es que me dejen tranquila. Estoy muy cansada. Hablar me ha dejado heridas en carne viva. Hasta ahora no me había percatado de la aberración inmunda que había sido mi vida. ¿Cómo es posible que haya aceptado todo esto? Me han liberado de mi padre, pero ahora sufro más que cuando estaba con él. Mi padre en la cárcel, mi madre destrozada... y todo por culpa mía. Yo soy la provocadora del escándalo, lo que me pesa hasta ahogarme. Ojalá pudiera olvidarlo todo... Por otra parte, sin aviso previo, me han sacado de en medio y me han barrido hacia una nueva familia. Y como si fuera la cosa más natural del mundo, debo convivir con una hermana con quien desde hace cuatro años sólo he tenido tratos fortuitos, debo vivir de nuevo con mi madre, a la que por espacio de dos años me había negado a volver a ver y debo adaptarme a un padrastro a quien no conozco ni remotamente. Todo lo cual viene a sumarse a los fantasmas que me acosan.

Veo nuevamente a mi padre de pie junto a la barra de aquel club nocturno mientras cinco hombres me quitan la ropa.

Expulso de mis pensamientos las orgías que he vivido y trato de fingir que vivo. Tomo un bocado en compañía de mi madre, me ducho... pero mi padre continúa estando en un rincón de mi cerebro y se baña conmigo. Me lava y mientras tanto pasea los dedos por mi cuerpo...

¡Basta! Miro la tele, juego un rato con mi hermana. Llega la hora de apagar las luces.

Mi padre está sentado en el borde de la cama. Está desnudo y quiere que lo acaricie porque quiere sacar una foto...

Son imágenes que no me abandonan ni un momento. Por fuera, mi aspecto es normal, pero por dentro estoy deshecha. Vengo de una guerra y estoy entre gente que sólo ha vivido la paz. Cuando estoy con esa gente no me entero de nada. En realidad, sobrevivo sin llegar a sentirme a gusto en ningún sitio. Y encima, David, el nuevo marido de mi madre, se ha metido en la cabeza que debe reformar mis costumbres desde la A hasta la Z. ¿Mi padre me ha transformado en noctámbula? ¿Estoy colgada de la nicotina? Como resultado, a los catorce años fumo como un carretero y me paso las noches en blanco. Acostumbrada a vivir cuando los demás duermen, sufro de insomnio y me levanto para fumar. Mi padrastro, horrorizado ante el colosal desbarajuste que provoca mi insignificante persona, emprende la lógica tarea de regenerarme partiendo de unas bases sólidas. Su objetivo es simple: puesto que la pesadilla que yo vivía ha terminado, es preciso que me convierta en una adolescente sin vicios y que me atenga a horarios normales. A nadie se le ocurre que necesito ayuda psicológica para efectuar esta mutación que todos esperan de mí. ¡No, debo transformarme en «persona de bien» por obra del Espíritu Santo!

—Tú estás ahora en una familia de verdad, Isabelle, lo que quiere decir que tienes que esforzarte, adaptarte, recuperar un ritmo normal... y dejar de fumar, porque es malo para la salud. A tu edad, no es preciso pintarse para ir a la escuela.

Todavía me acuerdo de los sermones con los que David me martillea los oídos. Así es cómo pretende ser un buen padre para mí. En cuanto a mi madre, seguramente considera que lo mejor es olvidar esta sórdida historia y, por tanto, no vuelve a hablarme nunca más de ella. Ni una palabra. Su estrategia me aniquila y sufro lo indecible, pero nadie lo advierte. Ayer yo era un objeto para mi padre y, ahora que lo han detenido, sigo siendo un objeto, un objeto que todos se empeñan en embutir en el molde de una existencia normal. Y lo peor es que mi incapacidad de adaptarme plantea problemas a todo el mundo. No consigo respetar los horarios, dormir por la noche y estudiar de día. No sólo he decepcionado a mi padre enviándolo a la cárcel, sino que tengo la impresión de decepcionar también a mi madre y a su marido por el hecho de ser como soy, por ser como mi padre me ha hecho. Todo cuanto hago es incongruente, desatinado, me parece que todo el mundo me juzga continuamente. Soy un error ambulante. Deseo tanto arrimarme a alguien que me quiera tal como soy... Pero no tengo a nadie que me acoja. Para introducirme en un ambiente nuevo, mi madre y David me han retirado del instituto Jean-Macé y me han inscrito en un nuevo establecimiento próximo a su apartamento. En enero, después de las vacaciones, ingreso en tercero. Me siento totalmente fue-

83

ra de lugar. No conozco a nadie y, en cambio, todos los profesores saben quién soy. Todo el personal docente conoce mi historia, ya que mi madre les ha puesto al corriente de la situación
para que no se alarmen si falto a clase por tener que participar
en el proceso judicial. Así pues, soy la alumna violada por su padre; es la etiqueta que llevo. En lo tocante a amistades, es horrible. En la escuela donde desembarco en pleno año escolar me
siento espantosamente sola. Tengo que buscarme nuevas amigas... ¡como si tuviera fuerzas para ello! De la noche a la mañana, me he quedado sin las últimas balizas que orientaban mi
vida, es decir, Valérie, Véronique —mis amigas del alma— y sobre todo mi querida Françoise.

Cuando pienso en ella, se me rompe el corazón.

Así pues, un día me escapo para reunirme con ella. Salgo de
Maisons-Alfort y recorro a pie los diez kilómetros que me se-
paran de Fontenay-sous-Bois. Apenas he llamado a la puerta de
Françoise cuando mi madre y mi padrastro vienen a buscarme.
A partir de este día, su actitud es clara. Me advierten de que
debo pasar página y, por consiguiente, me prohíben formalmente que vuelva a ver a mis antiguas amistades.

—Todas esas personas te reconducen a tu pasado, Isabelle, y
eso no te conviene. Ahora tienes una nueva vida y por eso debes buscar nuevos referentes.

En lo tocante a referentes, no los tengo y, aunque anhelo ar-
dientemente descansar, debo llevar a cabo la hazaña de adaptarme a otro universo. Lo peor de todo es que anhelo olvidar el pasado pero me imponen que lo haga resurgir, ya que el
procedimiento judicial así lo exige.

En efecto, la instrucción está en pleno apogeo durante meses y mi vida se llena de citas oficiales. En primer lugar, debo conocer a mi abogada. La ha escogido mi madre de acuerdo con
David. Para que su ex marido pague lo que ha hecho, no repara
en gastos y pone los ojos en una artista de los tribunales. Mi
madre me pinta a la mujer como una estrella que ha tenido que
luchar en un mundo de hombres para convertirse en lo que es.
No sólo es eficiente, sino que está especializada en casos de violación e incesto, si bien sus honorarios ascienden a veinticinco

mil francos. Pero ¿qué importa eso si ella es la abogada que necesitamos?

O sea que solicitamos una entrevista a la artista número uno de los tribunales, quien nos recibe fugazmente y nos pone inmediatamente, a mi madre y a mí, en manos de su colaboradora. Será esa joven letrada quien se ocupará de nuestro caso; su patrona desaparece por el foro y no volveré a verla en la vida. Pero me importa un comino. Lo único que me interesa es librarme de todas estas obligaciones lo más rápidamente posible. Esas entrevistas me aplastan. Voy a ver a la juez como si me llevaran al matadero, y empiezo a angustiarme cuando todavía faltan varios días para la entrevista. Mi madre decide finalmente no avisarme hasta la víspera a fin de ahorrarme la ansiedad. Estas audiencias vienen, pues, a sumarse a la lista de las cuestiones que hay que eludir. En efecto, mi madre apenas me habla del proceso y de todo lo que mi padre ha hecho conmigo. Quizá piensa que hablar de estas cosas me hace daño; por otra parte, es característico de la familia no hablar de lo que atañe a los sentimientos. Los asuntos personales, las conversaciones enojosas son tabú. Yo misma no concibo que pueda ayudarme en modo alguno expulsar lo que llevo dentro. En primer lugar, mi madre no ha sido nunca para mí una confidente y, además, bastante me veo obligada ya a desnudar mi vida ante abogados y expertos. Sólo anhelo una cosa: poder callar y olvidar. Como paso en vela las noches que preceden a las audiencias con la juez, el día siguiente estoy terriblemente nerviosa.

Por encima de todo, debo presentarme como una niña bien de buena familia. Mi madre elige con gran atención los vestidos elegantes que me pondré. Ni hablar de pintarme o de vestirme como acostumbro, es decir, con vaqueros, jersey y zapatos viejos. Si me presentara tal como soy no causaría buena impresión, no parecería la víctima. El disfraz de señorita bien vestida que me obligan a ponerme me cae como un bofetón en plena cara. Es como si me dijeran: «Finge que eres inocente». ¡Pero si lo soy! Una vez, mi abogada me ordena incluso que vaya a peinarme, porque el corte de pelo asimétrico que llevo, que está de moda en aquel momento, le parece demasiado extravagante.

85

—¡Por Dios, Isabelle, no podemos dejar que comparezcas así en presencia de la juez! Tienes que arreglarte el pelo, sujétalo con un pasador...

No entiendo su reacción, o quizá la entiendo demasiado. Si debo peinarme de otro modo es para no sembrar la duda, para no alimentar en la juez una inconfesable sospecha. ¿Y si fuera yo la que pervirtió a mi padre? ¿Y si fuera yo quien lo arrastró a todas esas aventuras? El hecho es que, aunque pasé dos años sufriendo violaciones, tengo que demostrar que soy realmente la víctima. Debo exhibir unos signos externos, reflejar la imagen que la sociedad espera de mí, que es la de una niña inocente arrastrada en contra de su voluntad a orgías sexuales... Pero ¿qué se ha figurado toda esa buena gente que profesa la ley y sabe de derecho? ¿Que mi padre me llevaba a los aficionados al intercambio de parejas sin maquillaje alguno, con el cabello formalmente recogido en un moño? Ni por asomo. Yo iba más pintada que un coche robado, ataviada como una buscona, cubierta de blondas y con medias caladas. Como es evidente, conservo las huellas. Me he convertido en lo que mi padre quiso que fuera. Es lógico, pero también en esto me equivoco: hay que ocultar todo ese estropicio bajo esta postal que me disfraza de víctima inocente. Lo que soy y lo que siento no le importa a nadie. Una vez más, no existo.

En cuanto estoy disfrazada, ya me encuentro en condiciones de comparecer ante la juez. Ésta me somete a infinitos interrogatorios de los que salgo machacada. Quiere saber con quién he tenido relaciones sexuales, cuándo, dónde, en qué posturas, cuánto tiempo y cómo iba vestida un determinado día. Está hambrienta de detalles y yo estoy harta de repetir hasta la saciedad el relato de tantas inmundicias. He hecho todo cuanto estaba en mi mano para sepultarlas en lo más profundo de mi memoria y ahora esa buena mujer me exige que le haga una descripción exhaustiva de todos los polvos de los dos años últimos. Cuando se trata de mi padre, la labor entra todavía en el campo de mis posibilidades y puedo precisar en qué época volvió a empezar a utilizarme. Pero cuando se trata de la época de las orgías, se hace más complicado. ¿Sé de qué clase de ultrajes fui víctima la noche del 12 al 13 de julio de 1979 y por parte de quién? ¡Cuando me lo hacía con quince sujetos en una sola noche no se me ocurría apuntar sus indicaciones personales! Pero mi padre sí lo hacía. Y por eso un día, la juez consagra toda una tarde a desplumar ante mis ojos las libretitas en las que consignaba los nombres de toda la red. Despelleja en voz alta, nombre por nombre, las dos libretitas con el objeto de que le diga si conozco a las personas que responden a los susodichos nombres, dónde las conocí y qué recuerdo conservo de ellas. La mayoría son hombres que se han acostado conmigo, pero sólo raras veces sé cuál es su estado civil. En algunos casos, ni siquiera sé su nombre de pila. ¿Michel Dupont? Desconocido en el frente. ¿Patrick Durand? ¡Ah, sí, tal vez era el tipo aquel que tenía un piso fabuloso lleno de cosas doradas al que mi padre me llevaba de vez en cuando...! Pero la mayoría de nombres me dejan muda. No tengo nada que declarar. La juez insiste:

—¿Robert Dupuis? ¿Conoce a Robert Dupuis?

—No lo sé.

Me avergüenza no recordarlo. Temo que la juez, de pronto, no crea lo que le digo. Con toda intención, desliza nombres imaginarios en la lista de mis supuestos amantes, pero lo descubro y todavía me bloqueo más. Cuando pone en duda mis palabras me entran ganas de plantarla allí mismo y salir dando un portazo.

—Para terminar, Isabelle, ¿con cuántos hombres te has acostado? —me pregunta un buen día la juez.

Es el golpe de gracia. En un primer momento me quedo en blanco, pero después reflexiono. Los intercambios, las noches en nuestra casa y en otras casas, las vacaciones en el cámping naturista, los tipos del boulevard des Maréchaux... La suma total es enorme, tan grande que no me atrevo siquiera a confesarla a la señora juez. O sea que me callo.

—Isabelle, es importante, procura acordarte.

La verdad es que debo de haberme despachado poco más o menos a unas quinientas personas. Hombres, mujeres, docenas de parejas cada semana, incluyendo los fines de semana. En un año de orgías han pasado por mi cuerpo centenares de desconocidos y soy plenamente consciente de ello cuando la juez fija su mirada en la mía. Pero, hablando con franqueza, ¿cómo se va a tragar que han sido quinientos? Es tan fuerte el deseo de que crea lo que le digo que opto por darle una cifra aceptable:

—Cincuenta.

La juez escribe: «Isabelle Aubry reconoce haber tenido una cincuentena de relaciones con diversos hombres durante las sesiones de intercambio de pareja».

Para verificar mis palabras, me envía directamente a los-que-saben, o sea, Los Expertos. En un proceso por incesto, la mediación de los expertos es de extrema importancia. Las palabras de una niña no bastan, ni tampoco las confesiones del culpable, ni la minuciosa investigación de la policía, ni las pruebas encontradas en el domicilio del presunto criminal, sino que además es preciso que las eminencias de la facultad de medicina, desde la altura del trono que ocupan, distingan la verdad de la mentira. Es preciso que esos espíritus selectos me vean, especialmente los psiquiatras. Acompañada de mi madre, me dirijo a un gran hospital parisino donde seré entrevistada por especialistas encargados de sopesar mi alma y mi credibilidad. Tenemos la visita en el departamento de los locos, donde vemos a enfermos mentales de todo tipo vestidos con sus pijamas de color claro gravitando a nuestro alrededor mientras recorremos los pasillos del edificio. Pasan rozándonos, casi caen sobre nosotros, por lo que siento un gran alivio al llegar a una pequeña sala de espera que una secretaria cierra con llave así que entramos. ¿Dónde he ido a parar? Tengo calor, me siento muy incómoda. Pasan los minutos y el terror que me invade va en aumento. Ya puede decirme mi madre que me calme y permanezca sentada que, cuanto más tiempo pasa, más aumenta mi angustia. Poco a poco se transforma en furor. Pero ¿por qué ese retraso de los médicos? ¿Acaso he hecho algo malo para que me metan entre todos esos chiflados que no paran de vociferar? ¿Me lo merezco, quizá? ¿Por qué no viene nadie a explicarme qué ocurre?

Al cabo de una hora, se abre una de las puertas que dan a nuestra sala de espera y veo tres blusas blancas situadas formalmente detrás de una mesa.

—Isabelle Aubry, pase.

Hace una hora que los médicos están encerrados en esta habitación mientras yo estoy de plantón en la de al lado. ¿Lo han hecho ex profeso? Pero ¿qué se han creído? Me entra una rabia incontenible. Entro en el despacho y me rodean al momento, uno delante, el segundo detrás y el tercero a mi lado. Estoy sitiada. Ni que fuera a saltarles a la yugular. ¿Seré una bestia que marcarán a fuego? El médico que tengo delante articula unas palabras.

—Usted es Isabelle Aubry, nació el 11 de abril de 1965. Isabelle, cuéntenos su historia.

Al oír esto, exploto. Pero ¿qué se figuran estos imbéciles? ¿Que es tan fácil contarles la vida? ¿Que voy a exponer alegremente todos los horrores que he vivido? ¿Que voy a contárselo todo con detalle, si no los conozco siquiera? Para empezar, ¿qué hago aquí entre enfermos mentales? Quizá me lo podrán explicar. Les grito:

—No, no les pienso contar mi historia. Hay expedientes gordísimos sobre mi historia. No tienen más que leerlos. ¡Estoy hasta las narices! Hace una hora que me tienen aquí esperando. ¡Estoy harta!

Toman nota sin pestañear de todo lo que digo. Una de las blusas blancas se levanta, se inclina hacia mí y me susurra al oído:

—Enséñeme las manos, ¿me hace el favor, Isabelle?

Obedezco.

—¿Se muerde las uñas?

—Sí.

Vuelve a tomar nota. Me toma la tensión y aquí se acaba todo. Tras esta entrevista que dura en total diez minutos, los especialistas en psiquiatría llevan a cabo la hazaña de parir un informe de cinco páginas sobre mi salud mental y las consecuencias del incesto en mi humilde persona. Por desgracia, su dictamen está lleno de contradicciones. Sus conclusiones, a doble espacio, declaran que lo que me ha ocurrido no tendrá influencia en mi vida y, por otro lado, que estoy tan profundamente traumatizada que cabe preguntarse si llegaré a recuperarme algún día. Mi opinión es que no saben absolutamente nada. Mi abogada solicita de inmediato un nuevo dictamen.

Mientras espero, me pone en manos de otro grupo de especialistas, los ginecólogos. Si es verdad que he copulado con docenas de hombres, según he afirmado delante de la juez, el hecho tiene que haber dejado una huella en mi cuerpo. Me envían a la avenida Foch, donde se encuentra el consultorio de un médico viejo y taciturno. Habría sido imposible encontrar a otro menos psicólogo que él.

—¿Ha tenido usted relaciones sexuales con penetración? ¿La han sodomizado?

Respondo y él continúa:

—Tiéndase aquí.

Durante dos minutos y sin pronunciar palabra, hurga en mi interior y me hace tanto daño que casi grito de dolor. Al cabo de unas horas, puesto que dos exámenes valen más que uno, me obsequian con un segundo lote de regalo, es decir, un segundo examen a cargo de otro experto. ¡Otro hombre, como era de esperar! Éste descubre una hemorragia en la vagina provocada por su colega de las mañanas. Al parecer, las maneras suaves no son su fuerte.

Más tarde, mi abogada aborda la tarea de explicar a mi madre los resultados del examen ginecológico. No espera para ello a que estemos las tres sentadas en su despacho, al abrigo de oídos indiscretos. En absoluto. Para analizar los secretos de mi vagina elige la sala de los pasos perdidos del tribunal de Créteil. Por consiguiente, de improviso, a la salida del despacho de la juez, comenta en voz alta la calidad de mi himen. Querría hacerla callar, pero no tiene la más mínima intención de hacerlo, ya que cual rotativa de imprenta que se hubiera disparado de pronto mi abogada repasa el informe con todo detalle. Y con la mano, va describiendo amplios movimientos en el aire.

—Por tanto, imaginen que aquí está la vagina y aquí la membrana que cierra el orificio y la separa de la vulva... Según afirman los especialistas, teniendo en cuenta su conformación, no puede haber ninguna duda con respecto a este punto: Isabelle no es virgen.

En mi fuero interno me digo que no hacía falta que me sometieran a dos exámenes ginecológicos para averiguar tan sorprendente noticia, pero en fin... la abogada continúa:

—Pese a todo, subsisten pequeños jirones de piel alrededor de...

Resuenan en la sala del tribunal los términos técnicos que salen de los labios de la joven abogada. Todo el mundo aprovecha la visita guiada a través de mi vagina. Entre tanto, yo, como un florero viviente, sigo en mi sitio sin que nadie me haga el menor caso. Mi madre y mi abogada han olvidado por completo que estoy presente o, para decirlo más exactamente, les tiene totalmente sin cuidado. No se les ocurre que sus palabras pueden hacerme sentir incómoda, no piensan que pueda herirme esta exposición de los secretos de mi belleza interior. Ayer con mi padre y hoy con mi madre, soy una mujer pública.

No soy virgen, eso está claro. Pero hay otro punto que preocupa a la juez que se ocupa del caso: ¿cómo es posible que los hombres que abusaron de mí no se dieran cuenta de mi edad? Ordena, pues, investigaciones médicas concienzudas, se apodera de mi carnet sanitario para saber cómo era yo entre los doce y los catorce años y, sin que yo sepa por qué, decide de repente que tengo que hacerme fotos de cuerpo entero. Debo ir, por tanto, a la unidad de menores para que un fotógrafo jurado me saque el retrato. El artista policial tiene tan poco de psicólogo como el especialista en ginecología de marras. Me hace posar de pie, de espaldas a la pared, y me pone en las manos un cartelito en el que figuran mi nombre y el número de mi expediente, como en las películas. Salvo que, por lo general, los que sostienen el cartelito en las películas son delincuentes, criminales, terribles malhechores. Aquí, la que está arrimada a la pared con el foco en plena cara soy yo.

Yo soy la culpable.

Ésta es, por otra parte, la defensa de mi padre. Lo ha confesado todo, los abusos, las cochinadas en la cama, las orgías sexuales, pero aporrea a todo aquel que se presta a escucharlo con la afirmación de que la culpable de todo es Isabelle Aubry. Era yo quien lo provocaba, yo quien lo seducía, según afirma.

¿Quieren pruebas? La iniciativa de ir a la puerta Dauphine para tener tratos con otros hombres partía de mí. Pero es que lo que yo quería era eludir sus asaltos, ya que prefería mil veces copular con un desconocido que con mi progenitor. Pero ¿qué importa eso? Los abogados de mi padre se apoyan en este hecho sacado de contexto para montar una argumentación que puede resumirse en pocas palabras: Renaud Aubry es inocente y no hizo más que responder a los deseos perversos de una niña con un edipo trastocado.

—¿Consintió usted?

Estoy en el despacho de la juez, sentada frente a ella, una mañana de primavera cuando me hace esta pregunta que no comprendo.

—Isabelle —prosigue—, cuando su padre quería acostarse con usted, ¿lo rechazó, se resistió, se negó?

—No.

¿Cómo va a negarse una niña de doce años a hacer lo que le manda su padre? No, mi padre no me amenazó de manera explícita, no me molió a golpes para conseguir que me aviniese a acostarme con él. Era mi padre, un padre a quien quiero y temo. Supo condicionarme de modo que me doblegase a todos sus perversos antojos. Si yo refunfuñaba me ponía mala cara, se ponía nervioso. Aunque sus caricias me repugnaban, me mataban, no tuvo nunca necesidad de pegarme para obligarme a acostarme con él. Pero yo sabía que podía hacerlo y eso me bastaba para decir a todo que sí. Ahora bien, según el código penal, la violación es un acto sexual consumado con «violencia, amenaza, coacción o de forma imprevista». Por tanto, según los términos de la ley, yo consentí. Cuando mi abogada me lo explica, siento agitarse dentro de mí una indignación tan intensa que me entran ganas de romperlo todo. En el momento en que la abogada me asesta el golpe de gracia, todavía me tiemblan las manos: los tocamientos a los que me sometió mi padre en el periodo de mi vida comprendido entre los seis y los nueve años no son susceptibles de juicio porque han «prescrito», según me dice. ¿Y eso qué quiere decir?

—Tenías tres años de tiempo, después de ocurridos los hechos, para denunciarlos, Isabelle —me anuncia la abogada—. Habrías debido acudir a la policía cuando tenías doce años. Ahora ya es demasiado tarde.

¡Vayan pasando que aquí no hay nada que ver!

Así funciona la justicia francesa.

Cada día que me acerca al proceso me hunde un poco más en sus arenas movedizas. Los psiquiatras que se toman a guasa mi historia, los ginecólogos que me hieren... Tengo la sensación de ser menos que nada. Peor aún, a medida que voy asistiendo a entrevistas legales, cada vez estoy más convencida de que la acusada soy yo. Con sus interminables interrogatorios, sus fotos de cuerpo entero, sus informes y sus sospechas continuadas, la justicia me confirma lo que ya me ronda en la cabeza: yo soy la culpable. Culpable de no haber rechazado lo que me imponía mi padre, culpable de haber dejado que hiciera lo que quisiera. ¿Verdad que no me negué? Entonces, ¿qué? La criminal soy yo y por eso tendré mi castigo, porque estoy segura de que, cuando mi padre salga de la cárcel, me matará por haberlo denunciado. Me queda poco tiempo de vida y ni siquiera puedo refugiarme en las amigas. Françoise, Valérie y Véronique se han esfumado. Me han privado de esos referentes afectivos. En cuanto a Julien, mi amor, hace tiempo que me ha olvidado. La soledad y la tristeza me agobian. Estoy en el borde del abismo cuando mi abogada me anuncia que deberé sufrir un nuevo reconocimiento psiquiátrico. ¿Otro más? ¿Otra vez con los locos? ¿Por cuántos especialistas tendré que pasar para que me dejen en paz? ¿No van a creerme nunca? ¿Qué más necesita la juez para llegar a una conclusión? ¿No cuenta ya con confesiones completas y detalladas? No puedo más. Estoy asqueada, exhausta. No me queda energía, no tengo ganas de hablar ni de comer, no tengo ganas de nada. Sólo subsiste en mí una idea fija: quiero librarme de mis sufrimientos. Terminar de una vez por todas con toda esta historia que me asesina, separarme de ese cuerpo, el mío, que me repugna, no tener que volver a contar nunca más una vez y otra todo lo que he vivido esos años de infierno que anhelo olvidar. ¿Qué puedo hacer? Difícilmente puedo negarme al nuevo examen porque mi abogada se pondría como loca.

¿Fugarme? Mi madre me vigila como al cazo de leche en el fogón. Lo que quiere decir que la pesadilla no terminará nunca. Estoy en la clase de alemán, frente a la profe más unánimemente odiada del instituto, cuando se me ocurre una brillantísima idea. La solución de todos mis males es quitarme de en medio.

Será el punto final de mis tormentos.

Al fin y al cabo, es sencillo. Una vez concebida la idea, basta con llevarla a cabo y todo el sufrimiento se disipará como por arte de magia. Me muero de impaciencia esperando que termine la clase y pueda acabar con todo este padecimiento que me agota. Así que suena el timbre, salgo precipitadamente del instituto y voy directamente a casa. No se han terminado las clases del día, pero no importa, porque en casa me espera el botiquín. Entro en él a saco y a continuación desvalijo las mesillas de noche y engullo todo lo que me parece idóneo para provocarme la muerte: píldoras de todos los colores, ampollas translúcidas, gránulos, cápsulas, sellos y... dos vasos grandes de agua. Y aquí se acaba todo, porque caigo dormida, tranquila y feliz.

94

«¡Ya está! ¡Se acabó!» Son las últimas palabras que pronuncio mentalmente antes de que la bruma penetre cómodamente en mi cabeza. Me duermo para siempre. O eso creo yo, ya que, desgraciadamente, los medicamentos de la familia no son tan eficaces como yo creía. Mi madre me despierta para la cena y me conduce al comedor con la cabeza poblada de niebla, pero viva. Soy una verdadera nulidad, ni siquiera valgo para suicidarme. Me parece tener la cabeza rellena de algodón y lo único que tengo claro es que quiero morir lo más rápidamente posible. Porque sé que vivir es sufrir y ya no puedo soportar por más tiempo tanto sufrimiento. Es demasiado duro imaginar el proceso que me espera, comparecer ante el tribunal, mi padre sentado en el banquillo... demasiado duro tener que revivir todo esto, demasiado duro que no crean lo que digo... Haber vuelto al mundo de los vivos me provoca llanto. Pero todavía no he perdido todas las esperanzas. Mientras David sirve generosamente a la familia la ensalada y los filetes, miro la ventana del piso, situada en el otro extremo de la habitación. Estamos encaramados en la novena planta del edificio. Me levanto, me encamino directamente a la ventana, paso una pierna a través del marco, me agarro a la barandilla y, cuando ya me dispongo a pasar la otra pierna y a abandonarme al vacío, mi padrastro me agarra con fuerza y me endilga dos soberanas tortas.

¡Pero dejadme, dejadme morir! ¡Me muero de ganas de morir! ¿Por qué me ha privado David del único consuelo que me queda? ¿Qué puede importarle que yo muera? Su intervención desata literalmente en mí una loca rabia. La bomba de furor y disgusto que aguardaba dentro de mí desde hacía largos meses acaba por estallar, sufro un cortocircuito, de mi garganta salen alaridos y, mientras David y mi madre tratan de calmarme, me defiendo de ellos como si intentaran estrangularme. Aunque me debato a golpes, en realidad es a mí a quien pego. ¡Quiero morir, que me dejen morir! Me abofeteo, me araño el cuerpo, me arranco la piel, tengo jirones de la piel del cuello en las uñas, la sangre me salpica. Me lanzo sobre los tenedores dispuesta a clavármelos, sobre las sillas para quedarme tuerta, golpeo la cabeza contra las paredes hasta que David me sujeta en el suelo y llega un médico, avisado urgentemente, y me administra una dosis enérgica de Valium. El calmante me relaja apenas, pero por lo menos permite que mi madre me lleve de inmediato al hospital más cercano. Me encuentro navegando en la inconsciencia cuando me ingresan en el departamento de urgencias y me llevan después a una gran habitación totalmente blanca. Así que la enfermera vuelve la espalda, me lanzo a romper todo lo que encuentro a mano. Desgarro con los dientes la sábana y la almohada y lo esparzo todo a mi alrededor al tiempo que profiero gritos pidiendo que me dejen en paz e insultando al personal. Me ponen otra inyección.

Negrura total.

Cuando recupero la conciencia me encuentro en el ascensor de nuestra casa, estoy en pijama y oigo que mi madre habla con David.

—... a la farmacia a buscar los medicamentos...

Antes de que termine la frase, arreo un bofetón a su marido para que aprenda a dejarme morir. Tan pronto como llegamos a

95

casa, entro directamente en el cuarto de baño, lleno de agua la bañera y hago lo posible por ahogarme. Meto la cabeza en el agua y retengo varias veces la respiración. Trago agua, pero no resisto... Es duro morir. Mi madre entra bruscamente y decide atarme a la cama con unos pañuelos para evitar que me mutile. Me quedo dormida como un tronco. Cuando me despierto, sigo atada a la cama de barrotes, mi madre se ha ido al trabajo y ya debe de estar haciendo sus demostraciones de aspiradores y batidoras, puesto que trabaja en una tienda de electrodomésticos. O sea que a quien tengo al lado es a David. Pataleo como una loca, intento apoderarme del pesado cenicero de cristal que tengo a pocos centímetros sobre la mesilla de noche. Quiero golpearme con él, pero no llego, me revuelvo en la cama, hago esfuerzos para alcanzarlo... y en ese momento David me pone la mano en la cabeza suavemente, muy suavemente, y me acaricia los cabellos.

—Mi cariñito, mi pequeña, cálmate, estoy aquí, te quiero...

Me quiere. Se le demoran las manos en el cuello, en mis hombros. Sus dulces palabras me sosiegan. Son agradables esos susurros en mis oídos. Es grata esta amabilidad, esta melodía serena y tranquilizadora me reconforta. Tengo tanto miedo, sufro tanto… Por una vez hay alguien que acoge mis desgracias en sus manos y trata de mitigarlas. Después las caricias se hacen más insistentes, me rozan los pechos, las caderas. No digo nada. Floto en un estado de semiconciencia, estoy drogada por los medicamentos. Veo que David se desnuda y se tiende en esa cama donde sigo atada. Necesito esta ternura, me abandono a este hombre que tiene tan buenas intenciones. No siento nada, ni asco ni placer. Es un hombre, me ama, me quiere bien y, por tanto, me penetra. No me resisto, mi vida reanuda su curso normal.

Mi madre vuelve normalmente del trabajo cuando llega la noche y no observa nada anormal. No le digo nada porque no tengo nada que decirle. Vuelvo a tener un secreto con un hombre, todo se reduce a esto y para mí es pura rutina.

Después del episodio del suicidio, mi abogada aconseja a mi madre que, pese a todo, conviene que me vea un psiquiatra aunque sólo sea para demostrar a la juez que estoy en mis cabales.

—Irás a ver a una psiquiatra, Isabelle —me dice mi madre poco tiempo después y me facilita el itinerario detallado para ir al consultorio de la especialista en cuestión.

¿Por qué? No lo sé. Comprendo vagamente que es algo que puede beneficiar mi expediente y, por tanto, voy a verla. Sola, porque mi madre trabaja. Espero en el pasillo hasta que una mujer gorda me hace pasar. Su mesa está a tres metros de distancia de mí, por lo que debo aguzar el oído para oírla. Me hace un montón de preguntas muy indiscretas. Yo no me atrevo a responderle, ya que no tengo ni idea de quién es esa buena mujer. ¿Está pagada por la juez? ¿Repetirá a alguien lo que yo le diga? ¿Serán utilizadas mis palabras en la instrucción del caso? La persona en cuestión no se toma la molestia de decirme quién es, por qué he ido a verla, qué puede aportarme, cuál es el marco de su intervención y si guardará secretas las confidencias que yo le haga. De repente, me doy cuenta de que ignoro por completo lo que hago allí y, por tanto, me callo. Media hora sin hablar es mucho tiempo. Intenta sonsacarme, pero es en vano. Después de unas cuantas sesiones, harta de oír volar moscas, me lanzo:

—¿Tengo la obligación de hacer esta visita?

La psiquiatra me mira y responde en tono amable:

—No.

Entonces me levanto y saludo a la señora gorda. No la veré nunca más. No he creído ni un segundo siquiera que esos encuentros podían reconfortarme. No estoy acostumbrada a que nadie se interese por mí a cambio de nada o simplemente a que me escuche con el único fin de ayudarme. No he pensado que esa mujer podía beneficiarme. Ni ella ni nadie juzga oportuno explicármelo. Hablar con ella quizá me habría aliviado, pero...

En esta época, durante el periodo que precede al proceso, alterno temporadas en las que me atiborro de comida con otras de dieta rigurosa. Me paso tres días sin probar bocado y seguidamente saqueo el frigorífico y después vomito discretamente en el retrete. En el instituto, me limito a sobrevivir y las horas de clase pasan sobre mí sin que las sienta. Tengo algunas compañeras y me distrae muy poco conversar con ellas, ya que no les presto verdadera atención. No me entero de nada. Me he convertido en un fantasma, una envoltura que no envuelve nada. Mis pulsiones se han adueñado de mí. Ansío atracarme de comida, maltratarme, soy adicta a la nicotina, he aquí las cosas que me dominan. Fumo dos paquetes de cigarrillos diarios y, cuando se me antoja, paso las tardes arañándome el cuello. No consigo frenarme, necesito notar los surcos que me excavan la piel. Si sufro sé, por lo menos, que estoy viva. Como no tengo a mi padre que me torture, debo reemplazarlo.

—Isabelle, ¿quiere a su padre? —me preguntan en el curso del nuevo informe psiquiátrico.

Claro que quiero a mi padre. ¡Faltaría más! Lo quiero por encima de todo, lo amo porque es mi padre, porque él también me quiere, porque sabe muchas cosas, sabe historia y alemán y filosofía y arte. Es inteligente. Las caricias que me hace son su manera de manifestar el amor que me tiene. Quiero a mi padre, pero yo ya no podía soportar por más tiempo la vida que me obligaba a llevar y por eso he tenido que ponerle fin. Quiero mucho a mi padre, pero al mismo tiempo lo odio y por eso lo he hecho encerrar en la cárcel y haré lo que sea para que no salga. Porque sé que, cuando salga, se vengará de mí por todo lo que le he hecho. Me pegará hasta matarme, me eliminará con sus propias manos. La espantosa angustia que me provoca tener que volverlo a ver, el remordimiento que siento por haberlo metido en el trullo, pensar que ahora me odia... son cosas que me queman por dentro. Me encuentro en este estado de desmoronamiento absoluto cuando la juez me convoca a un careo.

Me entero de que el fin que se persigue con este encuentro no es un enfrentamiento de Renaud Aubry conmigo, su hija, sino de enfrentarnos a los dos con el tercer ladrón. En el despacho de la juez se encuentra sentado un cuadragenario parcialmente calvo. Su cara me es ligeramente familiar, vagamente. Seguramente me he topado con él a lo largo de mi vida pero ¿dónde? ¡Misterio! La juez me orienta y me dice que parece que este sujeto es el hombre con quien me acosté en ocasión de mi primera orgía. Han pasado dos años desde el hecho. Lo recuerdo... el olor azucarado del perfume que lleva su mujer, la horrible moqueta, el sofá en el que ese individuo me acarició, a lo que se sumó mi padre acompañado de la rubia... Sí, eso es, me acuerdo.

Pero hay algo que me impide confirmar a la juez que ese tipo, en efecto, se acostó conmigo cuando yo tenía trece años. He comprendido en un abrir y cerrar de ojos que mi padre se muere de ganas de que el individuo en cuestión cargue, como él, con las consecuencias. Eso hará que no se sienta tan solo y que comparta responsabilidades. En resumen, tengo la clara impresión de que, si declaran culpable a este hombre, mi padre lo será menos. Y yo no quiero que mi padre se libre de la cárcel porque le tengo demasiado miedo. Es preciso que mienta. Voy, pues, a exculpar al calvo. Juro delante de la señora juez y de su oficial que no tengo nada que ver con ese pobre individuo y que no tuvo relación sexual de ninguna clase conmigo. En el rostro de mi padre leo una enorme decepción mezclada con rabia. En el otro extremo del despacho, se inclina hacia delante y clava fijamente sus ojos en los míos. Su mirada me aterra. La juez, astuta, se da cuenta de la maniobra e interviene prontamente:

—¡Aubry, atrás! Le prohíbo que siga mirando a su hija.

No tengo la costumbre de ver a mi padre obedeciendo órdenes de nadie ni de que nadie le haga bajar los humos con tal severidad. El hecho me alegra y hago votos interiormente para que esa mentirijilla mía agrave su condena. ¡Con tal de que le echen treinta años! Eso espero y nadie me lo va a quitar de la cabeza, sino todo lo contrario. Mi madre está en la misma longitud de onda que yo.

—Le va a caer la pena máxima, el expediente es tan extenso que se verá obligado a alegar locura. —Llega a esta conclusión un día al colgar el teléfono, después de una conversación con nuestra abogada.

Es cosa hecha. Eso creemos nosotras. Pero nuestra abogada no está tan segura.

En primer lugar, despaché a cajas destempladas a los primeros psiquiatras. En cuanto a la segunda psiquiatra, tres cuartos de lo mismo y, encima, me he negado a volver a poner los pies en su consultorio. Y finalmente, tengo demasiado buen aspecto.

Debería llorar, sollozar, tendría que leerse en mi rostro con letras de sangre el crimen perpetrado en mi persona. En cambio, no hago más que fumar con la mirada perdida en el vacío. Aunque rota en mil pedazos por dentro, por fuera parezco entera. Mi padre me ha condicionado para ser así. Hace mucho tiempo que aprendí a sufrir mirando para otro lado. Estoy «a distancia», según observa mi abogada, si bien precisa a la juez que, en mí, el sufrimiento «se encubre detrás de máscaras». Pero en mi expediente hay un problema más peliagudo que mi manera de ser y es que nunca tuve un no para mi padre. Éste es el punto negro del caso, su talón de Aquiles. Mi abogada me explica que, en Francia, la violencia sexual se juzga ante un tribunal correccional cuando se trata de delitos menos graves o en la audiencia de lo criminal, delante de un jurado popular, para los más graves. Por curioso que parezca, mi abogada me aconseja que no haga comparecer a mi padre ante la audiencia de lo criminal y se inclina por el tribunal correccional. No entiendo el porqué. Mi progenitor se ha reconocido culpable de un verdadero delito. ¿O no? ¿No ha confesado acaso las cochinadas, las orgías sexuales o es que, quizá, lo he soñado?

—Sí, Isabelle, pero en la audiencia de lo criminal juzgarán a tu padre por violación delante de un jurado popular y tú dijiste a la juez que tu padre no te había amenazado ni forzado para acostarse contigo. Los jurados, como no son profesionales, pueden pensar que tú consentías y, por tanto, que no hubo violación...

Comprendo. Comprendo que, a pesar de la investigación, de las confesiones de mi padre y de todos los exámenes a que me han sometido, todavía quedan cretinos que creen que yo deseaba realmente acostarme con mi padre. Capto igualmente que el código penal prescinde por completo de la gente como yo. A ojos de la ley, hay violación cuando el violador aporrea a la víctima o la inmoviliza amenazándola con una navaja. La presión psicológica, para la ley, no existe. Puesto que yo no me negué, si recurriera a la audiencia de lo criminal mi abogada tendría que elaborar mucho más mi expediente que si el juicio se celebra en el tribunal correccional. Existe, de todos modos, la probabilidad de que mi padre sea condenado a una pena leve o incluso que no sea condenado, si bien es un riesgo remoto dado que el acusado lo confesó todo y esto perjudicaría la buena fama de este organismo, especializado en violaciones e incestos. Y además, en la audiencia de lo criminal, mi abogada no puede defenderme y tiene que ser su jefa y nadie más que su jefa quien defienda el caso. O sea que si el asunto se juzga aprisa y corriendo ante un tribunal correccional, todo el mundo quedará contento. ¿Qué importa si se obvia el delito de que he sido objeto? ¿Qué importa si han abusado de mí por espacio de dos años? Lo que hoy importa es que este proceso se celebre sin molestar a nadie.

—Tienes que meterte en la cabeza, Isabelle, que si acudes a la audiencia de lo criminal y el jurado se pone contra ti, tu padre podría salir libre... —insiste mi abogada.

¿Libre? Basta con que pronuncie esta palabra para convencerme. Así pues, opto por el tribunal correccional, aterrada ante la idea de que mi padre pueda librarse de la cárcel y presentarse ante mí dentro de unas semanas para ajustarme las cuentas. Encerrado en la celda, debió de pegar un salto de alegría al enterarse de mi decisión. Si en la audiencia de lo criminal podían corresponderle veinte años de cárcel, en el tribunal correccional lo máximo que le puede caer son diez. No será juzgado como criminal, sino como un mero delincuente, y será acusado de simples «atentados al pudor», no de «violación». Ese hombre que ha trastornado mi vida será equiparado al que atropelló a un perro o robó una gallina. Pero lo que a mí me importa es que Renaud Aubry permanezca encerrado. Hago un magnífico regalo a mi padre sin saber que lo que minimizo es mi calvario.

El día del proceso, la sala de la audiencia está llena a rebosar de togas negras. Son muchísimos los abogados que se interesan por el caso que ha movilizado a la unidad de protección de menores, la de buenas costumbres y la policía judicial. Pero se decreta que se celebre el juicio a puerta cerrada y se obliga al público a desalojar la sala. Así pues, mi padre entra en una sala casi vacía, ocupada solamente por el procurador, los tres jueces profesionales y nosotros, la parte civil. Renaud Aubry, mucho más delgado, interpreta a la perfección el papel de papá contrito por el sufrimiento. Con su pantalón de terciopelo gastado de color amarillo y su suéter holgado, sin corbata y con la cabeza gacha, tiene todo el aire pesaroso propio de una víctima de las circunstancias. Yo tiemblo como una hoja. Tengo tanto miedo que suplico a mi abogada que no me llamen al estrado a declarar.

Al enunciar las acusaciones, siento un zumbido tan intenso en los oídos que no entiendo las palabras que pronuncia la juez. Preguntan a mi padre qué tiene que declarar, a continuación el procurador general presenta la inculpación y, después de él, le corresponde el turno a mi abogada. No oigo nada. Lo que me obsesiona es el estrado. Con tal de que no me pidan que hable, con tal de que me dejen en paz... Pero estoy levantando castillos de arena, porque nadie tiene la intención de preguntarme nada. Le corresponde al abogado principal de mi padre soltar el discurso que tiene preparado. Que dura, dura, dura... Hace gestos comedidos con las manos, su expresión es grave y parece como si de su boca, con las comisuras caídas, salieran verdades como puños. Lo único que entiendo es que ese señor de aire grandilocuente me acusa de todo. Fui yo quien incitó a Renaud Aubry, fui yo quien lo provocó, fui yo quien lo deseaba, fui yo quien quería ir a la puerta Dauphine, fui yo, yo, yo y nadie más que yo. Yo y mis pulsiones extraviadas. Yo y mi complejo de edipo torturador. Yo y mi amor desviado. Y él, mi padre, tan dócil y tan débil, no hizo otra cosa que responder a mis deseos. Él no tiene la culpa de nada o, en todo caso, muy poca.

Todas estas frases tan huecas como falsas, todas estas mentiras cobardes, son mucho más de lo que puedo aguantar. ¿Qué es esta fantochada? ¿Por qué mi padre adopta este aire de perro apaleado? ¡Si los jueces supieran! Me levanto y salgo de la sala dando un portazo. Espero en la sala de los pasos perdidos el veredicto del juicio mientras fumo cigarrillo tras cigarrillo. Al cabo de un cuarto de hora, aparece mi abogada seguida de mi madre.

—Seis años y veinticinco mil francos por daños y perjuicios.

Tengo quince años, mi padre me ha estado violando por espacio de dos años, me ha convertido en pasto de docenas de hombres todas las semanas, me ha arrastrado a orgías sexuales y no lo han condenado a la máxima pena. Apenas a algo más de la mitad de la máxima pena.

Y lo que todavía es peor: Renaud Aubry se beneficia de circunstancias atenuantes.

7

El infierno después del infierno

Aplastaron mi infancia con dos apisonadoras. Mi padre fue la primera; la justicia, la segunda.

Condenaron a mi padre a seis años de privación de libertad a cambio de los dos años de pesadilla que me procuró. No molestaron a ninguno de los hombres con los que me acosté, salvo al médico interno, el participante en la orgía sexual en cuya casa me desmayé. A él le correspondieron dos años de reclusión debido a que no podía ignorar mi edad. Yo tenía entonces catorce años, todavía no tenía la regla cuando me examinó, pese a lo cual se lanzó sobre mí. Ni un estudiante de medicina que hubiera recibido tan sólo unas clases de ginecología habría podido ignorar la condición de menor en una chica tras examinarla tan detenidamente. Dos años de cárcel para ese tipo con quien me acosté una vez en la vida junto con otros diez participantes y sólo cuatro años más para mi padre... Se me escapan por completo las reglas de proporcionalidad por las que se rige la justicia. Y encima, mi padre se beneficia de circunstancias atenuantes cuando precisamente el hecho de que fuera mi padre habría debido agravarlas. ¡El colmo! ¿Qué exoneraciones encontró la justicia? ¡Misterio! Los jueces no tienen por qué explicar sus motivaciones ni sus decisiones. Mi madre, mi abogada y yo nos limitamos a hacer conjeturas y suponemos que debieron dejarse convencer por la juiciosa defensa de mi padre y creyeron que yo lo provoqué. ¿Qué yo incité a mi padre? ¿Qué lo excité con toda intención? Seguro que estos leguleyos no se han acostado nunca con sus padres porque entonces sabrían que no tiene nada de excitante...

—¿Esta niña es provocativa? —exclama mi madre hojeando el álbum de fotografías de mi infancia.

En ellas aparece una niña tímida y evasiva, una mujercita de diez años tristona con un espeso flequillo.

Cerrado el caso, veo que mi madre está indignada. No me habla del asunto, pero a veces, en las semanas que siguen al proceso, la sorprendo lanzando pestes contra mi padre mientras habla por teléfono con mi abogada. Verla así me reconforta un poco, me hace sentir menos sola. Sin embargo, a decir verdad, no participo de su indignación y únicamente siento un ligero consuelo. No tendré que volver a hablar nunca más con un juez ni con expertos en la materia. ¡Por fin! Esto me quita un peso de encima. Durante los largos meses que ha durado el procedimiento me he visto obligada a revivir una vez y otra la misma pesadilla, he tenido que nadar en el fango y sentirme culpable. Ahora podré cubrir con un velo toda esta historia y lanzarme a vivir intensamente. Sé que sólo tengo seis años por delante y que, cuando mi padre salga de la cárcel, se vengará de la denuncia. Estoy plenamente convencida de que, así que pise la calle, pondrá fin a la obra y acabará conmigo, acabará con esa muerta viviente que soy. Por tanto, el día que sigue al proceso, anestesio el pasado y encierro en el armario un recuerdo que agita sus viciosos tentáculos. Y al mismo tiempo, acorralo y arrincono mis sufrimientos. A la que pienso en todo lo que me ha ocurrido siento un malestar que me incita a ahogar recuerdos y sentimientos debajo de sensaciones todavía más intensas. Para saber que existo, a partir de ahora tengo que vivir plenamente. Me vuelvo bulímica. A veces me acometen terribles accesos de hambre canina que hacen que me lance sobre cuanto se me pone a tiro para vomitar inmediatamente después. Tras haberme visto tan atenazada por mi padre, ahora siento ansias de libertad y de olvido. Desde siempre he ahogado los sufrimientos a través del deporte, por lo que ahora borro el proceso y los recuerdos tristes con la actividad física. Pero no me contento con

105

una práctica moderada, sino que hago varias horas de gimnasia por semana, además de danza, bicicleta, kárate y por lo menos una hora diaria de *jogging*. Y no me desahogo únicamente a través del deporte. ¿No me obligaba mi padre a ceñirme a unos horarios, a organizar el empleo del tiempo y el uso que hacía de mi cuerpo? Como han desaparecido estos últimos límites, mi vida se convierte en puro desbarajuste.

Un verano mi madre me envía de colonias al Morvan y, en un abrir y cerrar de ojos, consigo convertirme en la bestia negra de los monitores. El primer día voy a lavarme al lugar más distante del cámping y no regreso. Mis compañeras de dormitorio y yo nos hemos cruzado con unos chicos guapos dispuestos a desviarnos del camino de las duchas. En menos tiempo del que se tarda en deshacernos del champú nos encontramos en la terraza de un café ingurgitando pastís y oporto. O sea que el primer día de colonias sucumbo a un coma etílico profundo. El director está a punto de devolverme a mi madre, pero comete el error de no hacerlo y, por espacio de quince días, le hago vivir un infierno. Fumo porros, me escapo, colecciono cogorzas.

Y lo que es más, me acuesto con el profesor de windsurf.

—¡Pues vaya, hay que ver la de cosas que sabes para tu edad!

Son los cumplidos íntimos que me prodiga este hombretón que, pese a sus dieciocho años, se asombra de mi sabiduría sexual. Tengo tres años menos que él, pero muchísima más experiencia en la materia. Todos los perifollos, los juegos de villanos, las caricias picaronas, los gemidos proferidos en el momento oportuno, es decir, todo lo que hace feliz a un hombre, me lo conozco al dedillo. Como me educó mi padre, me sé bien el papel, si bien esa música me resbala por completo. Sé arreglármelas para que termine lo más rápidamente posible, ya que con todos estos remilgos lo único que busco es lo que viene después: ternura. Como tengo necesidad de cariño, lo busco donde me lo dan, es decir, en la cama.

Pero mi aventura romántica con el apuesto profesor de windsurf no es del gusto del director de la colonia. Ni tampoco de mi padrastro, quien, así que vuelvo a casa, se apresta a lastrar con plomo mi cerebro de gorrión. Me atiborra de interminables sermones. ¡Vaya empaque el de David! Me habla de principios, educación, ética, deberes y se lanza sobre mí tan pronto como su mujer vuelve la espalda. Una de las veces incluso retozamos en el lecho conyugal con mi madre dormida al lado, sin que ella oiga, vea ni note nada. Entre tanto, yo me estoy muriendo de ganas de que reaccione. Sin tener verdadera conciencia de ello, el silencio que reina en torno a mi dolor me asesina. Nunca he sabido confiarme a mi madre. Si en otro tiempo ella andaba siempre con prisas, demasiado ocupada para interesarse por mi vida, la situación no ha variado un ápice y tengo que guardarme las inquietudes para mí sola. Mi madre no me echa ningún cable. Jamás se habla del incesto. Durante el proceso, huye del tema como de la peste y, una vez terminado, cae sobre él un telón de plomo. Mi abuela Augustine vive con nosotros, pero se ha convertido en una anciana enferma a la que hay que ahorrar estas historias tan sórdidas. Ha sufrido dos cánceres y un infarto y no para de repetir en voz baja que quiere morir... La miro y siento un fuerte impulso de acurrucarme entre sus brazos, pero me lo prohíbo. No me atrevo a dar ni a reclamar arrumacos castos, no me siento capaz y, por otra parte, hace mucho tiempo que dejé atrás la infancia. Así pues, mi abuela preferida y yo hablamos poco. Ella está muy cansada y, como yo no puedo ni quiero hablarle del drama que vivo, prefiero no hablar de nada. El gran tabú, el incesto, ha abierto un abismo de falsa indiferencia entre los demás y yo. Sea porque molesta o sea para guardar las apariencias, el hecho es que impera el silencio. Ni siquiera mi hermana, que tiene ya nueve años, está enterada de mi historia. Ha dejado de ver a su padre, pero nadie le ha explicado el motivo. Nosotros no nos hacemos preguntas.

«En la vida hay que ser más lisa que un guijarro.» Ésa es la filosofía de mi madre. No importa que caiga sobre nosotros todo un alud de problemas, ya que no por eso dejaremos de mantener alta la cabeza y siempre fuera del agua. Cuando Renaud Aubry le trajo a casa a su querida, mi madre siguió siendo de mármol ante el mundo. Escondía las palizas que le daba mi padre y disimulaba sus penas delante de los clientes, vecinos y

107

familia. Cuando él se escapó con la jovencita, mi madre hizo las maletas y abandonó la ciudad. Con el incesto, procede de la misma manera: para conservar la dignidad, mantener a salvo la reputación, acallar el qué dirán, continúa viviendo como si nada hubiera ocurrido. Su indiferencia me enerva. Haría lo que fuese para que me hablase y mitigase esa tristeza y ese odio que bullen dentro de mí. Para que me amase mejor, con más ternura. Para que me hablase de mí. Pero eso no ocurre nunca y cuanto menos ocurre, más me siento estallar. Ya que no me quieren, tampoco quiero hacerme querer. Me vuelvo agresiva, obstinada, me siento a disgusto. Antes de dirigirse al trabajo, mi madre repara los desperfectos. Su corazón no está conmigo.

Entonces, como de costumbre, dejo que el cuerpo hable por mí. A fuerza de acostarme con su marido, acaba por dejarme embarazada. Mi madre es la primera que sospecha de mis náuseas matinales. Yo no me doy cuenta de nada y motivos no me faltan, ya que aunque cuido mi apariencia, en mi interior actúa mi enemigo y eso me tiene sin cuidado. Mi madre me lleva a una asistenta social, paso obligado para acceder a la interrupción voluntaria del embarazo. Con voz monocorde, suelto delante de las dos mujeres la mentira que David me ha dictado, es decir, que un novio imaginario es el responsable de este embarazo no deseado. A la asistenta social no le interesan más detalles. Salgo de la clínica el mismo día que cumplo dieciséis años y, después del aborto, mi madre reanuda la venta de aspiradores.

Hoy como ayer, mi madre desempeña su papel de madre, que consiste en darme alojamiento, alimentarme, vestirme con ropa cara y pagarme la peluquería y el médico. Quiere que me presente como una chica guapa, juiciosa, formal y bien educada, en tanto que yo, con mis locuras, no hago más que desbaratar esta maravillosa imagen que ella me ha forjado, lo que provoca su desesperación.

—Hay que reconocer que eres provocativa —me dice un día mientras observa mi forma de andar por la calle.

Sus palabras me producen una insoportable desazón.

—Tu problema es que eres amoral —me dice nada menos que mi padrastro un día que nos peleamos. Lo nuestro ha ter-

Check Out Receipt

White City Library Branch
541-864-8880

Saturday, August 19, 2017 3:42:40 PM

Item: 002327112
Title: Jenni Rivera : la increible vida de una m
ariposa guerrera
Due: 09/09/2017

Total items: 1

You just saved $16.95 by using your library. You
 have saved $60.45 this past year!

White City Library hours
    Monday   11-6
    Tuesday   10-2
    Wednesday 12-5
    Saturday   10-4

minado porque, así que me he visto con fuerzas suficientes, lo he enviado a la mierda. Como mi padre está en la cárcel, no me siento en peligro y, por otra parte, está visto que la faceta protectora de mi padrastro no funciona, sino todo lo contrario. Me siento a gusto con mi libertad y mi autonomía y, por tanto, ni hablar de cargar con un viejo dictatorial y depravado. Me basta con haber conocido a Renaud Aubry. David ha dejado de tocarme, pero me prohíbe salir de noche y siente un aborrecimiento especial por las cartas incendiarias que envío a mi monitor de windsurf... Furioso, un día me prohíbe seguir escribiéndole, pero lee mi diario personal y se permite encerrarme a cal y canto en mi habitación. Estoy hasta la coronilla de sus intromisiones y de tanta reclusión y por eso grito, protesto, la relación se envenena y llueven los insultos. Para él no soy más que una desvergonzada y, aunque se aprovechó de mí, me lo echa en cara en tono despreciativo.

Por tanto, mi padre ha ganado la partida. La justicia puso en duda mi inocencia, pero mi propia madre y su marido todavía me incorporan otros aditamentos y dicen que soy «provocativa», «amoral», insoportable. Sin embargo, yo soy lo que mi padre ha hecho de mí. Pero aquí no termina todo. ¿Piensan, incluso, que merezco lo que me ha pasado? No lo sé. En todo caso, mi abuelo sí.

Papy, mi *papy* querido, el que jugaba conmigo al croquet en el parque y me enseñó a tornear la madera... Mi *papy*, que ignora el infierno que ha vivido su nieta, se niega a creer ahora que su hijo sea un monstruo. Ante la evidencia, cuando ve al pillín de su hijo condenado por haber abusado de mí y haberme arrastrado a orgías sexuales, se queda en suspenso. Y escribe la historia a la medida de sus gustos para no tener que admitir que el hijo de sus entrañas es un pervertido. ¡Maldita sea la que trajo el escándalo! O sea que yo soy la culpable.

Un día en que, con un nudo en la garganta, vuelvo al apartamento donde viví con mi padre para recoger mis últimas pertenencias, cae en mis manos una carta que mi abuelo escribió a su hijo Renaud creyendo, sin duda, que le enviaban la correspondencia a la cárcel. Desdoblo la hoja de papel fino cubierta

109

con la escritura torturada de *papy* y lo que leo me deja anonadada. Las palabras saltan del papel para quemarme los ojos.

«Me indigna ver a esa putita [...]»

La putita soy yo.

«[...] no se lo llevará al paraíso, esa zorra que te ha metido en la cárcel.»

La zorra soy yo.

Aunque la justicia haya castigado a mi padre, incluso a ojos de mi propia familia, la culpable soy yo. Culpable de ligereza, de ser guapa, desvergonzada, de no tener referentes, de estar desorientada. Culpable también, a ojos de mi abuelo, de haber destruido una hermosa fábula familiar. La policía llevó la instrucción del caso hasta mi Finisterre. Para saber quién era realmente Renaud Aubry exploraron el país, hablaron con vecinos, primos, parientes, escudriñaron cajones y revolvieron el fango antes de enviar finalmente al trullo al benjamín de la familia y dictaminar que permanecería seis años en él. Como la cabeza de mi abuela no regía del todo, tuvo la suerte de no percatarse del escándalo. Pero mi *papy* se vio obligado a añadir una línea más a su brillante currículum y él, el empresario autodidacta, el notable, el gran propietario, se convirtió en un abrir y cerrar de ojos en el padre del pervertido, el progenitor del enchironado. Este inmenso baldón que cae sobre René Aubry, ex presidente del Sindicato de Comerciantes, precisamente cuando estaba iniciándose el crepúsculo de su laboriosa vida, debe, según él, imputárseme a mí. Absuelve a su hijo y culpa a su nieta sin ningún remordimiento ni resquemor, porque no me perdona que haya manchado su reputación. De esta repugnante verdad, mi infancia destruida por mi padre, no llegó a recuperarse nunca.

Más adelante, después de la muerte de mi abuela, me pareció entender que se había suicidado.

«"La voluntad de lo verdadero, la famosa veracidad de la que siempre han hablado todos los filósofos con tanto respeto, ¡cuántos problemas nos ha acarreado!" Comentad esta frase de Friedrich Nietzsche extraída de su ensayo *Más allá del bien y del mal*.» Jamás hubo un tema de bachillerato más adecuado para una alumna, que éste para mí. En el examen escrito de filosofía me califican con un meritorio quince. En esta asignatura no me puede ir mejor, soy un águila. Pero me he pasado años durmiendo en clase, un retraso que no llego a recuperar nunca. El programa siguió su curso sin Isabelle Aubry, porque ésta era la sirvienta de su padre. Si siempre me había gustado aprender, leer, aguzar el intelecto, conocer las obras de Victor Hugo, Balzac y Zola, tengo que hacer ímprobos esfuerzos para evitar el fracaso escolar que me tienen prometido mis noches orgiásticas. En el instituto sufro lo indecible, sobre todo en matemáticas. Pero tengo una única obsesión, la de terminar mis estudios, aprobar el bachillerato y conseguir la independencia para no tener que volver a fiarme nunca más de ningún hombre, ya sea padre, padrastro o marido. Por tanto, me atiborro de clases particulares de álgebra y de alemán, pero debido a mi deplorable nivel en las materias científicas, me orientan hacia la terminal técnica de secretariado. ¡Lástima que no podré hacer económicas, la carrera a la que aspiraba desde hacía tanto tiempo! Consigo el diploma, pero todas las escuelas de comercio me cierran la puerta salvo una, que presume de admisiones «a la americana». En el programa del examen de ingreso figuran la cultura general, la motivación, la personalidad, las lenguas extranjeras... Me desenvuelvo bien y logro la admisión. ¡Sí! Puedo continuar mis estudios in extremis, pero tendré que contentarme con un «bac más dos» —estudios superiores pero no universitarios—, yo que soñaba con una larga carrera de periodismo o una gran escuela militar.

111

Mientras sudo sangre para reducir al mínimo mis fracasos escolares, mi padre cosecha títulos académicos durante su permanencia en la cárcel. En Fresnes consigue un diploma de capacitación en derecho. Considerado preso modelo, persona de carácter afable, incluso se presta a echar una mano al personal que lleva la contabilidad del establecimiento penitenciario, que le devuelve el favor trasladándolo a una celda individual y conmutándole parte de la condena.

Yo, entre tanto, libro una lucha para cobrar lo que se me adeuda.

A punto ya de cumplir los dieciocho años y gracias a la autorización de la ley, reclamo a su notario el dinero por daños y perjuicios. El representante de la ley me responde con una hermosa carta en la que me comunica que mi padre ya satisfizo los veinticinco mil francos que me corresponden, para probar lo cual adjunta un comprobante del banco. Se trata de un chanchullo bien urdido: mi padre ingresó una cantidad idéntica a mi madre como devolución de un préstamo que mis padres habían tramitado conjuntamente, no para pagar la deuda que tiene conmigo. El notario es convincente y yo tengo dieciocho años, o sea que me toca resignarme. No veré jamás este dinero, el precio de mis sufrimientos. La estafa se junta con el incesto bajo la alfombra de mis sentimientos.

Una noche, transcurridos dos años apenas, la realidad me golpea en pleno rostro.

Suena el teléfono y lo descuelgo yo. En el auricular ronronea una voz de hombre que habla con acento bretón y pregunta por mi hermana Camille. Cuando le pregunto quién es, el desconocido que me habla desde el otro extremo del hilo titubea un momento y acaba por decirme:

—Soy un amigo. Es personal.

Creo reconocer de pronto esta voz que me había sonado extraña. En una fracción de segundo, el tiempo para recobrar el aliento, sé quién es: mi padre. Cuelgo inmediatamente, las piernas no me sostienen, ¡una silla, rápido, antes de que caiga desmayada! Pese a estar inmóvil, estoy empapada de sudor. ¿Cómo es posible que mi padre llame por teléfono? ¿Sigue en la cárcel? ¿Por qué quiere hablar con Camille? Mi madre se precipita a la habitación de mi hermana y se entera por boca de Camille no sólo de que mi padre está en libertad sino de que, hará unos meses, le hizo llegar una carta muy cariñosa. Desde entonces se ve con ella a escondidas. Me siento hundida. ¡Mi pobre hermanita! Sobre su cabeza se agrupan negras nubes que ella no ve. Renaud Aubry la manipulará, la acosará, le practicará un lavado de cerebro igual que hizo conmigo. Si no tomamos cartas en el asunto está perdida, es absolutamente necesario que la saquemos del atolladero. Mi madre decide, por fin, contar a Camille el motivo del encarcelamiento de nuestro padre, hablarle del incesto, de las orgías sexuales. Mi hermana se entera de la perversa saga de nuestro querido papá y abre los ojos. Promete no volver a verlo nunca más. Las nubes se dispersan, pero no por eso dejo de tener miedo.

No pienso más que en esto, en el horror que vuelve a amenazar mi vida. Mi padre ha salido de la cárcel sin que yo sepa por qué, puesto que todavía le quedaban dos años de reclusión. Nos enteramos de que, gracias a su buena conducta y con sus diplomas en bandolera, Renaud Aubry ha conseguido la libertad mucho antes de lo previsto. Me entero igualmente de que se casó con una joven a la que conoció antes de su condena. O sea que su apacible vida tan sólo ha sufrido la interrupción momentánea del periodo de encierro pasado en el trullo. Y encima, sale de la cárcel con un título universitario, casado y feliz, y se instala a ochocientos metros de mi casa, a pesar de tener prohibido vivir en el mismo departamento donde resido.

¡No es posible, no es legal, tiene que haber forzosamente un error!

Desde que nací, me han fallado muchos seres humanos, muchos me han hecho daño, pero mi padre figura en primer lugar. Al final la policía lo detuvo y la justicia lo encerró bajo llave. A mis veinte años, a pesar de la fantochada que fue el proceso Aubry, todavía creo un poco en las fuerzas del orden y en que se atienen a una ética. Si mi padre se ha ido a vivir a dos pasos de mi casa sabiendo que lo tiene formalmente prohibido significa que ha procedido de manera solapada, al margen de la ley. O bien que hay un malentendido, un error del sistema, un funcionario borracho que se ha hecho un lío con los expedientes. Pero la justicia, bastión frente a los fallos del mundo y de los hombres, no tardará en poner orden en este fárrago. Para conocer a fondo la cuestión y, sobre todo, para forzar a mi padre a que se mude y cumpla con sus obligaciones, me dispongo a remover cielo y tierra. En primer lugar, la policía. Acudo corriendo a la comisaría con el pliego del juicio en la mano. Negativa firme y categórica. Los dos empleados no saben nada, no tienen tiempo, me aconsejan que envíe un correo... Solicito inmediata-

113

mente una entrevista con el procurador de la República, que me recibe en su despacho del tribunal de Créteil.

Los hechos que me da a conocer me contrarían profundamente. Mi padre ha sido desposeído de autoridad paterna con respecto a mí, pero no con respecto a mi hermana. ¡Y con mi hermana no tiene ninguna causa pendiente, por supuesto! Así pues, está en libertad de verla siempre que se le antoje. Por otra parte, tiene perfecto derecho de irse a vivir a dos pasos de mi casa. Arguyendo que ha encontrado trabajo en mi barrio —¡qué curiosa coincidencia!—, le ha costado muy poco saltarse bonitamente la prohibición de asentarse en un lugar próximo a mi vivienda. ¡Hay que conceder prioridad a la reinserción del antiguo preso! La víctima no cuenta para nada.

Renaud Aubry, por tanto, no satisface la cantidad estipulada por daños y perjuicios, no ha cumplido la condena en su totalidad, ni respeta tampoco la prohibición según la cual no puede vivir cerca de donde yo habito. Pisotea mis derechos, restriega los pies en ellos como en un felpudo y lo hace contando con el aval de notarios, funcionarios de prisiones y jueces, es decir, de la República. El respeto a la ley, el último referente estable que podía servirme de punto de apoyo, acaba de derrumbarse. Si la ley no me respeta, ¿por qué respetarla? Siento odio, odio contra esta justicia y contra mi padre que, sin escrúpulo alguno, se permite seguir atropellándome. ¿No se detendrá nunca? Estoy furiosa, la cólera dirige mis pasos en este instante, ella ocupará todo el espacio que se interpone entre mi padre y yo. Ya que Renaud Aubry está libre y puede vengarse de mí cuando se le antoje y pervertir a mi hermana igual que hizo conmigo, tengo que actuar. Y enseguida. Impedirle que siga comportándose de forma tan deleznable. Esta vez no permitiré que se salga con la suya. No pienso estar a su merced.

Tengo, pues, que matarlo. Es la única opción que me queda, ya que tanto la policía como la justicia echan balones fuera.

La idea del asesinato va abriéndose paso lentamente entre los pliegues de mi cerebro. ¿Veneno, ahogamiento, supuesto accidente de automóvil? Paso revista a los diferentes procedimientos que se me ofrecen para suprimir a mi progenitor sin llegar a encontrar ninguno que me parezca a la vez seguro y eficaz. No se me ha ocurrido pensar en un asesino a sueldo. Y sin embargo, un buen día se me ofrece esta solución en bandeja.

Para ayudarme a llegar a final de mes encuentro un empleo de demostradora de electrodomésticos en un Conforama de la periferia. El equipo está formado por gente simpática, pero me cuesta adaptarme. Los demás no me inspiran confianza y me angustia la proximidad de las personas «normales». A menudo tengo la impresión de estar en otro mundo, de ser diferente. Es una sensación irracional, pero me parece que, si no voy con tiento, todo el mundo leerá mis pensamientos y adivinará mi pasado. Así pues, me esfuerzo en dar el pego. Cuando estoy en sociedad, me coloco la máscara de payaso y empieza la comedia. Soy joven, guapa y hago las cosas bastante bien, por lo que, desde el director al hombre que se encarga de la limpieza, todos me tienen aprecio. Incluso el segurata del perro con quien me quedo hablando algunas tardes cuando se cierra la tienda. Un día que estoy desesperada, le expongo el asunto y le confieso que mi padre me amarga la vida hasta tal punto que deseo su muerte.

—Si quisieras, sé la manera de eliminarlo.

Ésta es la respuesta inesperada que aquel hombre armario me suelta mientras acaricia el lomo de su pastor alemán. Tras las explicaciones oportunas, me entero de que este vigilante tan bien intencionado conoce a alguien cuyo oficio es matar gente. Por cincuenta mil francos, asunto concluido. Tan pronto como reúno la cantidad, acudo a la cita que exige el segurata del perro para tratar con el ejecutor de misión tan delicada.

Pero después de la entrevista, opto por no recurrir al asesinato de mi padre. En mi cabeza se confunde todo: el odio y la espantosa enormidad del proyecto, el deseo de pasar a la acción y la mieditis que me causan las consecuencias del acto. ¿Quién encontraría en mí, la hija desvergonzada, circunstancias atenuantes si me cargara a mi padre? La justicia ya estuvo a punto de acabar conmigo, esta vez remataría la faena. Por otro lado, infringir la ley, convertirme en criminal, sería ponerme a la al-

115

tura de mi padre, hacer lo mismo que él, disimular, fingir, transgredir. Renuncio a la herencia.

No puedo, pues, matar a Renaud Aubry. Es evidente que no puedo hacer nada contra él. O sea que podrá vivir tranquilamente, impunemente. La impotencia que siento al no poder hacerle pagar su crimen me destroza. Pero lo que me hizo un día continúa atormentándome a pesar de los años transcurridos. Quería eliminarlo a él y ahora resulta que la eliminada soy yo.

Me acometen violentas crisis de automutilación cada vez que me siento deprimida. Primero siento temblores y, al cabo de un instante, tienen que sujetarme las manos con fuerza para evitar que me lastime. Suele ser Frédéric, mi novio de la época, quien se encarga de ese menester. En los días que siguen al incidente llevo cuellos cisne en la oficina para que no descubran los largos surcos rojos que me decoran el cuello. Tras haber sido bulímica durante lustros vuelvo al regazo de mi vieja amiga, la anorexia. Me alimento de un huevo o una manzana al día, cualquier minucia me basta. Y además, me siento presa de angustia. Estoy siempre melancólica y paso el tiempo tumbada en la cama escuchando incesantemente la misma música, Pink Floyd o Supertramp, mientras no paro de preguntarme cómo puedo acabar con todo. Cuantos más años tengo, más insistente se hace el espantajo del recelo, del miedo y del agotamiento. Porque ese espantajo sigue en su sitio, en un rincón de mi persona, muy cerca de mí. Es el incesto, que no espera otra cosa que matarme. Mi vida está pendiente de un hilo y es un hilo que no tardará en romperse.

Un buen día mi madre desaparece y se va a pasar unas vacaciones soleadas con su David. Una hora después de que se haya ido, oigo un ruido procedente del cuarto de baño. Acudo corriendo y me encuentro a mi abuela Augustine tendida en las baldosas. Se queja de dolor en el pecho, jadea. Me quedo sin aliento y, aún hoy, al recordarlo, tengo la sensación de no haberlo recuperado. La cojo en brazos y la llevo a la cama. Llamo a todos los servicios de urgencia posibles —SOS Médecins, cardiólogo, Samu, bomberos— y movilizo a los médicos del barrio. Pero no consiguen que el corazón de mi Augustine deje de flaquear. Tiene un infarto, el segundo en su vida, el más inoportuno.

Tardo dos días en ponerme en contacto telefónico con mi madre. Cuando consigo, por fin, hablar con ella, ya es demasiado tarde: *mémé* ha muerto. De su muerte no llego a recuperarme nunca. Cuando me telefonea la enfermera para notificarme el final de Augustine, la pena me anonada y también el remordimiento. Me odio terriblemente porque mi dulce abuela se ha ido sin tenerme a su lado para coger su mano entre las mías. Se extinguió de noche, sin nadie que le musitara palabras cariñosas al oído y le aliviara la partida. Me avergüenza haberla tenido abandonada en los últimos meses, haberla dejado sola en su habitación. Me avergüenza no haber hablado con ella más a menudo, haber dejado que el silencio de nuestra familia llenara todo el espacio entre ella y yo. Me avergüenza haber dejado morir, a causa del incesto, el vínculo que nos unía. El día de su fallecimiento vuelvo al hospital para verla una vez más. Allí está, tendida en la cama, con su rostro arrugado de manzana bretona inmovilizado por la muerte. Ahora ya puedo deslizar mi mano en la suya y rozar con la cara los pliegues de su cuello. Ahora me atrevo a hacerle este mimo que tanta falta me hacía en estos últimos meses, que tanta falta le hacía a ella en su ancianidad. Ahora, demasiado tarde, derramo torrentes de lágrimas sobre el cadáver de mi Augustine y oso decirle por fin cuánto la quiero y lo mucho que la echaré de menos. Desde la detención de mi padre no había llorado de ese modo, dejando el alma en el llanto, perdiendo el aliento, ahogándome en sollozos. Lloro por ella, por nosotros y también por mí, por mi infancia arruinada de la que acaba de desaparecer el último recuerdo feliz.

La persona que yo más quería en el mundo se ha ido. Ahora estoy sola de verdad.

Cuando vuelvo del hospital Frédéric se apresura a consolarme, pero espera unos días antes de comunicarme que se traslada al sur de Francia y que no volveremos a vernos nunca más. Es la gota que colma el vaso y basta para ahogarme.

Dos horas más tarde, hago un saqueo de medicamentos, los

117

engullo de golpe y me tumbo en la cama. Tras el tiempo suficiente para escuchar el final del disco, advierto que me voy...
hasta que, entre las nieblas del suicidio, me despierto sobresal-
tada. Ha sido, sin duda, el instinto de supervivencia lo que me
ha hecho volver. Me levanto y consigo avisar a mi madre antes
de perder el conocimiento. Cuando me despierto, tres días más
tarde, no tengo a mi madre en la cabecera de la cama. No es el
suyo el primer rostro que veo cuando abro los ojos, sino el de
una compañera a quien mi madre ha convencido para que vi-
niera a verme y la reemplazara mientras ella atiende sus cosas.
Mi llamada de socorro, por tanto, ha fallado, porque no sólo mi
madre no ha respondido a ella con su presencia, sino que las en-
fermeras que me hacen el lavado de estómago aprovechan la
ocasión para lavarme la conciencia con jabón.

—¿Se da usted cuenta de la cantidad de chicas muertas en
accidente de coche que nos traen aquí todas las semanas? ¡Y usted, que tiene la suerte de estar viva, va y se suicida! ¿Dónde
tiene la cabeza?

Gracias por la moralina, pero «la suerte de estar viva» es,
para mí, un concepto bastante abstracto. Hasta la fecha no me
ha traído suerte el hecho de estar viva y, efectivamente, preferiría poner fin a mi abominable existencia. Suicidio, automutilación, anorexia... medios a los que recurro para conseguir mi objetivo, que no es otro que no hacerme mayor. Morir me parece
bien. Es el olvido absoluto de mis problemas y la mejor manera
de detener el tiempo. Porque estoy viendo que no tardaré en
convertirme en mujer y esposa. Antes de huir a provincias, Frédéric me había regalado una hermosa sortija y me había pre-
sentado a sus padres. Precisamente a partir de este momento
nuestra relación comienza a zozobrar, o sea cuando empieza a
exponerme la lista de los grandes proyectos que me tiene preparados. ¡Proyectos para «nosotros»! Boda, casa, viajes... ¡qué
angustia! Porque lo fui demasiado pronto y serlo me llevó a sufrir, la perspectiva de convertirme en mujer adulta me revuelve
el estómago. Fui la mujer de mi padre y, antes aún, la madre de
mi hermana. Si eso es lo que significa hacerse mayor, si supone
sufrir, callar, ser utilizada, emporcada, negada, no quiero ser

118

mayor. Y en cuanto a los hombres que quieren que sea su mujer, me desprendo de ellos como de un Kleenex.

Elijo, pues, a aquellos hombres con los que no es posible llegar a nada: los casados, los que desertan siempre, los mujeriegos, los infieles, los tarados, los que ponen su libertad por encima de todo lo demás, los que no quieren quedarse a dormir, los que se van después de hacer el amor... Es a éstos a quienes abro generosamente mi corazón para que lo destrocen a su gusto. Me cuelgo de ellos como una chiflada. Los que no quieren saber de mí son los que reciben mis favores. Mi padre con sus vicios, mi madre con su indiferencia, me acostumbraron a sufrir por culpa del amor que les tenía. Sin tener conciencia de ello, reproduzco lo que me enseñaron. Heredo de los dos esta tendencia a ser desgraciada en todas partes y en todo momento, ese reflejo inconsciente de rechazar a los que me quieren y de adherirme como una lapa a los que me harán daño.

A Frédéric, un chico encantador que está loco por mí y que me ofrece la boda en bandeja, le saco la idea de la cabeza. Después de excusarme con los «estudios» cada vez que me habla de matrimonio, acaba por hartarse de tanta prórroga, decide cambiar de domicilio y me da plantón.

Gabriel, hijo de una muy buena familia, currículum chapado en oro, cuenta corriente bien provista, me pide en matrimonio mientras vamos en coche y yo conduzco. Sin darle apenas tiempo a terminar el rollo, empuño el freno de mano y le pido que siga su camino a pie.

Karl será el elegido de mi corazón. Es un electrón libre, un lunático alérgico a cualquier compromiso, no tiene esposa porque la abandonó, tiene dos hijos de los que no se ocupa, carece de ataduras. A veces duerme en el coche. No sé nunca dónde está, ni si vendrá a verme ni cuándo, tampoco sé si me quiere. Me enamoro locamente de este hombre imposible que me deja embarazada. Cuando me dice: «¡Que tengas suerte y le encuentres padre!», me voy directa a una clínica, decidida a abortar. Este hombre me hace sufrir mil muertes.

Y seguidamente vendrán todos los demás, todos los hombres ante los que no sé resistirme. En la escuela, en el trabajo, en

119

todas partes me veo invadida, acorralada por esta jauría que me acosa. Mi diario íntimo abunda en comentarios sobre esas solicitaciones masculinas:

«¡Todos son lo mismo!»

«Otro que sólo piensa en eso.»

«Lo único que le interesa es mi culo.»

La mayor parte de estos chicos me agobian, me asquean y me deprimen, pese a lo cual claudico con muchos de ellos. Pese a que sus atenciones me abruman, su deseo es más fuerte que mi voluntad. No me pregunto nunca si tengo ganas o no, basta con que ellos quieran de veras estar conmigo para que yo me abandone. ¿Qué más da? Me acuesto con hombres igual que respiro, sin pensar. Porque si hay hombres que me desean, quiere decir que existo. Acostumbrada a vivir únicamente a través de la mirada del otro, no me cuesta nada acostarme con hombres porque quiero que me quieran, porque quiero tener una relación humana, porque quiero gustar, porque quiero notar que cuento para algo, sin ningún otro placer a cambio que el de ver contentos a los demás. Y un momento después, vuelvo a sumirme en una aplastante soledad.

Mi padre fue el primer hombre que me enseñó que no hay que rechazar el amor físico y que hay que pasar por él para hacerse notar. Gracias a él, entendí cómo debía utilizar mi cuerpo disociándolo de mi espíritu, aprendí a olvidarme de mí para recoger, cuando podía, unas migajas de ternura. Sigo viviendo tal como me formateó Renaud Aubry. En realidad, me prostituyo obedeciendo a un trato inmutable: sexo a cambio de afecto.

Bastará una insignificancia para que esta inclinación íntima se convierta en mi profesión oficial.

8

Mi vida entra en barrena

A los veintiún años, mi currículum refleja una espantosa banalidad. He obtenido el diploma, sigo viviendo con mi madre, tengo un trabajo socorrido que me proporciona dinero para mis gastos, practico la danza, tengo unos cuantos amigos y me llevo bien con mi hermana, mi pequeña Camille. A veces vamos juntas a tomar café o al cine. O sea que, oficialmente, soy una chica totalmente normal, aunque en realidad no lo soy en absoluto. Hay algo en mí que no corresponde a lo que soy, algo sucio que me hace daño. Hay en mí un enemigo interior al que debo poner bozal. Y sí, trabajo, salgo, vivo, pero evito pensar. Lo que quiero es olvidar, impedir que esta angustia que me atenaza me arruine la vida, porque es un hecho que la angustia está presente, dentro de mí, pronta a saltar en el momento más impensado. Para amordazarla, trato de hacer un desvío. Por la noche, cuando salgo con mi hermana o con mis compañeras, la espanto riéndome a carcajadas, hablando a grito pelado, fumando sin parar para rematar los tres paquetes diarios. De día, despliego una gran actividad en el deporte y en el trabajo. Me ahogo en una agenda llena a rebosar y, cuando llega la noche y no hay nada mejor que hacer, siempre queda la tele.

Una noche, alrededor de las dos de la madrugada, me encuentro en plena sesión de *zapping* cuando aparecen mi madre y David que llegan del restaurante y me encuentran apalancada en el sofá.

—Pero ¿se puede saber qué haces levantada a estas horas? —vocifera David—. Deberías estar en la cama.

Me habla como si yo tuviera cinco años, pero resulta que tengo dieciséis más y que, cuando tenía cinco hacía lo que me daba la gana, sobre todo mirar la tele cuando mis padres me dejaban sola en el piso. Ahora soy mayor, he terminado los estudios, con mi modesto trabajo me pago el coche, la gasolina y los trapos, y no pido nada a David aparte de comida y cama. Así pues, le digo con muy malos modos que se meta en sus asuntos, y le sienta fatal.

—Cuando estés en tu casa, haz lo que quieras, pero mientras vivas en la mía, harás lo que yo te diga. O sea que, ¡a la cama! Y si no te gusta, te vas y listos.

No tiene que decírmelo dos veces. Pero ¿qué se habrá creído? En mi vida he conocido cosas peores que vivir en la calle. Con aire principesco me levanto, subo a mi habitación, cojo el zurrón y una almohada y me dispongo a dormir en mi R5. Mi madre, estoica, no participa en la disputa. A ella no le van los enfrentamientos, los gritos, el desenfreno. Por eso, pasados unos días, se presenta en mi despacho para hablar conmigo.

—Isabelle, no puedes seguir durmiendo en cualquier sitio, ¿comprendes? No es propio, no es vida. Venga, no se hable más, haz las paces con David y vuelve a casa, ¿quieres?

De eso ni hablar. Ante mi empecinamiento, mi madre me encuentra un apartamento de precio asequible. Es grande, no es caro y se encuentra en un edificio sórdido de la zona, pero a mí no me importa, porque sólo lo utilizo para dormir. El resto del tiempo, trabajo. He descubierto la mejor manera de no pensar, que consiste en currar como una bestia. En cuanto a mi primer empleo de verdad, me incorporo al mundo maravilloso de la gran distribución.

Trabajo no me falta, ya que me destinan a un departamento que no tenía jefe desde hacía dos años y es preciso organizarlo todo. Estoy ocupada seis días por semana desde las siete de la mañana hasta las siete de la tarde, y a veces hasta las once de la noche. Los cuatro empleados de mi sección me doblan la edad y están acostumbrados a que no les mande nadie, por lo que ven con malos ojos la llegada de la nueva jefa, nada menos que yo, dispuesta a hacerles cambiar los hábitos a sus veintiún años. Para resumir, no puedo caerles peor. Ocupo mi puesto en el departamento de libros-discos-papelería en plena época de inicio de clases y tengo que encargar sin pérdida de tiempo millares de gomas de borrar, docenas de clases diferentes de lápices de colores, carteras y cuadernos, con un presupuesto colosal cifrado en centenares de miles de francos. Como novata, imposible concebir otra mejor. Mis dos años de estudios de comercio y gestión no me han proporcionado una formación que me facilitase la sutileza precisa para la negociación vigente en los hipermercados Continent, lo que quiere decir que tengo que aprender sobre la marcha. ¿Un trabajo arduo? Pues mejor que mejor. Siempre he tenido necesidad de seguridad. Cuando iba a la escuela ya desconfiaba de poder brillar en cualquier terreno. Y hasta cuando me calificaban con un diecisiete en filosofía lo atribuía a mi cara bonita o a que la profe era simpática. Con tanto interesarse por mis nalgas, mi padre consiguió convencerme de que yo era buena para la cama, pero que no servía para nada más. Y al llegar a la edad adulta, creo lo mismo y por eso sigo teniendo la autoestima por los suelos. Por eso, cuando supero un reto, el corazón se me llena de satisfacción. Y si los clientes acuden en tropel a la sección que dirijo, a lo mejor es que sirvo para algo. Y si supero en toda la línea al jefe de la sección de al lado será porque no soy una nulidad. En el medio profesional donde trabajo, reina la competencia tanto entre las diferentes tiendas como entre los propios empleados, lo cual me sienta maravillosamente bien. Ya que carezco de confianza en mí, me valoro de acuerdo con la vara de medir de la cifra de negocios. Y la de mi departamento sube que da gusto; en un año, más del 20 por ciento. La dirección está encantada conmigo, me hacen fija y me confían algunas responsabilidades más. Se me reconoce, se me aprecia, lo he conseguido... ¡Es genial!

Y más genial aún es Dominique. Es el encargado de un bar monísimo situado en las proximidades de los almacenes donde trabajo, un lugar donde todas las mañanas, antes de empezar la jornada, me tomo mi reconstituyente. Desde el primer

123

día que este moreno de ojos claros me sirve un cortado con sus manos largas y finas y la sonrisa en los labios se convierte para mí en obsesión total. ¿Es joven, guapo y está perfectamente casado? Pues eso significa que me interesa. Me saluda cada día afablemente, se interesa por mi salud, mi estado de ánimo, mi trabajo. ¿Qué discos son los más vendidos? ¿Tenemos ya el último Hallyday? Y los cuadernos de las letras, ¿los tenemos también? Me digo que o bien Dominique tiene como pasión secreta la gran distribución o yo le hago tilín. Y viendo que pasa revista a los temas de conversación más peregrinos como pretexto para demorarse en mi mesa, me inclino por la segunda opción, lo que no deja de provocarme un estremecimiento de placer. Nuestro tejemaneje se prolonga varios meses hasta que un día, sin poder aguantarme por más tiempo, le propongo que venga conmigo a dar una vuelta por el hipermercado de enfrente, ya que tanto le interesa el tema. Una ocasión que ni pintada para dar un repaso a los CD que más molan, ¿no? Dominique acepta de mil amores. ¿Qué no haría por amor a la música?

Pero no llegaremos a los almacenes. Cuando volvemos, el juego ha terminado y he pasado a ser la amante de mi camarero preferido. Pero él no las tiene todas consigo, ya que está recién casado y teme que su mujer se entere de lo nuestro, que perciba mi perfume. Tiene muchísimo miedo, pero no está dispuesto a dejar de verme. De los estados de ánimo que atraviesa hago partícipe a mi compañera de piso, Émilie, que sabe un montón sobre el asunto. Lleva la tira de tiempo haciendo el papel de «la otra» y su amante no deja por ello de ser un buen padre y un buen marido.

Somos, pues, cuatro jóvenes libres, ligeros de cascos e infieles. Nos pasamos un año entero divirtiéndonos como locos.

Entre mis compañeros de trabajo me siento diferente, incómoda en medio de tanta gente normal que sólo sabe hablar de familia, niños y créditos y preguntarse qué preparará para cenar. Con Dominique estoy a gusto. La aventura que vivimos tiene sabor de prohibido, es arriesgada, y ése es el campo donde me muevo a mis anchas. Durante el día hago mi trabajo lo mejor que puedo, pero espero la hora de cerrar, porque mi verdadera vida empieza por la noche.

Una noche en que nuestros hombres están en sus casas haciendo compañía a sus mujeres, mi compañera de piso y yo vamos a un pequeño restaurante del centro de París. En aquella cueva cargada de humo nos regalamos una cena exquisita mientras un guitarrista ambienta la sala y, con ayuda del vino rosado, nuestra conversación deriva hacia temas de tono subido. Emilie se centra en la cuestión de la fantasía.

—¿Has pensado alguna vez en prostituirte? —me pregunta, muy excitada.

En otro tiempo yo había hecho cosas peores que eso, pero mejor no desvelar mi pasado porque estropearía el ambiente... Por lo que parece, a Émilie le ha pasado por la cabeza hacer sus pinitos en la sexualidad pagada y le tienta la idea. Empujada por el alcohol, se lía la manta a la cabeza:

—He oído que basta con pasearse cerca de los grandes hoteles y con ganarse a los chóferes; así que disponen de un cliente con posibles, te avisan. Nada más fácil.

¡Fácil! Mi compañera de piso no sabe de qué habla. Yo sé muy bien lo que cuesta dejar que te posean unos desconocidos que no has elegido tú, que te magree un cualquiera. Es una guarrería que se paga con asco, angustia e infierno. Émilie me saca de quicio con sus fantasías de falsa burguesa. ¿Se figura que es divertido que el primero que llega haga contigo lo que se le antoje? Si lo supiera no se daría esos aires de estar de vuelta de todo. Por tanto, la corto.

—No digas cosas que no tienes narices de hacer.

Picada en lo más vivo y bastante colocada debido al vino ingerido, me jura por todos los dioses que ella se siente perfectamente capaz de hacerlo. ¿Ah, sí? No sabe con quién se la juega.

—¡Andando!

Y hete aquí que nos vamos directamente a uno de los hoteles parisinos más lujosos de la ciudad. El tiempo es maravilloso, es verano. Con nuestros tejanos y nuestras camisetas, Émilie y yo parecemos cualquier cosa menos putas de lujo. ¡Qué importa! Nos cruzamos con los chóferes de la entrada del palacio, a

125

quienes soltamos mentiras como puños en el tono distante que requiere el caso.

—Aunque hoy es nuestro día de descanso, si tenéis algo interesante, no nos importaría... Normalmente trabajamos en los Campos Elíseos. Allí estaremos tomando una copa, si queréis localizarnos.

Dejamos a nuestros nuevos amigos, los chóferes de coches de grandes cilindradas y de jefes con grandes cuentas corrientes, para ir a instalarnos en la terraza de un café elegante. Apenas hemos terminado de apurar las copas cuando se detiene ante nosotros un rutilante Mercedes 500. Baja de él uno de los chóferes de marras y nos suelta:

—Tengo a un príncipe kuwaití que quiere inmediatamente a una rubia para pasar la noche con ella. Mañana sale para Nueva York.

Sin pararme a pensar, le replico en tono seco:

—O las dos o nada.

—Entendeos con él, ¿de acuerdo?

126 Volvemos, pues, a palacio para conocer a Su Majestad. El príncipe espera tranquilamente a su prometida en el vestíbulo del hotel. Es joven, treinta años apenas, una monada de chico, y lleva un traje bien cortado de tela cara. No podía caernos nada mejor. Pese a ello, Émilie ha empezado a arrepentirse y vacila, lamenta la decisión y, encima, tiene la regla. Cualquier subterfugio vale para retroceder ante el obstáculo y se desinfla como un globo pinchado. ¡Lo sabía! Pero conmigo no se juega. Se las ha dado de que era capaz de hacerlo, por lo que ahora no puede echarse atrás. Ya que ante mis propias narices ha minimizado el acto de acostarse con el primero que llegase, algo que yo he hecho tantísimas veces, ahora se enterará de si es fácil o no. Agarro con fuerza a Émilie por el brazo y, quiera o no, nos acercamos al príncipe, que ve llegar a su rubia, Émilie, acompañada de una morena, yo, dispuesta a negociar la transacción en inglés. Como no tengo ni la más mínima idea de las tarifas vigentes en ese tipo de servicios, digo la primera cifra que me pasa por la cabeza:

—Tres mil las dos.

Es tan poco dinero que al príncipe le parece increíble. Pide confirmación del precio en la lengua de Shakespeare e inquiere: ¿Podrá hacer lo que quiera? ¿Todo lo que quiera? ¿Tantas veces como quiera?

—*Yes, yes, no problem* —respondo.

¡Bingo! Nos vamos directos al ascensor, con Émilie a rastras en la cola. Le está bien, me digo para mis adentros al verla tan alicaída y exhausta como si fuera a pasar el examen oral del bachillerato.

—Tú te lo has buscado, o sea que andando. No irás a desdecirte ahora —le murmuro al oído.

En cuanto a mí, subir a la habitación del tipo en cuestión no me produce calor ni frío. Sé qué me tocará hacer, qué me tocará decir, los gemidos que me tocará proferir, lo que tendré que fingir. Sé que, cuando quiera, sabré separar el cerebro del cuerpo y que, poco después, tal vez transcurrida una hora o dos, habrá terminado todo. Así demostraré a mi compañera de piso la realidad de fantasías tan alegremente concebidas.

Ocurre, sin embargo, que los hechos no se desarrollan tal como yo había previsto. En vez de desconectar el cerebro y de hacer lo que toca mientras se piensa en otra cosa, Émilie, nuestro príncipe y yo pasamos unos momentos sumamente agradables. No me refiero ni por asomo a placeres sensuales, sino a dos horas de diversión absoluta. Si primero está más tensa que un cable, mi amiga acaba por relajarse y las dos nos turnamos con el guapo príncipe, a quien hablamos en francés sin que él pesque una sola palabra mientras tal vez piense en su familia, que duerme apaciblemente en la suite real contigua. Las molduras, los dorados, la cámara de cien metros cuadrados con toda la tribu roncando mientras el páter familias sube a los cielos... ¡qué risa! Émilie y yo nos dedicamos a retozar con el príncipe con la sonrisa en los labios. Su Majestad ha estado en el paraíso y quiere demostrárnoslo. Su estado de felicidad me gratifica, me halaga, me satisface. Un hombre que se siente «*happy, very happy*» gracias a mí. Eso significa que valgo algo, y no tengo necesidad de reclamar agradecimiento porque éste se materializa automáticamente, como demostración de felicidad, en dinero

127

contante y sonante. No sólo nos paga, a Émilie y a mí, los tres mil francos pactados, sino que pone la habitación patas arriba con objeto de complementarlos. Después de rebañar fondos de cajones y bolsillos de trajes, nos inunda de dinero y nos despedimos de él con los bolsillos a reventar de monedas y billetes de todas las nacionalidades. ¡Más de siete mil francos en total!

La broma, el reconocimiento y el dinero bastan para explicar la sensación de satisfacción que me inunda en cuanto se cierra la puerta de la habitación. Pero hay otra cosa más íntima, más viciosa si se quiere, que por una vez me hace sentir bien.

Tengo veintiún años y acabo de enterrar a la niña que había sido hasta ahora.

Ayer me acostaba con desconocidos, obligada y a la fuerza. Sufrí los extravíos sexuales de mi padre porque él lo quiso así y yo no tenía más remedio que obedecerle. Aquel era el único amor que yo conocía. Yo era sumisa, dependiente, frágil, reducida a no ser nada y todo el mundo se aprovechaba de mí, mi padre el primero y centenares de hombres más detrás de él. Todos disfrutaban de mí, obtenían placer de mi cuerpo sin que yo tuviera participación alguna. Porque yo no importaba a nadie, era blanco de las bromas. El día que subí a la habitación del príncipe fue como empezar de nuevo la misma historia. Volví a acostarme con un desconocido, salvo que esta vez quien mandaba era yo. Fui quien optó por tener una relación sexual con aquel hombre, yo quien decidió qué le haría y qué no le haría. Nadie me obligó a nada ni decidió por mí, y los billetes de banco arrugados que guardo en el bolsillo me demuestran que este hombre ha aceptado las condiciones que le he impuesto. Para tener relaciones conmigo, ha tenido que pagar.

Yo tengo el mando.

O eso creo yo. Lo que más me ha gustado, además de esa impresión confusa de tomar revancha de mi pasado, es haber pervertido a mi compañera de piso, haberla empujado a la cama de ese desconocido. He hecho con ella lo que mi padre hizo conmigo. Renaud Aubry sigue moviendo los hilos de mi existencia, aunque no me dé cuenta de ello, pero en ese momento no me paro a reflexionar. Al salir del hotel me contento con saborear esa sensación de ser dueña de mis actos y de los actos de los demás, esa impresión rara y deliciosa que, por una vez, aplaca mis angustias. Si hacer eso me gusta, me hace sentir dueña de mi destino y, además, me proporciona dinero, ¿por qué he de abstenerme?

Uno de los chóferes nos ha hablado de un club privado situado en la zona de los Campos Elíseos que busca chicas guapas para clientes de alto copete. Por consiguiente, una noche, a la salida del trabajo, me presento en el C. acompañada de Émilie. El establecimiento es, por decir algo, de tipo familiar. El señor y la señora de la casa se encargan de regentar el negocio —que de puertas afuera aparenta ser un local entre comedor-restaurante y pensión de familia donde únicamente se alojan clientes habituales—, mientras que el retoño de los dueños se ocupa del bar y de seleccionar los discos cuando a los clientes de ambos sexos les da por desentumecer las piernas en la pequeña pista de baile. Unas profesionales del *striptease* y cuatro prostitutas se encargan de amenizar la velada. Cada cliente está obligado a pedir una botella para poder departir con una chica, con la que prosigue el esparcimiento en el hotel. La dama en cuestión cobra mil quinientos francos por cliente y sólo puede aceptar una sesión por noche, aparte de que debe vestir con elegancia y tener buenos modales. El establecimiento no es un burdel, sino un domicilio respetable en el que prevalecen la cordialidad y las buenas formas.

Quien nos pone al corriente de estos detalles es el dueño, un sexagenario afable y sonriente que nos informa mientras consume una copa de champán. Pierre-Ange está contento, muy contento, de nuestra candidatura, ya que las señoritas que trabajan en su casa no son precisamente de la última hornada y esta llegada de carne fresca le pone de muy buen humor. Eso significa que Émilie y yo quedamos contratadas sin más pérdida de tiempo.

—¿Cuándo pueden empezar?

—Cuando usted quiera.

A los pocos días, inicio mi carrera de prostituta de lujo. Aprendo con gran rapidez las normas del C. y, una vez por se-

129

mana, antes de dirigirme al establecimiento, me pongo el uniforme de guerra, consistente en zapatos, medias, joyas y traje de chaqueta con falda hasta la rodilla. Nada que resulte provocativo, ya que no es el estilo de la casa, que ha optado por la apariencia elegante. Es indispensable que los clientes finjan que creen que pertenezco a su mundo y que, si me han conquistado, ha sido por su encanto personal. Porque ellos no son unos cualquiera, sino cosa fina, desde pequeños empresarios hasta el presidente de una compañía aérea y algunos políticos, alcaldes y dos o tres diputados. Beben, bailan, fuman, charlan, descansan después de una dura jornada de trabajo. Pierre-Ange, el *boss*, conoce a todo el mundo y se encarga de hacer las presentaciones cuando ve que alguien no tiene compañía:

—Ven, que voy a presentarte a mi gacela. Maurice, ésta es Isabelle. Isabelle, Maurice. Anda, sentaos y tomad una copa a mi salud.

Después me corresponde a mí hacer la comedia. Mi trabajo de geisha es sencillísimo, ya que consiste en dar importancia a esos señores, divertirles con la conversación y tanto mejor si descubro que existen afinidades. Si detecto que a Maurice le gustan los coches, me explayo sobre el último Volkswagen. Si es amante de la música, me extiendo sobre Schubert. Espoleo la conversación a fuerza de levantar la copa por cualquier nimiedad, sabiendo que cada una representa más dinero. La mayor parte de las veces, la cháchara de estos individuos es terriblemente anodina y me aburro soberanamente. En esos casos, procuro entrar rápidamente en materia:

—¿Qué haces después? ¿Me invitas a tu casa?

Pero en general no tengo necesidad de preparar el cebo. Los habituales del C. saben de sobra que el asunto terminará en la cama, ya que no han ido allí para otra cosa. Salimos, los sigo y vamos a su casa o al hotel, desde un dos estrellas hasta el Ritz, todo depende de sus posibles. Algunos, muchos más de lo que se cree, a lo único que aspiran es a un poco de conversación antes de dormirse o han bebido demasiado para pasar a más. Con éstos no ocurre nada. En cuanto a los demás, la cosa varía. En el mejor de los casos, el sujeto es limpio y amable, yo no siento nada, la cosa termina rápidamente, me ducho y adiós muy buenas. En el peor, se prolonga horas, me agoto simulando un placer que desconozco y, cuando el interesado se digna acabar de una vez, me levanto de la cama asqueada de él y de mí. No importa que el piso sea suntuoso, que el hotel sea un palacio, no importan el champán, las sábanas de seda ni la maravillosa vista de la torre Eiffel, porque yo me siento sucia como si estuviera en un inmundo cuchitril. La prostitución de lujo es un envilecimiento camuflado con lentejuelas. Dejo a estos clientes sin resquemores pero con la cabeza llena de todo un fárrago de sensaciones. Entre ellas la satisfacción que, una noche más, me depara el hecho de que un hombre me haya elegido a mí, de que haya pagado por ello y, también, la sensación de haber llevado a cabo un penoso deber. Cuando me siento en mi coche saboreo la soledad, el esperado final del encuentro. Al girar la llave de contacto, me invade un inmenso alivio. Es como si alguien acabara de forzarme...

Con todo, nadie me obliga a venderme en este bar. Pese a todo acudo a él, primero con Émilie una vez por semana y, después, más a menudo y sola, cuando mi compañera de piso decide poner fin a esta situación. Es una espiral que me engulle, una voz en mi interior que me intima a seguir este camino. Es la voz de mi padre. Cuando yo era niña, me llevaba allí donde el sexo era rey; han pasado los años y continúo pisando sus huellas. Continúo obedeciéndole y lo que hizo él antaño conmigo, ahora yo lo impongo a los demás.

Es un tiempo en que ensucio cuanto toco.

Tengo necesidad de degradar a Dominique, de machacar el lazo ligero y dulce que nos une. Un día, pues, le lanzo un desafío:

—¿Serías capaz de acostarte con esta chica?

Me refiero a una de las clientas de su bar, una mujer súper seria y súper casada. El reto excita a Dominique, ignoro qué lo incita a aceptarlo. Amplío mis propios límites, como si quisiera demostrar que puedo llegar más lejos, mucho más lejos. Manifiesto a quien quiera entenderme que la sexualidad no es, para mí, más que un juego, que acostarse con quien sea no tiene la más mínima importancia, ningún sentido, ningún valor. Las vio-

131

lencias sexuales que he sufrido en mi propia carne me hicieron sufrir tanto cuando era niña que ahora quiero demostrarme una vez y otra que tanto mi corazón como mi cuerpo están muertos y que hago con ellos lo que se me antoja. Daño incluso.

—Si te tiras a esa, yo me tiro a aquel.

Dominique y yo nos metemos en el juego de camelarnos a quien sea y de contarnos nuestras andanzas. El relato es repetitivo, algo cruel que no tiene nada de excitante ni de divertido. Mi querido Dominique llega al extremo de fornicar con otra chica en mi propia cama durante mi ausencia; era un desafío y él ha recogido el guante. Mi amante se aficiona a este juego sórdido y malsano en el que, por mi culpa, se han convertido nuestros amoríos. Como ya hemos hecho el recorrido completo de los retos eróticos, ponemos punto final a nuestra aventura sin remordimientos ni lágrimas.

Mi padre no me contagió tan sólo su maestría en las técnicas sexuales, sino que además me inyectó la capacidad de emporcar los vínculos que me atan a los demás. Han pasado casi diez años desde que terminó la pesadilla y el microbio continúa activo. Cuando lanzo a mi compañera de piso a la prostitución de lujo y pervierto a mi hermana, a mi amante y cada semana hago que me paguen los hombres que se acuestan conmigo, tengo la sensación inconsciente de que manejo el timón de mi infancia. En realidad, creo que reescribo mi historia pese a que continúo padeciéndola, puesto que sigo haciendo exactamente las mismas guarrerías que me enseñó mi padre cuando yo era un juguete en sus manos. Igual que hacía él, manipulo, destruyo. Igual que hacía él, anoto en una agenda los nombres de los hombres con quienes me acuesto y consigno su nombre de pila, la fecha, la suma que percibo. Mi padre me destrozó y yo redondeo su obra autodestruyéndome de forma lenta pero segura, arrastrando en mi caída a los que tengo cerca. Sin que me dé cuenta de ello, me encierro en una cárcel de la que sólo yo tengo la llave.

Vender mi cuerpo se convierte en una droga. Mi vida diurna es la de siempre: veo a mi madre de vez en cuando, voy al cine, de compras... En la oficina, me promocionan y me trasla-

132

dan, ya que me nombran jefa del sector en fase de prácticas en una tienda que acaban de inaugurar, donde trabajo trece horas diarias. Pese a ello, varios días por semana paso parte de la noche en el C. Vuelvo a casa a las cuatro de la madrugada y debo estar en la tienda tres horas después. Me duermo en los semáforos, llego tarde al trabajo. Salgo reptando de la cama cuando suena el despertador, curro en la tienda, soporto la frialdad de mis compañeros de trabajo. Mi empleo oficial cada vez me motiva menos. Por otra parte, a medida que van pasando los meses, más repulsión me producen las horas diurnas. Rehúyo la luz dura del amanecer. Tengo la impresión de que, cuando estoy al sol, la gente ve en mí mi pasado, mi rareza, mis vicios y mis fallos. Prefiero con mucho la noche, porque es más ligera, más loca, y me gustan también los pájaros que vuelan en ella, todos bastante desquiciados, un poco chalados, cascados, frívolos. Cuando sale la luna puedo esconder mejor mis llagas, me abandono más fácilmente, me olvido de mí.

Penetro suavemente en la verdadera vida.

Un día, mi nuevo director adjunto me convoca a una entrevista de evaluación. Sé de buena tinta que han previsto un aumento en mi salario de quinientos francos mensuales. Pero el *boss* ha cambiado de parecer. Me felicita por mi trabajo, pero inmediatamente frunce el ceño como queriendo aparentar mayor severidad:

—Lo que no funciona en su caso, Isabelle, es la puntualidad. Es preciso que en esto se produzca un cambio con la máxima celeridad.

Pero ¿quién se ha figurado que es ese imbécil? ¿No ha visto, acaso, que no cuento las horas y que mi departamento arroja unos espléndidos resultados?

—En consecuencia, a partir de ahora es indispensable que llegue a tiempo y a la hora, es decir, antes que sus subordinados... —decreta el hombre en tono irrefutable.

—Eso no. Mi equipo sabe trabajar sin mí.

Mi respuesta sorprende terriblemente a ese jefecillo que soñaba con apretarme las clavijas. No ha tenido suerte porque ha tropezado conmigo y soy hueso duro de roer, aparte de ser alérgica a la autoridad desde hace siglos. Como ya tuve que soportar bastante la de mi padre, no estoy dispuesta a que ningún hombre me imponga su voluntad. Siempre me rebelé frente a las imposiciones de mi padrastro, en cuanto a los hombres que pretendían decidir mi futuro, casarse conmigo y arrinconarme en casa, no tardé nunca en despacharlos con viento fresco. No será el insignificante subdirector de un supermercado de la periferia quien me ordene por donde tengo que pasar. Lo envío a paseo, se rebota y, el mes siguiente, la notificación de salario que recibo me confirma que he dejado de estar en olor de santidad, ya que el aumento ha sufrido una amputación que lo ha reducido a la mitad.

Respondo a esta reprobación con una depresión de caballo. Hete aquí que, en el único campo donde yo brillaba, mi profesión, soy objeto de crítica y de sanción. No se trata, sin embargo, de acomodarme a los deseos de un superior estúpido. Doblegarme a él está por encima de mis fuerzas. Me aplico, pues, pero la tristeza va adueñándose lentamente de mi persona. Me siento un pingajo, menos que nada, veo que me he dejado pisotear toda la vida. Ahora, al suicidio profesional añado la muerte lenta. Fumo cuatro paquetes de cigarrillos diarios y voy casi todas las noches al C. Por lo menos allí me reciben con los brazos abiertos y ni mi patrón ni mis clientes cicatean con las recompensas que me conceden. Otra ventaja que me ofrece el club es que, cuando estoy en él, no pienso en nada. Una botella, un cliente, unos cuantos bailes, un hombre a quien debo satisfacer sin pensar en mí... El C. es el olvido, la destrucción repetida cada noche acompañada de champán y nuevos encuentros. No como, no duermo, me voy quemando a fuego lento y, como no quiero estar nunca sola, invito a más hombres a mi cama. Karl, Dominique y otros me acompañan en ella y asisten a mi naufragio. Estoy atrapada en un antro oscuro, sin perspectivas, sin futuro, sin valor. Odio vivir, odio haber dejado que mi padre me destruyera. A veces, cuando estoy en plena fase de caricias con un hombre, irrumpe en mi cerebro una imagen imprevista que me fulmina y entonces imagino que ese joven que hace el amor conmigo es mi padre. En el mismo instante se desvanece el amante del momento y, súbitamente, percibo el olor de Renaud, siento sus manos recorriendo mi cuerpo, empieza de nuevo el espanto... y entonces me debato con furia y Karl, Dominique u otro cualquiera se ve empujado violentamente contra la pared, atónito, estupefacto. Acurrucada en la cama, hecha un ovillo, empapada en sudor, me recupero y me avergüenzo de mi reacción. Me gustaría tanto que mi padre se esfumara, expulsarlo de mis pensamientos de una vez por todas... Pero sigue socavándome. Ahora veo claro que no me quiso nunca, que me manipuló, me traicionó, me utilizó. El vacío que excavó dentro de mí, esa terrible ausencia de amor, no puede colmarlo nadie, es algo que me anula. Me acometen regularmente violentas crisis de automutilación que me dejan el rostro tumefacto y el cuello llagado, y quedo después exhausta, sin aliento. Mi vida ya no se parece a nada. ¿Y si acabase de una vez? ¿O si tuviese un hijo?

Si quedase embarazada tendría, por lo menos, una razón para seguir viviendo.

Es la idea que, una noche, ilumina mi espíritu como un fogonazo. Al día siguiente, me hago retirar el DIU. Ahora no me queda más que esperar. Será un hijo o la Parca, dejo la última palabra en manos del azar. Pero el niño no viene y la guadaña se toma la delantera, ya que cada vez con mayor frecuencia me hiero sin que pueda resistirme ni refrenarme. Una noche me provoco tal carnicería que siento horror al mirarme en el espejo. Estoy desfigurada, cubierta de arañazos desde la raíz del pelo hasta el pecho. Y faltan pocas horas para ir a trabajar. Imposible ir al curro en este estado, el supermercado deberá esperar. Llamo a un médico, que me extiende al momento una baja y me deja las señas de un buen psiquiatra. El de la bata blanca me habla muy en serio: si no acudo a la consulta, me espera la muerte.

Enciendo un cigarrillo y cuelgo el teléfono. En la agenda anoto: «12 de septiembre, visita con el doctor Petit, psiquiatra».

Aplasto la colilla y exhalo una larga bocanada de nicotina.

El 12 de septiembre.

En aquel momento no lo sé, pero este día salvo la piel.

9

Salvar la piel

*E*l 12 de septiembre, pues, voy a que me examinen el alma, que buena falta me hace. La casa que me acoge es pequeña, toda ladrillo y clorofila, construida seguramente en los años treinta. Así que cruzo la puerta de entrada, unos peldaños me introducen en el consultorio del doctor Petit. No hay timbre, uno entra en la casa como quien va a ver a un amigo. La sala de espera me abre los brazos. Me siento, tensa, en una butaquita colocada delante de un cuadro africano y observo a mi alrededor. Veo un arca, una planta verde, unas revistas. Es curioso pero, sólo con entrar en esta habitación luminosa y serena, me siento muy a gusto.

Oigo una puerta que se abre: es mi turno.

El médico está de pie delante de la mesa, absorto en la contemplación de una hermosa escultura. Detrás de él, los consabidos libros de psiquiatría y un caballete que sostiene una tela de pintura figurativa de vivos colores realmente impresionante. En este despacho se permite fumar. En este despacho se viene a hablar, para eso estoy aquí, aunque me siento coartada al tener que hacerlo con ese desconocido de ojos castaños. Hablo, pues, del tiempo que hace con una sonrisa de oreja a oreja. Hay que andarse por las ramas... Lo positivo del caso es que el personaje en cuestión no me gusta ni pizca. Tiene quince años más que yo y me deja totalmente fría. Yo, que sólo vivo a través de la mirada que me dirigen los hombres, no corro el riesgo de sucumbir a un juego de seducción con éste en particular. En todo caso, esto me facilitará considerablemente la tarea. A los diez minutos de charla meteorológica me encuentro con que he agotado el cupo de banalidades.

—Bien, ¿de qué toca hablar ahora?

—De todo.

Entonces, como me tengo que lanzar y el psiquiatra es todo oídos, paso al ataque.

—Debe saber en primer lugar que tuve unos padres bastante bohemios...

Así empieza mi psicoterapia. Durará cuatro años y me salvará la vida. Cuando llega la noche después de esta primera sesión, no me lastimo. No tengo ganas de morir. Antes de salir camino del C., mientras me visto el traje de chaqueta pienso en el cuadro recargado de adornos que he visto en el consultorio del médico. ¡Bonita tela!

Esta noche entran en el club tres clientes nuevos, amigos alegres y charlatanes que me invitan a su mesa y que, con su talante divertido, me distraen enormemente. Pedimos champán mientras departimos jovialmente. Yo me siento al lado de un joven encantador bautizado con el nombre de François. Trabaja en el Elíseo y tiene un montón de estudios. Por lo menos con él no tengo necesidad de disimular los bostezos: lo encuentro interesante, cultivado, un cliente insólito que me encanta. 137

—¡Eres muy maniquea! —me suelta al hablar del futuro de la prensa francesa mientras bebemos champán.

¡Qué fuerte es eso! Ese tipo no sólo escucha lo que le digo, sino que además le interesa cómo pienso. ¡Algo nunca visto! Pero como el C. sigue siendo el C., la conversación se cierra de la manera habitual, François se levanta y yo lo sigo a su casa. En la cama surge un problema: se rompe el preservativo. Pese a ello, me duermo, agotada, hasta la madrugada.

Cuando el día siguiente, al amanecer, subo a mi coche para dirigirme a mi casa, estoy muy cansada. Y tengo una certidumbre desconocida y nada desagradable, por otra parte: estoy embarazada.

Un mes más tarde, me hacen una extracción de sangre que me confirma lo que ya sé, que no es otra cosa que un resultado positivo y un inicio de embarazo situado entre el 11 y el 13 de septiembre. El hecho reviste, en mi interior, una complicación inmediata. ¿Un hijo nacido de un encuentro fortuito? No es posible, es algo impensable. Contra toda lógica, cuelgo este embarazo a Karl, mi amante histórico. Estuvo en mi casa cuatro días antes, el 8 de septiembre y, a pesar de que la ecografía es muy fiable, no le presto ningún crédito. Mi subconsciente rechaza que este hijo pueda ser fruto de la prostitución. Y hete aquí que mi cerebro me hace una jugarreta loca y, convencida de que estoy en lo cierto, anuncio a Karl que vuelvo a estar embarazada de él. ¡Pobre Karl! Ya le fui con la misma historia una vez, pero ahora no acaba de tragar el anzuelo. Yo procuro convencerme de su paternidad aunque, en el fondo, me tiene totalmente sin cuidado saber quién es el padre. Lo único que cuenta es que ahora yo no soy una persona sino dos. A partir de ahora hay alguien que depende de mí, alguien a quien tendré que amar, proteger, y que me amará a mí en justa correspondencia. Dispongo de una baja por enfermedad, no cuento con un padre para este hijo, pero este minúsculo camarón que nada en el interior de mi vientre es la última razón que tengo para vivir y por eso quiero conservarlo.

Intento proseguir mi vida como si no hubiera ocurrido nada nuevo. Por la noche me prostituyo; de día, me recupero. Voy al hospital, me hacen ecografías, veo a la ginecóloga, voy a las clases preparatorias del parto. A todos esos sitios voy sola y, pese a la subida de hormonas, mi moral fluctúa terriblemente. El doctor Petit me recompone con cuentagotas semana tras semana. Me comprende. A él puedo contárselo todo sin que me juzgue ni me critique, no me utilice ni me desprecie. Esa mirada sana que posa en mí, ese respeto con que me gratifica, ese tiempo que me dedica, esa relación puramente humana que existe entre nosotros son cosas que me ayudan extraordinariamente. Es mucho lo que tengo que contar a este terapeuta sonriente, ya que no sólo le relato el incesto y todo cuanto ha contaminado mi vida, sino que viene a añadirse todo lo demás. Son los daños colaterales del embarazo. En efecto, desde que estoy encinta, hago el pleno. Tengo pesadillas, retengo líquidos, sufro espasmos, náuseas, mareos, se me ocurren ideas muy negras y me entran espantosos sudores a la vista de ese cuerpo mío que rebosa por todas partes. Yo que siempre me he sometido a una estricta disciplina —anorexia un día y bulimia el día siguiente—, veo con horror que mi cuerpo se ha hecho independiente. Sin que pueda impedírselo, engorda, se transforma y, kilo tras kilo, me convierto en el emblema de los neumáticos Michelin. Tengo que equiparme de zapatos porque todos se me han quedado estrechos, por no hablar de vestidos. Una mañana me veo obligada a correr a galope tendido al taller de un joyero para que me sierren todos los anillos porque no me los puedo quitar. Es el embarazo, los cojinetes de grasa, los ascos que soporto muy mal. Porque todo me produce ascos y, si antes ya me angustiaba el contacto social, ahora se me despierta una fobia declarada ante las multitudes y la presencia de los demás. Ni siquiera de noche soporto a la gente y, sobre todo cuando los hombres me tocan, mi reacción es de repugnancia furiosa. No es raro que, al salir de sus casas, vomite en una alcantarilla. El ambiente en casa tampoco es para lanzar cohetes, ya que mi compañera de apartamento se siente tan incómoda como yo. Émilie ve trastornada su rutina debido al nacimiento imprevisto que se avecina. Ella y yo nos habíamos prometido que viviríamos sin compromisos, sin una pareja fija ni otras constricciones. Si ése era el trato, se ha encontrado en casa con una primípara que le impone silencio para poder dormir y le pide un bistec con patatas fritas y ketchup a las cuatro de la madrugada. Émilie se apresura a hacer las maletas y vuelvo a encontrarme sola en mi piso con mis veintidós kilos de más y todas mis angustias. Las vuelco regularmente en los oídos del doctor Bruno Petit. En esta época mi motor, mi salvavidas, es él y sólo él. Y así será hasta que llegue aquello que espero.

139

Aquello: pequeñísimas burbujas de champán que borbotean bajo mi ombligo como si un pececillo nadase entre mis costillas y me cosquillease las tripas.

Aquello: una presencia discreta, un suave murmullo que ronronea en mi interior.

Aquello es él, mi gatito, ese corazoncito que llama a mi puerta. ¡Eso que se mueve! Le veo el pie que levanta una colina en mi vientre, un pie sublime, el pie de mi hijo. Porque sé sin lugar a dudas que va a ser un niño, ese niño mío, el rey de mi corazón, mi favorito.

Durante el día, mientras siento a mi niño vibrar dentro de mí, me dedico en cuerpo y alma a incubar. Me niego a salir de casa porque quiero escuchar a mi niño chapoteando en su burbuja y decido consagrarme totalmente a él. Arranco de raíz la psicoterapia y la prostitución, divido por cuatro el consumo de nicotina y me clausuro en mi apartamento para contemplar cómo me va creciendo el vientre. ¿Qué será de mi vida cuando irrumpa en ella el recién llegado? Siento una gran angustia a la que mi madre añade una capa más. Un día viene a verme y decide enseñarme qué es la vida.

—Es una locura tener ese hijo. No tienes trabajo ni marido, ¿piensas criarlo tú sola? Fíate de mi experiencia. Yo eduqué a dos hijas contando únicamente con mis propios medios y no te lo deseo...

Yo sí me lo deseo. He dejado que mi instinto tomara el mando. Sin ese hijo me habría suicidado; si sobrevivo es gracias a él. Los sermones de mi madre me cargan.

Las palabras del doctor Petit me resuenan en los oídos. Replico secamente a mi madre y continúo hablando en un murmullo a ese hijo que está por nacer. Lo preparo todo para que sea feliz. En primer lugar, la literatura. A los cuatro meses de embarazo encargo a la librería el famoso libro de Laurence Pernoud, *J'attends un enfant, (Espero un hijo)* y sigo al pie de la letra lo que ella preconiza en esa biblia.

A los cinco meses de embarazo compro una tonelada de ropa entre *bodies*, pijamas y mantones, suficiente para atender un parto de trillizos; no me cogerán desprevenida. Lavo las prendas una por una con jabón de Marsella y las contemplo durante horas mientras se secan en el tendedero. Entre tanto, hago votos para que mi trocito de cielo siga adelante su camino.

Alrededor de los seis meses de embarazo, una noche decido pintar yo misma la cocina y el cuarto de baño. Que no se diga que mi cariñito vino al mundo en una casa con las paredes desconchadas. ¡Oh, Dios, sé misericordioso conmigo y haz que no sea mongólico!

Hacia los siete meses, tengo un sobresalto al percatarme de que, si doy a luz en la zona parisina, mi hijo no será bretón y, en la partida de nacimiento, deberá constar la palabra «Créteil» Municipio de la periferia de París. O sea que me voy a Finisterre y me instalo en casa de mi madre con mi hermana. Además, así no estaré sola en el momento del parto, lo que no estará mal del todo. Todopoderoso, que estás allá arriba, haz que mi pequeño esté sano y que no le falte ningún dedo en los pies.

A los ocho meses de embarazo desentierro del granero de mamá la canasta de marinero de mi abuelo. El marido de Augustine guardaba en ella su muda de recambio cuando su barco se hacía a la mar. Preparo ese nido de mimbre, le quito el polvo, hago confeccionar un colchón y unas sábanas a medida y lo transformo en una maravillosa camita. Ese niño no tendrá padre, pero sí antepasados pescadores y tengo la impresión de que en este capacho impregnado de perfumes atlánticos va a sentirse protegido.

141

Tres semanas antes de salir de cuentas me encuentro a punto de parir, gorda como una vaca. El médico que me examina me cita para el sábado siguiente, día del parto. Tengo miedo de que mi hijo sea anormal, de que se ahogue con el cordón umbilical. Tengo miedo de que me lo robe una enfermera o de que una comadrona alcohólica me lo cambie inadvertidamente por otro. Tengo miedo de todo, pero ya no puedo dar marcha atrás porque ha sonado la hora de conocer a mi hijo.

Voy al hospital del brazo de mi hermana, que se empeña en acompañarme. Es agradable no estar sola en un momento así. Mi hermana está muy excitada, incluso más que yo. En el papel de asistenta prenatal, Camille es perfecta: me seca la frente, me abanica con una revista y me levanta la moral cuando lo necesito. Con mi hermana a mi lado, extraigo finalmente de mi interior a ese niño, quien fija inmediatamente sus ojos brillantes en los míos. Así que noto el calor que emana esa ranita rosada arrimada a mi vientre, sé algo. Sé que amaré a ese niño más que a nada en el mundo y que, mientras él me necesite, no tendré derecho a morir.

Mi hijo nace y yo renazco. Tengo veinticuatro años y desaparecen como por ensalmo, para no volver nunca más, mis viejos enemigos: la bulimia, la anorexia, la automutilación.

Este niño lleva mi apellido, Morgan Aubry es francamente magnífico... y no lo digo porque soy su madre. Me lo acerco al pecho y aplasta la nariz contra mi carne. ¡Leche! Enloquece de satisfacción. Mama, duerme, llora, me mira como si en el mundo no estuviéramos más que él y yo. Es la emoción más grande que he sentido en toda mi vida. ¿Tiene hambre? Pues le doy de mamar. ¿Tiene miedo? Lo tranquilizo. ¿Necesita una caricia, un baño, un beso? Se los doy. Por la noche, pongo la cesta junto a mi cama y, al más mínimo movimiento, acerco a Morgan el pecho, en cuanto llega la mañana nos despertamos en la misma postura, casi al milímetro, enlazados los dos. Entre nosotros no hay traición, ni manipulación, ni mentira, ni perversidad, ni segundas intenciones. Entre nosotros la relación es pura. Los primeros meses, este amor auténtico hace que me olvide de mis angustias, de mis miedos al mundo y a los demás. Morgan y yo significa felicidad.

Mi madre resulta una buena abuela. Como todas las abuelas bretonas que se precian, trata de usted al pequeñajo de su nieto, igual que me trataban de usted mis abuelas cuando era niña e igual que también yo empiezo a tratar de usted a mi hijo sin percatarme de ello.

—¿Qué tal, polluelo, ha dormido usted bien?

Tres hadas, tres chifladas inclinadas sobre la canasta de mimbre de mi pequeño: mi madre, mi hermana y yo. Mi madre se desquita y ahora es feliz cuidando de Morgan. ¿Qué importa si no recuerdo que hiciera lo mismo conmigo? Para atender a Morgan se levanta por la noche a darle el biberón cuando estoy agotada y hasta se acerca a los fogones para agasajar a nuestro niño. ¡Ni hablar de que el pequeño se alimente de botecitos preparados! Para eso está ella, pronta a prepararle verduras frescas y platos abundantes de las cosas que le gustan y que ella se encarga de dispensarle a cucharadas. También a mí me alimenta ver que ofrece a mi hijo un amor del que ya no es avara. Yo aprovecho para acercarme, de refilón, un poco a ella.

En esta época, a mi madre se lo cuento todo. Le hablo de mis amigos, de mis amores, de mis preocupaciones. Intento colmar el foso que nos separa, pero la brecha se abre a menudo. Las conversaciones que sostenemos no son verdaderos intercambios porque mi madre me da consejos pero en realidad no escucha lo que yo le cuento. Yo, mi vida, mi persona, le interesan muy poco. A mi madre sólo le importa el exterior de las cosas y, de manera especial, mi aspecto. ¿Voy bien vestida? ¿Estoy suficientemente delgada? ¿Estoy guapa? Cuando me ve, me escruta de pies a cabeza. Además, me viste con lo que a ella le gusta, por lo general lo mismo que lleva ella. No me acepta como soy, es indispensable que deje en mí su huella. Ante ella tengo siempre la impresión de estar en falso, aunque presto escasa atención a esta sensación fugaz de no estar a la altura. Lo importante ahora es esa nueva felicidad que experimento, aprovechar esa Bretaña que tanto amo al lado de mi hijo, de mi hermana Camille y de mi madre, como una familia de verdad que renaciera de las cenizas. El único que falta es mi padre. Una noche mi madre me conduce a ese terreno resbaladizo, fangoso y sucio. Mientras seca la vajilla, me anuncia en tono despreocupado:

—He visto a tu padre para la liquidación de los bienes comunes. Ha cambiado, ¿sabes?

No, no lo sé. Ni quiero saberlo tampoco, ni pensar en él, no quiero que vuelva a mis pensamientos ni a mi vida. ¡Bastante presente está en ella ya! Pero mamá insiste:

—No es el mismo de antes. La cárcel lo ha tranquilizado, diría incluso que lo ha transformado.

¿Ah, sí? ¡Me extraña!

—Quizá podrías ir a verlo, Isabelle.

¿Verlo? ¿Para qué? Aborrezco a ese individuo, a ese verdugo que ha arruinado mi vida. Verlo de nuevo... Aparto la idea, pero ésta insiste, tenaz. Pasan los días y se interfiere en mis pensamientos, va ahondando en ellos. Verlo de nuevo... ¿Por qué no? Si es verdad que ha cambiado... La esperanza pugna por

143

aflorar y mi madre la ha despertado. Todavía existe la posibilidad, por nimia que sea, de que yo tenga padre. Y que ame a mi hijo como no supo amarme a mí. Desde que mi padre fue a la cárcel he ido de un lado a otro, he chocado con las paredes de la vida, siempre con la espantosa soledad agarrada a mis entrañas. Ahora se me brinda una posibilidad, la de anclarme. Ver de nuevo a mi padre... Tal vez podré oír de sus labios que me pide perdón, descubrir su nueva personalidad, partir de cero en mi relación con él. Y acallar, por fin, esta cólera, este odio que me inspira y me corroe. ¡Olvidaré el incesto, las orgías sexuales, esa desgracia que fue mi infancia! Ahora que soy una persona adulta y que ha pasado el tiempo, mi padre y yo podremos reconstruir el lazo que nos une partiendo de bases nuevas, sanas y claras. Y nuestra familia podrá borrar el pasado y todo su horror. Eso supone, sin duda, mi madre al empujarme a los brazos de Renaud Aubry. Y es también lo que yo sueño en secreto: vivir como si no hubiera ocurrido nada.

Un día de buen tiempo decido ir a ver a mi padre y me dirijo a Normandía, donde vive actualmente. Ocupa una bonita casa con su esposa número tres, una mujer de la zona, Evelyne. Se trata de una notable local, persona formal y adinerada. Alguien que cuenta en ese rincón verdoso donde la buena fama lo es todo.

Cuando mi padre me abre la puerta me quedo paralizada. Me abraza mientras yo permanezco envarada como una estaca. Es él, en efecto, y no es él. Ha envejecido un poco. Ha perdido aquella sequedad, aquel nerviosismo que me daba tanto miedo. Está sereno, se siente orgulloso de presentarme. Exhibe ante todo el mundo a su guapa Isabelle, su ojito derecho, su hija mayor, tan bella, tan bien vestida, que ha venido a verle conduciendo un magnífico coche deportivo. Sigue gustándole deslumbrar, es presumido como un gallo.

—Veo que vives bien, sin problemas... —me lanza mientras paseamos por el pueblo, uno al lado del otro.

—Ventajas de la prostitución.

—¿Ah, sí? ¡Pues vaya!... Sobre todo no se lo digas a Evelyne, ¿eh?

A mi padre le tiene sin cuidado que yo venda mi cuerpo. Lo que cuenta, lo que sigue contando, es él. Él y su reputación, él y su nueva esposa, a quien disgustaría el perfume del escándalo, él y esta nueva vida, decente en todos los aspectos, que está forjándose. Como es lógico, no ha revelado a su esposa su pasado ni sus deslices. No creo, pues, que mi padre se haya transmutado en hombre virtuoso. Pese a todo, insistiré. A lo mejor, en el fondo, se siente culpable, tal vez se arrepiente de todo lo que hizo conmigo. Seguro que acabará pidiéndome que lo perdone y se comportará finalmente como un padre. Quiero creerlo. Me empeño en verlo así, ver si mi madre está en lo cierto, comprobar que Renaud Aubry ha cambiado realmente, que este hombre nuevo podrá quererme. Así pues, aunque estoy en guardia, le doy una oportunidad y al mismo tiempo me la doy a mí: la oportunidad de tener padre. Terminada la jornada, le doy un beso y no me niego cuando él me insta a que vuelva a visitarlo.

Camino de regreso siento un nudo en la garganta. Primero es una sensación leve, pero no tarda en ir en aumento. Se hace tan intensa la sensación de ahogo que tengo que parar el motor y detenerme en el arcén para recobrar el aliento. Tal vez sea una alergia a las gramíneas... Vuelvo a casa de mi madre extenuada, pero no abatida. ¡Arriba los corazones! Debo seguir adelante porque tengo un hijo que atender.

No es tan fácil como eso. De regreso a París, después del paréntesis bretón, nos encontramos Morgan y yo frente a frente. A ese niño lo he hecho yo sola y la situación, para bien y para mal, es la que es. Lo mejor de todo es él, nosotros dos, oírlo reír a carcajadas cuando le beso la barriguita y bañarlo y salpicarlo y acariciarlo y hacerle cosquillas. Pero lo peor es la logística, que se complica extrañamente así que pongo los pies en mi apartamento. En primer lugar, estoy agotada debido a las noches en blanco que me hace pasar mi adorable e insaciable pequeñín. Y por otra parte, me cuesta organizarme. Tengo que prepararle la comida, tengo que mantener el apartamento en condiciones. ¡Imposible! La última vez que preparé una comida fue para mi padre. La última vez que limpié una casa fue cuando él me lo exigía. Desde que escapé a su tutela he vivido a la buena de

Dios, he comido cualquier cosa a cualquier hora. En cuanto al orden, prescindo de él por completo y periódicos, libros, discos y vestidos se amontonan en el suelo formando montones inestables. La pintura de las paredes es rutilante, por supuesto, pero reina la anarquía.

Necesitaría una asistenta y una tata para sustituirme cuando no estoy en casa. Morgan me obliga a requerir ayuda. Y además, también necesito dinero, ya que mis ahorros no son eternos. La baja de larga duración por enfermedad prescrita por el médico se ha transformado en permiso de maternidad, pero estoy agotando mis derechos. No me queda otra alternativa que volver al hipermercado, y sólo de pensarlo me entran espantosos sudores. Tendré que soportar de nuevo al jefecillo que se cargó mi aumento de sueldo, trabajar durante el día, tratar con gente normal en el mundo de verdad. Siento pánico. No lo aguantaré, lo sé. Sólo deseo una cosa: no volver nunca más a la tienda. No podía desear nada mejor ya que me despiden poco tiempo después.

146   Por consiguiente, estoy en paro y soy madre soltera de un niño de pocos meses. Tengo que encontrar una solución para costear la vida de este niño. Y rápido. Dada mi total incapacidad para reanudar una vida normal, la única solución que tengo a mano es volver a la prostitución. Ser madre me ha salvado la vida, pero no me ha curado, puesto que la Parca sigue en su sitio. Es una alimaña que ha hecho nido en mí en forma de angustia. Tengo necesidad de dinero, es verdad, pero también de constante aniquilación. Necesito la noche, el alcohol, el olvido y experimentar esa sensación de poder que me invade cuando un hombre me da dinero. El nacimiento de mi hijo sólo ha aquietado momentáneamente el ansia de autodestrucción que me posee. O sea que recaigo. Contrato a una canguro simpática y eficaz para que vele a mi hijo y el mismo día que la encuentro me encamino directamente al Baron.

El Baron es un local del que habla todo el mundo en esa época, el centro neurálgico de la vida nocturna, el establecimiento frecuentado por las fulanas de lujo más guapas.

«Si el Baron está vacío es que París está vacío.» Eso dicen, por lo menos. Además, parece que en ese club tan selecto las tarifas son mucho más altas que en el C., hay más clientela y, encima, más rica. Podría sacar dinero suficiente para tener a mi Morgan como un rey e incluso para tener una sirvienta fija. El dueño del establecimiento me entrevista en la barra del bar, situada delante del escenario donde una chica se desnuda con mucho revuelo de plumas. El trato se cierra cuando la bailarina termina de desplumarse. A partir de ahora, mi vida se reducirá a prostituirme a plena jornada en el exclusivo club de Monsieur Louis.

Todas las noches me vendo a hombres que pagan por mí un precio terriblemente alto. Sin embargo, no despilfarro ese dinero. Sigo viviendo en la periferia, me compro prendas caras y un bonito coche, pero acumulo el dinero restante en una gran caja de cartón que guardo en mi casa. Cuando la caja está llena a rebosar, voy al banco y compro bonos al portador, anónimos, que almaceno en una caja fuerte. Si son anónimos es por los impuestos y también porque este dinero no es mío en realidad. A mis ojos no es fruto de mi trabajo, sino que demuestra que los hombres han tenido que pagar para acostarse conmigo. Cuanto más se rascan el bolsillo, más me parece que los domino. A mis veinticinco años lo que me tiene encadenada a la prostitución es precisamente este poder. Si vendo mi cuerpo noche tras noche es porque de ese modo tengo la sensación de dominar la situación.

Pero, en realidad, voy hundiéndome cada vez más.

En los primeros tiempos, así que dejo al cliente, salgo del Baron y me voy directamente a casa. Después, a medida que van pasando los meses, cada vez me apetece menos volver. Me siento sucia, necesito vaciar la cabeza. Me junto con las otras chicas, mis compañeras. Les gusta reunirse en cualquier sitio cuando despiden al último parroquiano. Nos reunimos a menudo en el Boy, el antiguo Queen, un club gay donde los que bailan no nos hacen ni puto caso, o vamos a un club nocturno de lesbianas. Allí podemos divertirnos, bailar, beber, sin que los tíos se nos peguen a las faldas y nos recuerden el trabajo que hacemos. Allí nos olvidamos de todo, de las cosas serias y de los asuntos que

147

molestan... lo apartamos todo a un lado. A veces emerge el pasado al final de la velada, cuando hemos vaciado las últimas copas y ya está amaneciendo.

En esos instantes brumosos me entero de que Laetitia, toxicómana desde que era adolescente, trata de salir de la heroína. De que Chan, que se hace pasar por japonesa, en realidad es árabe, aunque no acepta su condición a causa de su familia, que abjuró de ella. Firmine, la reina de la pista, me confía entre dos vodkas algunos fragmentos de su infancia y me dice que su madre, cuando ella no se portaba bien, la encerraba con llave días enteros en su habitación. Todas esas chicas, mis compañeras del Baron, han sufrido su calvario particular antes de acabar donde están ahora, y todas intentan sobrevivir de la mejor manera que saben. Por eso hacen proyectos, tienen hijos, levantan castillos de arena. Maya, una negra espléndida, esbelta como un mimbre, espectacular como una *pin-up*, me anuncia un día en los lavabos del Baron que va a dejarlo.

—Dentro de un mes, se acabó —me dice arqueando sus largas pestañas recargadas de maquillaje.

—¿Ah, sí? ¿Por qué?

—Pues porque voy a parir. ¿No has visto la barriga?

No. Una de nuestras compañeras piensa abrir un salón de té en Suiza, su país de nacimiento, y con esta intención se vende todas las noches dispuesta a juntar el fajo de billetes necesario. Otra ha reanudado sus estudios de psicología, a manera de preámbulo de su reconversión. Son proyectos que ayudan a aguantar. Al igual que la droga.

Me inicio en ella la noche en que una compañera del Baron me lleva a una fiesta de altos vuelos. En todas partes, sobre el tocadiscos, sobre las mesillas bajas, nos esperan las rayas de coca. La pruebo, la encuentro agradable, me despeja el ánimo... Ya no pararé: cocaína y, además, LSD, éxtasis, *shit*, hierba... Cuando pillo droga soy feliz, aunque después viene el bajón. Ahora necesito a diario la dosis para estimularme e infundirme valor suficiente para trabajar y, después, para relajarme y divertirme los fines de semana; mi desintegración no conoce día de descanso y tengo que salir todas las noches con compañeras tan desquiciadas como yo. Sólo me codeo con pájaros nocturnos. En su compañía me siento libre, despojada de angustias. De día la cosa cambia. Entonces soy un barquito de papel que navega a la deriva.

Por fortuna debo ocuparme de mi pequeño, mi querido Morgan. Se lo doy todo, tanto amor como normas de vida, y con toda la frecuencia posible. Cuando estoy con él, procuro que nuestros contactos sean paréntesis mágicos. Algunos fines de semana salimos al campo con una cesta de comida bajo el brazo y lo fotografío desde todos los ángulos. Él lo pasa en grande, pero yo, en las fotos, aparezco siempre con mi aire triste. Vamos al bosque, al zoo, al parque... Le compro toneladas de ropa. Cada visita a una tienda me cuesta dos mil francos, que gasto con gusto en ropa para mi patito guapo. Incluso le encargo un trajecito mini-Perfecto a medida, talla niño. No quiero que a mi Morgan le falte nada.

Una noche en que lo estoy bañando antes de salir a toda prisa hacia el Baron, irrumpe en mi cabeza una idea sin haberla invitado. Es una idea erótica, repugnante, incongruente, prohibida, que aparece al ver a mi niño desnudo en la bañera. Así empezó conmigo mi padre. Así podría empezar yo también, acariciándolo, corrompiéndolo. Me causo horror. ¿Qué es esa podredumbre que emana de mi cráneo? Saco bruscamente a mi Morgan de la bañera. ¡Pronto, una toalla, un pijama! Dejo a mi pequeño en brazos de su canguro y huyo de mi casa dando un portazo con el estómago revuelto y la cabeza hecha un lío.

Encuentro refugio en casa del doctor Petit.

—Si tiene conciencia de la sordidez de estas ideas, significa que está en buen camino, Isabelle. Usted es lo bastante fuerte para no reproducir lo que ha vivido.

Sus palabras me tranquilizan. Me sería imposible prescindir de ese maravilloso terapeuta. Ahora nos vemos dos veces por semana, a veces incluso más a menudo. Me recibe a última hora de la tarde, no importa cuándo. Lo tengo a mi disposición siempre que lo necesito, a las siete de la tarde, a las diez de la noche... Cuando se trata de atender a sus pacientes el tiempo no cuenta para él. Bruno no economiza el tiempo, ni tampoco pertenece a

149

la escuela lacaniana, la de esos psiquiatras que no pronuncian una sola palabra en toda la sesión. Valora sinceramente a esos extraterrestres que, como yo, invaden su consultorio. Esa humanidad que me dispensa me hace más fuerte. Dejo que me escuche, dejo de fingir que me río y le cuento todo lo que bulle realmente dentro de mí, a lo que él se adapta para poder ayudarme. Sabe que tengo terribles problemas de imagen, que me odio, que me veo fea. Un día, ese maravilloso médico me abre la puerta con un espejo en la mano. Los deberes de ese día consisten en mirarme en él. ¡Imposible! ¡No puedo! Lo único que cuenta para mí es la mirada de los demás. ¿Qué importa la mía? Pero el gran psiquiatra no se rinde. Serán necesarias varias sesiones antes de que me avenga a mirarme a la cara y encuentre fuerzas suficientes para decir qué veo en el espejo.

Veo fealdad.

Veo una mujer que no vale nada, demasiado pintada.

Veo una muchacha culpable cuyo delito se lee en su cara. Ese delito es el incesto.

150 A medida que se suceden las sesiones, entiendo que pesa en mí una culpabilidad que me destroza. Pero poco a poco trataré de librarme de ella porque empezaré a darme cuenta de lo que es evidente: soy inocente del delito que mi padre cometió en mí. El criminal es él, y si su loca violencia destruyó mi vida no fue por culpa mía. A la niña que fui y que, pese a ella, excitó a su padre, a la pequeña que se avino a guardar un secreto tan atroz, cada vez la odio menos. Ya no quiero olvidarla, ni ahogarla con la coca, ni aniquilarla a fuerza de prostituirla. Quiero perdonarla, reconciliarme para siempre con ella. Gracias a Bruno descubro finalmente lo que soy: mi propio verdugo. Mi vida es un suplicio al que me someto y que sólo me hace sufrir a mí. Pero esa situación deberá terminar un día, ya que yo soy la víctima, no la criminal.

Ahora lo veo claro y sé que todo es cuestión de tiempo.

Una noche, en el Baron, estoy apoyada en la pared con la mirada perdida en el vacío cuando lo veo llegar. Viste un traje bien cortado, bordea la cincuentena, es elegante, refinado, su mirada es tierna y pícara a la vez. El encargado del local me hace una seña y, a los dos segundos, me encuentro sentada al lado de ese varón que, dicho sea de paso, no está nada mal. Me quiere a mí, no quiere a ninguna de las treinta chicas que esta noche pululan en el bar. Se levanta para arrimarme la silla cuando me siento y pide una botella de Dom Perignon. Ese hombre tan galante no habla más que italiano y, por tanto, su amigo se encarga de traducir nuestra conversación. Me entero a través de él que Virgilio es «ingeniero de caminos» y que me encuentra guapísima, arrebatadora, soberbia, suntuosa, espectacular... El rollo italiano que no trago. Como no me trago tampoco que sea ingeniero de nada. Si los que están a sueldo de Caminos, Canales y Puertos pudieran pagarse esos trajes, se sabría. Pero ¿qué importa que mienta? Paga y es educado, lo cual me basta para acompañarlo al sitio que quiere ir. En primer lugar, al cabaret ruso, donde el caballero se estrena con un deslumbrante *one-man show* con traducción simultánea de su binomio.

—Desde el primer momento que te he visto, me he enamorado locamente de ti. Ha sido un flechazo, algo inexplicable, ya no me abandonarás... —me murmura al oído el traductor.

151

¡No sigas, por favor! Virgilio hace chasquear los dedos, llama a la florista que hace la ronda de mesas del restaurante, le compra la carga de flores completa y me cubre de rosas de pies a cabeza. Después de una noche en el Meurice, el romano no cambia de actitud, sino todo lo contrario: está seriamente empeñado en volver a verme, por lo que quedamos para el día siguiente. Y lo mismo el otro día. Hablamos, nos mimamos, bebemos buen champán, cenamos manjares suculentos, nuestra conversación es limitada pero agradable. Cuando me anuncia que levanta el vuelo porque tiene que viajar a España, me guardo su número de teléfono sin esperar volver a verlo. ¡Lástima, era simpático! Pero resulta que Virgilio se ha enamorado de veras de mí y por eso me telefonea todos los días y me suplica que me reúna con él.

Madrid, Ginebra, Lugano... Me paga generosamente fines de semana en diferentes ciudades de Europa. Acudo a la cita preguntándome cuándo se decidirá a decirme a qué se dedica. Ocurre, por fin, una mañana, mientras desayunamos entre sábanas que huelen a espliego. Su trabajo es simple: es estafador autónomo y su cliente principal es la mafia siciliana, por cuenta de la cual corrompe a banqueros y desvía fondos.

—¿Me querrás, pese a todo? —me pregunta.

—Sí.

En efecto, le tengo afecto. Es un tipo marginal, suave, romántico, galante. Me quiere y eso me reconforta. Y ya que me siento unida a él, no pienso cobrarle. A partir de ahora, me niego a que me pague y, en el momento en que dejo de temer que me quieran, supero un inmenso escollo. Hasta ahora siempre había hecho lo posible para disuadir a todos los que se atrevían a intentarlo. Siempre había elegido pareja entre los casados, los infieles, los inestables. En cuanto a los amables, los serios, los cariñosos, siempre los apartaba a un lado. De algo había servido que mi padre me escaldara. Así no sufriría por amar a hombre alguno, así él dominaría en nuestra relación, por eso yo reducía a los machos a la función de clientes o de amantes. Gracias a mi psiquiatra, he podido evolucionar, ahora no temo tanto que me amen porque también yo he empezado a quererme un poco. Sigo temiendo vivir en pareja, lo que es lógico porque el único hombre con quien he vivido maritalmente es mi padre. Sigo prefiriendo, pues, a los casados, pero en el caso de Virgilio acepto, por primera vez desde mi adolescencia, un verdadero amante. Y arranco de raíz la prostitución. No volveré a poner los pies en el Baron y, además, arranco de mí la droga, las salidas, la muerte lenta. Me gasto todo el dinero que tengo guardado en aquella caja y me compro con él lo primero que se me antoja. Actúo precipitadamente, compro ropa que olvido en el armario, un abrigo de pieles que no me gusta y que revendo por una miseria, un coche que no tardo en dejar inservible. Me reviento cien mil francos, tal vez más, pero no quiero quedarme con ese dinero. Es dinero sucio, ¡hay que desprenderse de él! Tengo mejores cosas que hacer que contemplar cómo se pudre mi dinero debajo de la cama.

Con Virgilio, vivo.

Al principio son una delicia los momentos que pasamos juntos. Me inicia en la música italiana, me trae casetes, me hace visitar Roma, ciudad que conoce como la palma de su mano, me cubre de joyas, de visones, de martas cibelinas. Robo momentos a la mafia para arrastrarlo al bosque de Vincennes en compañía de mi hijo. Lo invito a mi casa, donde me prepara pasta a su manera, que saboreamos con más apetito que las cocinadas con trufa de los restaurantes condecorados con estrellas. Anhelo una vida normal, anhelo tranquilidad, sosegarme y, por encima de todo, relacionarme, compartir, comunicarme. Pero Virgilio y yo hablamos una jerga abstrusa franco-anglo-italiana y, más que nada, a mi amante le falta tiempo. Lo persigo a través de todo el mundo y la existencia alocada que lleva empieza a pesarme. Paso mis días con mi amante romano rodeada de hombretones armados hasta los dientes, le escondo pasaportes falsos, lo veo circulando por los aeropuertos cargado de maletas repletas de billetes. Y cuantos más meses pasan, menos a gusto me siento. Un día sobreviene la apoteosis final. Nos encontramos en Zúrich por asuntos de negocios y estamos en la bonita habitación de un hotel donde retozamos alegremente cuando de pronto llaman a la puerta. Mi enamorado se echa encima una bata. Sin apenas darle tiempo a abrir la puerta, irrumpe en nuestro nido de amor una mujer airada pegando alaridos, gritando en italiano y cubriendo de insultos a mi Virgilio. De repente se vuelve hacia mí y me pregunta mi nombre y mi edad. Mientras rompe a bolsazos todo el mobiliario de la habitación, pego un salto, me enfundo los tejanos y escapo al bar del hotel, donde me tomo un coñac con la sana intención de recuperarme. Al recorrer los pasillos, oigo murmurar a las camareras a mi paso. Todo el mundo se monda de risa. Yo siento un pánico absoluto y en vano telefoneo a mi psiquiatra y a otros conocidos igualmente ausentes. Cuando Virgilio consigue facturar a la loca en el primer avión con destino a Roma, se digna explicarme la situación:

—No es mi mujer, sólo una amiga. No pasa nada. Está celosa, ¿comprendes, Isabelle?

Lo que he comprendido es que Virgilio es bígamo y que Franca, la bruja en cuestión, es su querida oficial desde hace más de quince años. Aunque es algo que me hace daño, no quiero

153

pensar. Ya estoy acostumbrada a este tipo de cosas. Así pues, me pongo la máscara de chica alegre y sonriente y mi ego, habituado a dejarse aplastar, se muestra incólume ante los golpes.

—No pareces muy contenta...

Estoy tumbada en una playa de la Costa Azul cuando escucho, unas semanas más tarde, esta frase tan definitoria. Virgilio, buscado por la policía, se ha instalado en el sur de Francia para escapar a las autoridades italianas y seguir con sus negocios. Este fin de semana me he reunido con él en un hotel de cuatro estrellas donde mi mafioso participa en un «negocio» junto con una cincuentena de socios más. Ocupamos todo el establecimiento. Los americanos han invadido la zona de aparcamiento con sus limusinas, así como la playa privada para organizar descomunales barbacoas. Yo estoy tomando un cóctel de frutas frescas frente al mar azul cuando, desde la tumbona de al lado, mi vecina, pareja como yo de un facineroso, se lanza a sondear el trasfondo de mi alma.

—No pareces muy contenta... —me dice.

Dada nuestra situación, inmersas las dos en un lujo exagerado, la observación resulta incongruente. Pero esa señorita ha dado en el clavo, porque la verdad es que no estoy contenta. La observación desencadena una tempestad en mi cráneo, como si acabara de abrir los ojos después de mucho tiempo de tenerlos cerrados. Estoy con un delincuente pese a haber sufrido tanto por culpa del primer hombre que conocí que violó la ley. Yo, la hija del Atlántico que ama tanto las rompientes, estoy chamuscándome en una playa de la Costa Azul. No tengo trabajo, soy una entretenida, pese a que he luchado siempre contra toda sumisión. Pensándolo bien, la vida que llevo me la he buscado en contra de mi voluntad, esquivando mis auténticos valores. En los últimos años me he empeñado en hacer lo contrario de todo lo que me hace feliz. He hecho únicamente lo que gustaba a los demás, he sido lo que mi padre quería que fuese, es decir, una mujer ligera, doblegada a los deseos ajenos. Y ese olvido de mí misma, esa ausencia de felicidad, adquieren de pronto importancia en un instante, en esa hermosa playa. Gracias a mi psiquiatra he comprendido que no soy culpable de nada, lo que ha hecho que dejara de castigarme. Gracias a Virgilio, he aceptado que me amasen, lo que me ha complacido. ¿Está casado? ¿No puede ser mío? Bien, pues levanto acta, pero quiero más, quiero la felicidad al completo, quiero una vida normal. Estoy decidida. Virgilio y yo hemos terminado. A partir de ahora, la prioridad soy yo, yo y nada ni nadie más que yo.

—A partir de hoy nadie va a obligarme a hacer lo que no tenga ganas de hacer. Y finalmente podré ejercer la profesión con la que siempre he soñado: seré periodista.

Eso declaro a mi psiquiatra a los veintiséis años, a mi regreso de la Costa Azul. Me gusta escribir, sí, es algo que me ha gustado toda la vida. He llenado diarios íntimos a docenas, he escrito miles de cartas a Karl que no llegué a enviarle nunca. Le escribí a mi hijo antes de que naciera, a mi hermana, a mí. Al terminar los estudios me veía periodista, reportera, enviada especial. O sea que ya basta con todo, quiero que mi vida sea tal como yo la deseo. 155

Dicho y hecho.

Paso de los cincuenta mil francos de ingresos mensuales al salario mínimo de inserción. ¡Pero escribo! Escribo para *Femme pratique*, *Avantages* y, más tarde, para *Le Nouvel Économiste*... Se me hace muy cuesta arriba, no tanto la labor de redactar como tener que relacionarme con los compañeros, obedecer órdenes. ¡Qué calvario! Y vaya trabajo curioso el de periodista. Me obligan a escribir artículos sobre L'Oréal y Nivea porque compran a golpe de talonario páginas de publicidad en las revistas. En una entrevista, el alcalde de una gran ciudad me propone incluso enchufarme en un periódico importante a cambio de que escriba artículos favorables a su familia política. ¿O sea que las cosas funcionan de ese modo? Me siento bastante decepcionada. Y después, el trabajo que te cae encima. ¡Menudo curro! Redactoras en jefe ciclotímicas que te pagan a pedradas con tirachinas. En resumen, que no estoy hecha para eso. Dejo la prensa, pues, y me lanzo a trapichear en aguas sucias, el ambiente que me conozco al dedillo: la noche. Hago de crupier en un casino y, más adelante, de secretaria y contable en un club nocturno. Antes de ocupar mi puesto de trabajo a las dos de la tarde, atiendo todos los días a mi hijo. Descubro nuevamente el placer de dedicarle tiempo sin sentirme agotada después de una noche en blanco o teniendo la cabeza en otro sitio. Salir, bailar, drogarme, venderme... son pulsiones muertas para mí. O sea que ahora disfruto de Morgan y él de mí. ¡Qué grande mi pequeño! Tiene casi tres años y verlo crecer me hace feliz. Es un niño dócil y afable, me devuelve el ciento por uno de lo que le doy a él: cariño, normas, un ambiente. Todo lo que yo no tuve cuando tenía su edad.

Mi psiquiatra comprueba con satisfacción que intento, cada vez más seriamente, portarme bien conmigo misma. En aras de mi restablecimiento también él pone de su parte y ahora las sesiones duran dos, tres, cuatro horas... Cuanto más tiempo pasa, más feliz me siento; en primer lugar a causa de mis progresos, pero sobre todo de verlo a él, mi súper psiquiatra. Su voz me encandila, su mirada me turba. Ese psiquiatra que, durante tres largos años, consideré tan profesional pero me gustaba tan poco, ahora produce en mí un intenso efecto.

«Estás transfiriendo, Isabelle, estás transfiriendo. No es grave, pero cálmate.» Pero las admoniciones que me dirijo no son de ninguna utilidad. Soy un barco que cabecea, que se hunde, me ahogo en sus ojos. Tras un año de navegar entre vapores y ensueños sentimentales y sensuales con mi psiquiatra como protagonista, debo rendirme a la evidencia y admitir que estoy innegable, profunda y perdidamente enamorada de él. Creo incluso que lo estoy desde el primer día que lo vi, aunque he procurado meterme en la cabeza la idea de que este cuadragenario no podía gustarme de ninguna de las maneras. Y ahora que estoy mejor, se derrumban las barreras y me doy cuenta de que lo amo. ¡Lo quiero intensamente! Pero no se lo digo porque lo conozco. Me ha salvado el alma y sé que no hay nadie más profesional que él y que jamás de los jamases tendría una aventura con una paciente. O sea que guardo silencio y trato de pensar en otra cosa. Una noche le cuento que un vecino mío intenta ligar descaradamente conmigo y veo que de pronto se enfurruña.

—¿Ah, sí? Muy bien. Tengo una visita. La sesión ha terminado.

Pero a mí no me engaña. Me ha parecido entrever en el fruncimiento de los bellos ojos del doctor Petit la sombra de los celos. Mi corazón salta de alegría. Dos días más tarde, Bruno se arroja a la piscina. Sí, me desea, pero no hará nada. Es tan halagador lo que acabo de oír que me cuesta creerlo. Me dice que soy la mujer que ha estado esperando toda su vida. Que yo, Isabelle Aubry, soy la mujer que siempre ha soñado. Al oír esto, abro las compuertas y se lo confieso todo, le digo que reina en mi corazón desde hace meses, que estoy enamorada de su voz, de su mirada, de sus manos... ¿Qué hacemos ahora? Ahora, nada. Bruno me recuerda que es mi médico y que está casado.

«Platónico.»

Ésa es la única palabra que recuerdo de todo el discurso que me dedica después de su declaración. Por tanto, nuestra relación prosigue igual, resplandeciente como el sol, por espacio de seis meses más. Son seis meses suaves como la seda que encaminan poco a poco las sesiones hacia una dulce conversación. Desertamos del consultorio y ahora hablamos en el jardín o en el taller que Bruno tiene al lado, donde se dedica a la escultura en los ratos que tiene libres. Dejo de pagarle las visitas así que empezamos a salir. Salimos de noche, vamos al teatro o a ver algún espectáculo de danza, ya que los dos sentimos pasión por ella. Ahora ha pasado a confiarse, a bromear conmigo, a hablarme de sus hijos, a los que quiere tiernamente, o del Senegal, donde pasó su infancia. Muy despacio, nos hacemos amigos y nos convertimos en un dúo en el que rige la confianza y la serenidad. Ya no somos médico y paciente, sino que ahora somos dos seres humanos que van descubriéndose mutuamente y que aceptan amarse locamente hasta que, por fin, caerán uno en brazos del otro.

Esa noche me invade un placer desconocido y entiendo lo que la mayoría de mujeres de veintisiete años saben ya desde hace tiempo: que el acto sexual también puede ser formidable para la mujer. La historia con Bruno dura dos años. Son dos años de amor loco, de amor verdadero. Le abro por completo mi

157

corazón, le entrego mi alma, mi cuerpo. Él no me regala joyas ni abrigos de visón, sino libros que le gustan, sublimes cartas de amor que escribe exclusivamente para mí, una escultura que me representa y que realiza de memoria un día que me echa mucho de menos. No alberga nuestras caricias ningún palacio, sino una pequeña estancia situada sobre su consultorio, la pista de despegue que me lleva a las estrellas, con las paredes tapizadas de cuadros pintados por uno de sus pacientes, telas multicolores sobre las que me habla horas enteras. Porque ahora es él quien habla sin parar. De mí, de él, de África, donde piensa llevarme un día, ya que me lo tiene prometido, y también de su padre, ese padre tan violento que arruinó su infancia. A su lado descubro qué significa que alguien te comprenda totalmente, te valore a través del afecto. Cuando estamos juntos nos reímos a carcajadas, saltamos en la cama como niños. Vivimos la infancia que no tuvimos ninguno de los dos y la vivimos de la mano. Él lo sabe todo de mí, pero quiero que sepa todavía más. Por eso lo llevo a Bretaña, porque quiero que descubra lo que no conoce totalmente. Le hago visitar la punta de la Torche, donde aprendí a nadar, delante de la antigua casa de mis abuelos que está encaramada en el fin del mundo. Le hago conocer la exaltación de lanzarse contra las olas, la alegría de aspirar el perfume del romero en las dunas peinadas por el viento. Son recuerdos, olores, emociones que revivo junto a Bruno y que nos marcan con profunda huella.

—¿Comer a las cuatro de la tarde? ¡Qué ocurrencia!

Con más de ochenta años, la dueña del minúsculo chiringuito que se levanta en medio de la nada ya no cocina para la clientela y hace ya mucho rato que se comió el último *croissant* de esta mañana. Pero los dos amantes famélicos que la visitan, Bruno y yo, la enternecen y por eso nos regalamos con la tortilla que nos prepara con todo cariño y que degustamos en su cocina. El sencillo banquete, el calor de la estufa que acaba de entumecernos, la presencia de esta abuela que me recuerda a mi querida Augustine, el placer infinito de compartir la zona soleada de mi infancia con alguien que me quiere, son hechos que me desbordan. Cuando nos despedimos de nuestra bretona para volver al hotel, me siento tan llena de felicidad que me deshago en sollozos.

Ahora sé que ya no estoy sola, que el verdadero amor existe y que está a mi alcance. Es la primera vez en mi vida que experimento esta plenitud, esta sensación de totalidad. Ahora me siento colmada.

Bruno también es feliz a mi lado. Feliz, aunque desgarrado.

—Dime, papá, ¿cómo es que estás enamorado de dos mujeres?

Quien le hace tan embarazosa pregunta es su hija. Nuestro amor es demasiado fuerte para esconderse tras el secreto. La esposa de Bruno está al corriente de la situación porque él se lo ha dicho, sabe que está conmigo y no lo soporta. Cuanto más tiempo pasa, más crece nuestro amor y más desesperada está esa esposa engañada. Una noche que Bruno duerme a mi lado, su mujer se inyecta unos fármacos. El servicio de urgencia la salva por los pelos, pero este intento de suicidio señala el punto final de nuestra historia. ¿Que sus hijos van a quedarse sin madre? Al día siguiente del drama, el hombre de mi vida se niega a que su adulterio cause la orfandad de sus hijos. A partir de este día seré testigo de su distanciamiento y de su destrucción. Lo primero en que piensa es en huir. Ya que amarme engendra peligro, debe renunciar a mí. Se propone, pues, vivir aislado en algún lugar que lo aleje del mundo, que igual puede ser una antigua estación que un caserón solitario; cualquier sitio con tal de poder aislarse. Me dice que contará únicamente de un taller para sus esculturas y de un teléfono cuyo número tan sólo sabré yo. Pero Bruno no lleva a la realidad ese proyecto de vida solitaria. Desorientado entre sus dos mujeres, empieza a hundirse cada vez más. Ahora fuma continuamente, se entierra en el trabajo, no duerme, no habla, tiene dolores en todo el cuerpo, el vientre, el pecho. Poco a poco, pero con decisión, me va dejando. Su mujer gana la partida. Cuando está con ella no es feliz; cuando está conmigo tiene remordimientos. Si antes era un hombre alegre cuando estábamos juntos, ahora su carácter se ha ensombrecido. Se olvida de llamarme. No iremos al Senegal. Va espaciando nuestros encuentros. En cuanto a mí, ni soporto esa tristeza que

159

no lo abandona ni su aplicación en destruirse. Cada vez nos vemos menos hasta que dejamos de vernos del todo y el contacto entre los dos se reduce a esporádicas llamadas telefónicas que me destrozan el corazón. Bruno, mi salvador, el hombre que adoro, el hombre de mi vida, muere de un cáncer de pulmón apenas un año después de nuestra ruptura. No llegaré a recuperarme nunca de su desaparición.

Recorrí a su lado un largo camino hasta encontrarme y cuando se va, abandonada a la desesperación, conservo dentro de mí el tesoro que me regaló un día. Él me enseñó a respetarme. Si mi hijo me proporcionó una razón para vivir, Bruno me dio los medios necesarios para alcanzarla. Gracias a su talento como psiquiatra y, más tarde, a su ternura como hombre, hoy sé que soy inocente del crimen que se perpetró en mí y que merezco ser feliz. Y además, descubrí que era capaz de amar y de ser amada. Ahora no me queda más remedio que sobrevivir sin él y enfrentarme, sola, a los verdaderos culpables de que mi vida haya sido una ruina: mis padres.

10

El luto de los muertos y el luto de los vivos

*L*a muerte de Bruno me conduce al infierno. El día se convierte en pesadilla y la noche en sueños, ya que, en mis sueños, lo tengo siempre a mi lado. Pero todavía tengo pendiente un duelo mucho más difícil de sobrellevar, ya que el duelo de mis padres se prolongará durante años, muy largos años.

Les ofrezco una oportunidad por espacio de mucho tiempo. Para soportar mejor una existencia plagada de angustias, decido en primer lugar perdonar a mis padres o, en todo caso, intentar perdonarlos. Mi madre no me protegió, mi padre me aniquiló, pero yo sigo manteniendo el optimismo de tener una familia y me empeño en reparar lo que destruyó el incesto. Intento superponer recuerdos dulces a las negras imágenes de mi nefasta infancia y, durante varios años, paso las vacaciones con mi hijo Morgan en la casa que tiene mi madre en Bretaña. De vez en cuando ceno y salgo con mi hermana Camille. Una noche que estamos en un club nocturno, Camille intenta arrastrarme a un endiablado rock. Pero yo no lo sé bailar.

—¡Sí, mujer! ¡Claro que sabes! —insiste Camille—. ¿No te acuerdas de cuando papá te hacía bailar con la música de Elvis?

No recuerdo nada. Los horrores por los que me hizo pasar Renaud Aubry han borrado todo lo demás. Ahora hay que reconstruir todo lo que pudo haber entre él y yo. Cuando me da por ahí, voy a visitarlo a su bonita casa normanda. Raramente me pregunta cómo me encuentro ni se interesa por mi estado de ánimo. Jamás me hace ninguna pregunta acerca de cómo me repongo de todas las indecencias a que me sometió. En cambio, se extiende largamente sobre las vicisitudes que ha sufrido a lo largo de su vida. Sobre el horror de la cárcel. Sobre la sucia promiscuidad de la cárcel. Sobre lo difícil que resulta conservar en ella la dignidad, la higiene. Sobre las artimañas a que tuvo que recurrir para conseguir que le adjudicaran una celda individual o para acumular remisiones de condena. Me relata todas esas cosas con verdadera delectación.

Ante mí, mi padre se enorgullece en la misma medida que se lamenta de los cuatro años pasados en chirona. Cualquiera que lo oyese creería que la víctima es él. Entre tanto, yo, ingenua de mí, sigo esperando que me pida perdón por todo lo que me hizo.

Renaud Aubry ha cambiado, lo admito. Me mira con dulzura, me recibe como una reina cuando paso por su pueblo. Me halaga este alarde de ternura; es un buen comienzo. Seguro que a mi padre le gustaría que yo volviera a ser su hijita querida, aquella Isabelle que lo admiraba tanto en otros tiempos. ¡Qué práctico sería un amor apañado que borrase el incesto de una vez por todas, esa mancha oscura de su currículum y de su historial penal! Si nos reconciliásemos podría librarse de esa carga. De aquí viene que me regale muebles, que me prodigue cumplidos, que se interese en saber de Morgan...

—¡Ese chiquillo necesita un padre! —exclama a menudo—. ¿Qué educación vas a darle tú, madre soltera? Harás de él un marica.

¡Se considera un buen padre! Por lo visto, cree fácil encontrar a un hombre estable después de lo que hizo conmigo... Recibo con frialdad tanto sus consejos como sus regalos. Con mi padre estoy en guardia, siempre distante, irónica, a veces tajante. Él se da cuenta. No le pasa por las mientes plantearse el porqué de mi actitud, hacer una autocrítica sincera, poner sobre el tapete de forma abierta el incesto en el que se deleitó en otro tiempo. Una vez, una sola, como si hablase consigo mismo, suelta esa frase:

162

—Lo que te hice fue horrible. No podrás perdonármelo nunca...

Ni siquiera es una pregunta. Es un tema de conversación más, como tantos otros, sobre el cual Renaud Aubry no se digna averiguar mi opinión. Se contenta con compadecerse de su suerte de papá castigado. Yo le replico francamente:

—Que te perdone o no depende de ti, de cómo te comportes conmigo. ¿Quieres que sea tu hija, que te perdone? Compórtate, entonces, como un verdadero padre.

Ante mis palabras conminatorias, Aubry responde a su manera retorcida y egoísta.

Empieza por tratar de formar de nuevo conmigo el dúo de otros tiempos: Renaud e Isa contra el resto del mundo, una pareja corrupta pero tan de su gusto. Critica ante mí a todos cuantos lo rodean: a sus conocidos, a la familia de su mujer, a su mujer, a los vecinos. ¡Como si a mí me interesase! Empiezan las confidencias íntimas en relación con su mujer, «una vaca» que no le gusta ni pizca. Después me pide que participe en un negocio que está montando y me propone que, a cambio de dinero contante y sonante, perciba el diez por ciento de los beneficios. A fuerza de darme la tabarra, acabo por ceder. Si esto ayuda a que se produzca un acercamiento, ¿por qué no? Él deja que me aproveche de un buen proyecto y yo me lo tomo como un paso hacia mí. Quizá, más adelante, vendrán las excusas oficiales. Pero me engaño de medio a medio y mi padre no entona el mea culpa. Entonces decido forzar el destino, primero de puntillas, pero después de forma abierta. Delante de la mujer de mi padre, pongo el pasado sobre el tapete.

—Si por lo menos yo hubiera tenido una vida normal... un marido, un equilibrio, una existencia agradable y ordenada...

Ahora esta mujer conoce con pelos y señales todo lo que me ha hecho mi padre. Sabe también que me he dedicado a la prostitución. Aunque mi padre se lo había ocultado, mi hermana Camille se lo contó todo un día que se pelearon. Aun así, Evelyne trata de minimizar los hechos.

—No exageres, Isabelle...

Esa mujer no quiere escucharme. Se figura que el dolor que

siento «está en mi cabeza». Y entre tanto mi padre, cobarde, se queda más mudo que una esfinge. Comienzan a hinchárseme las narices. ¿O sea que no hay nadie que me tome en serio? Si a Renaud Aubry y a su costilla les importa tanto pasar página, la pasaremos, pero no sin que me hayan pagado lo que me deben. Me lío la manta a la cabeza y reclamo a mi padre el salario del dolor más daños y perjuicios, puesto que sigue adeudándomelo.

Esto no le gusta, no le gusta lo que se dice nada.

Me replica muy seco que ya me pagó la deuda, que ese dinero es historia pasada. Y seguidamente comienza a embrollarse, a argumentar y a decirme que la participación en su negocio que me ha cedido ya demuestra que es mi padre. ¡Pero si esa participación forma parte del trato! Estoy que echo chispas. Poco tiempo después, Camille tiene un grave accidente de coche. Mi padre no se digna ir a verla hasta una semana después de ocurrido. Compruebo entonces que Renaud Aubry no ha cambiado ni cambiará nunca; no sabe qué es ponerse en la piel del prójimo. Han pasado los años y mi padre continúa siendo un perfecto egoísta, no le importa nadie salvo él. No le importa un bledo que toda mi existencia se haya hecho pedazos, se niega a considerarse culpable, pese a los años transcurridos.

—Querida hijita, ¿vas a hacerme responsable de todos los fracasos de tu vida? —me escupe un día en plena cara.

Jamás conseguiré que reconozca sus errores. Jamás tendré en él a un verdadero padre. Sólo ahora, después de tantos años haciéndome ilusiones, he acabado por comprenderlo. Durante todo este tiempo, siempre tuve en mis pensamientos la idea de que el hombre que había pervertido mi vida y mi infancia cambiaría algún día. Intenté curarme reconciliándome con mi verdugo, hablándole de la victoria del bien sobre el mal. Jugué y perdí. Aubry no ha cambiado. Pero eso no va a quedar así porque quien cambiará seré yo. Arrastro, pues, a Renaud Aubry a los tribunales para que me pague lo que me debe. Lo condenan finalmente a saldar la deuda con daños y perjuicios añadidos, pero aun así no se da por vencido. Enterado de que tengo deudas pendientes, se pone en contacto directo con mis acreedores para que congelen la suma de dinero antes de que sea ingresada

164

en mi cuenta. O sea que no veré ni sombra de ese dinero. Simbólicamente, mi padre se niega a reparar el delito cometido, es decir, se niega a declararse culpable.

Pero esta vez no será él quien diga la última palabra. Ya no soy aquella niña dócil que manipuló en otros tiempos. De algo me habrán servido los cuatro años de psicoterapia y, gracias a ellos, ya no me dejaré embaucar. Renuncio a oír las excusas aportadas por Aubry, pero no a que me hagan justicia. ¿Que ahora él es picapleitos? Pues a mí no me va a superar, porque seré para él peor que la peste. Aquel resto de amor que, durante años y contra viento y marea, seguía teniéndole, lo he transformado en odio fecundo. Ahora paso por la criba ese negocio suyo del que soy partícipe en un diez por ciento, dispuesta a detectar la más mínima filtración. Paso noches enteras inmersa en la legislación relativa a empresas y seguidamente le envío unos auditores y lo acoso hasta conseguir que me vuelva a comprar mi parte al precio que fijo. Acepta, aunque despechado. Le vendo mi parte por cincuenta mil francos, equivalentes a los veinticinco mil que me costó más otros veinticinco mil para compensar los daños y perjuicios que me robó. Es mi modesta venganza. Por fin he conseguido que se respetaran mis derechos golpeando allí donde más duele a Renaud Aubry: directamente en el bolsillo. A mí ese dinero me tiene sin cuidado. A lo que aspiro, por una vez en mi vida, es a decir la última palabra. Lo consigo en forma de cheque y, a partir del día en que me lo abonan, hago una cruz definitiva sobre mi padre, a quien no volveré a ver en la vida.

A los veintinueve años, reinicio mi vida sin él. Atiendo a mi hijo y trabajo, primero como monitora y, después, como asesora de empresas de gran distribución. Mi labor consiste en idear conceptos destinados a una mayor productividad de los jefes de sección. Es un terreno que conozco y que me gusta. En fin, lo que me motiva sobre todo es ver que mis superiores están contentos conmigo y que mi intervención tiene una repercusión positiva en las ventas. Demuestro mis aptitudes en un medio normal gracias a mis neuronas y no a mis nalgas, lo que me resulta gratificante. Pero, escondido en el fondo de mis pensa-

165

mientos, cultivo un proyecto profesional muy diferente que me tiene exaltada. Bruno me ayudó a vivir, lo que propulsa en mí nuevas ideas. ¡Qué maravilloso oficio el de médico del alma! ¿Por qué no me formó en este campo? Para practicar la psicoterapia hay que someterse primero a un psicoanálisis, uno de verdad, diván incluido. Inicio, por tanto, el mío con un nuevo terapeuta, un lacaniano puro y duro que no suelta una sola palabra y me factura cuatrocientos cincuenta francos por sesión semanal. En el plano personal, no me aporta nada en absoluto. Sufro el martirio de treinta infernales minutos tumbada en su canapé de borra durante los cuales sólo hablo yo. Es el principio. Pero precisamente esta soledad es lo que me mata en la vida real, esta impresión de ser anormal y de que nadie me comprende es lo que me ha empujado a visitar a los psiquiatras. Ahora, delante de éste, que en teoría debería servirme de apoyo, sufro terriblemente. Haciéndome la reflexión de que probablemente forma parte de la terapia me propongo aguantar y, por otra parte, como quiero dedicarme a eso, me apego al tratamiento durante años. Pero pasa el tiempo y acabo por estar de Freud hasta la coronilla. Paralelamente al psicoanálisis, asisto a conferencias, coloquios y lecciones magistrales dispensadas por los discípulos de Sigmund hasta que llega un día en que comprendo que, dado que tienen inoculado el complejo de Edipo en la nuez del cuello, no les cuesta demasiado descargar la culpa del incesto en los hijos; lo que equivale ni más ni menos a la defensa de mi padre. Los silencios de mi psicoterapeuta, esa faceta suya que lo lleva a decir cosas como: «¿Seguro que no fantasea al hablar de su padre?», son factores que acaban por asquearme. Cuando abandono definitivamente su consultorio después de seis años de análisis, me encuentro en un estado mucho más lamentable que cuando inicié el tratamiento.

Atravieso fases regulares de profunda depresión. Me resisto a salir de mi casa, las multitudes me asustan, también los ruidos, la gente, duermo muchísimo, no tengo ganas de nada. En realidad, encadeno una depresión tras otra sin apercibirme, de hecho, de la gravedad de mi estado y esforzándome en ocultar mi situación a mi hijo. Mi obsesión primordial es que mi hijo, mi razón

166

de ser, pueda heredar las neurosis de su madre. Por fortuna, mi Morgan crece muy derecho. Se aplica en la escuela, sus maestras están encantadas con él, mi pequeñín es maravilloso, educado, más formal que un santo. He tenido una suerte loca con ese niño. Allá arriba, dondequiera que se encuentre el gran barbudo, habrá querido compensarme por mis sufrimientos.

En cuanto al corazón, Bruno lo dejó vacío. Después de su muerte no he encontrado a ningún hombre que le llegue a la suela del zapato y en mi vida se suceden los amoríos sin futuro. Mi agente de seguros me hace la corte de forma descarada, pero le paro los pies. En la actualidad, la alianza que veo en su dedo anular le priva a mis ojos de cualquier posibilidad. Ahora me quiero más que antes y ya no me conformo con ser segundo plato ni mujer fácil; necesito un hombre libre, serio, recto. Así pues, cuando Marc acaba por abandonar a su esposa, lo dejo unos meses en cuarentena hasta que un día saltamos la barrera. Con él todo es maravilloso, pero sólo al principio; con el tiempo empieza a preocuparme en Marc su afición a la botella. No está nunca borracho, pero siempre encuentra excusa para descorchar alguna. ¿Es el aniversario de nuestro primer encuentro? ¡Champán! Por la noche viene a verme con un ramo de flores... y una botella de coñac. Es consciente de esa debilidad suya, pero se niega a confesárselo. Bebe, pero no se soporta cuando ha bebido. Y entonces se escapa, sale de mi casa a las pocas horas dando un portazo cuando habíamos quedado que pasaría conmigo el fin de semana o bien no se presenta a la cita que habíamos convenido. A fuerza de largos tragos de whisky, nuestra relación va degradándose. Separaciones, reconciliaciones... mi vida sigue la pauta de nuestras peleas. Esta situación me hace sufrir indeciblemente, pero me aferro a él porque estoy plenamente convencida de que, así que Marc deje de beber, nuestra vida será perfecta. Así pues, no dejo de sermonearlo día tras día, lo insto a que acuda a Alcohólicos Anónimos, a que se desintoxique. Quiero convencerlo de que es urgente. Para soportar el golpe, empiezo a navegar por la web en busca de internautas que vivan la misma pesadilla que yo. En los foros de los allegados de alcohólicos, expongo mi testimonio. ¡Sorpresa! Afluyen inme-

167

diatamente docenas de respuestas a mi buzón electrónico. Una de ellas me llama particularmente la atención:

«Quizá tú, como yo, eres codependiente...»

¿Qué diablos significa codependiente? La mujer me explica que las personas codependientes se olvidan de su propio malestar para consagrarse en cuerpo y alma a otra persona. El alcoholismo de su pareja, la dependencia que sufre, se convierte en droga de la persona codependiente. ¡Dedicarse a otra persona! ¡Vaya excusa cómoda para rehuir los problemas personales propios! Esta internauta ha dado en el clavo y me ha descrito mi propio caso. Sí, ya puedo ir escondiéndole las botellas a Marc. Sí, ya puedo obsesionarme con su alcoholismo. Sí, ya puedo decirme que, cuando deje de beber, sólo entonces, seré feliz. Al lado de Marc sigo alimentando mi demonio favorito de siempre, que consiste en negarme a mí misma. Cuando abro los ojos y comprendo que debo velar por mí y no por los demás me lanzo a actuar con firmeza, abandono a Marc y, empujada por el mismo arrebato, paso de fumar cuatro paquetes de cigarrillos diarios a cero. Esta nueva abstinencia no se limita únicamente al tabaco y decido que, mientras no encuentre a un hombre sano con quien pueda establecer una relación equilibrada, no tendré ningún contacto íntimo con hombre alguno. ¡Se han acabado los hombres! *Vencer la codependencia*, esa biblia escrita por una psicóloga americana, se convierte en mi libro de cabecera.

En la página 122 de dicho libro me topo con la revelación que cambia mi vida.

La autora manifiesta que lo primero que debe hacer la persona codependiente es centrarse en sus propios asuntos, identificar sus problemas y tratar de solucionarlos. Ya he empezado a hacerlo. Aconseja igualmente a sus lectores que frecuenten grupos del estilo de Alcohólicos Anónimos porque, según dice, pueden serles de gran ayuda. Todo codependiente encontrará el grupo que más le conviene, ya que su número es incalculable y cada uno está especializado en un campo diferente. La autora da una lista de los grupos existentes: Bulímicos Anónimos, Narcóticos Anónimos, Dependientes Sexuales Anónimos, Adictos a la Nicotina Anónimos y... ¡Supervivientes de Incesto Anónimos!

Leer estas últimas palabras es como despertar de un sueño. ¿O sea que existe un grupo llamado de este modo? ¿Puedo unirme a él inmediatamente? Aquella noche no pego ojo. Paso horas enteras peinando la red en busca de las coordenadas de ese famoso «SIA». Pero es en vano. Por espacio de dos meses escudriñaré el más ínfimo recoveco de la red y llamaré cien veces por teléfono para localizar la dirección del único grupo presencial de los Supervivientes de Incesto Anónimos existente en Francia. La reunión tiene lugar en París, cerca de la iglesia de Notre-Dame, todos los viernes a las siete y media de la tarde.

Acudo al lugar con un nudo en el estómago.

En la exigua sala, una alemana de porte airado echa pestes porque «la gente se retrasa». Sobre ella cuelga del techo una bombilla desnuda. A su alrededor, paredes leprosas, muebles amontonados de cualquier manera y media docena de personas apretadas como sardinas. Todo es feo, triste, sucio... o sea que la sesión promete. Me entran ganas de salir pies para que os quiero, pero no he pasado una hora en el metro para echarla a los perros y, por tanto, me quedo. En un estante hay un archivador a disposición de los participantes. Mientras espero a que llegue el personal rezagado, le echo un vistazo con el solo objeto de hacer tiempo, puesto que he dejado de fumar. Leo en la primera página: «Síntomas posibles entre los supervivientes de incesto: depresiones crónicas, anorexia, bulimia, automutilación, fugas, toxicomanías, imagen corporal deformada, frigidez, dependencia afectiva, falta de confianza en uno mismo, desorden doméstico, necesidad compulsiva de agradar, incapacidad de decir no, de confiar en los demás, de vivir en pareja, problemas de integración social, dificultades para soportar una jerarquía, fobia social, tentativas de suicidio...».

Ante mis ojos desfila toda la historia de mi vida. ¡Todos mis males, enumerados uno tras otro, en una hoja de papel! Por supuesto que yo había achacado algunos a mi padre, y ahora veo que razón no me faltaba. Sin embargo, no se los cargaba todos. ¿También debo achacarle la anorexia, la bulimia, los arañazos, la ausencia de orgasmo? Allí lo dice bien claro: «Todas las víctimas de incesto sufren trastornos similares». ¿Quiere eso decir que

169

no estoy loca? ¡Fantástico! Eso significa que he avanzado más en un minuto que en seis años de diván con mi lacaniano.

Ha llegado el momento de empezar. La joven alemana explica que SIA es un grupo presencial que propone un programa de curación compuesto de doce etapas. Está inspirado en Alcohólicos Anónimos y adaptado por americanos. Pasa después a concretar las reglas de juego. Las SIA no acogen a los ejecutores, sino únicamente a sus víctimas y allegados. Los participantes deben abstenerse de juzgar a su vecino, así como de aconsejar o contradecir a nadie. La reunión no es un debate, sino que apunta a compartir experiencias y resentimientos. Terminado este preámbulo, se inicia la ronda alrededor de la mesa.

Cada persona procede a presentarse, da su nombre de pila y declara su condición, es decir, manifiesta que es superviviente de incesto o bien persona allegada de la víctima y, a continuación, habla de su caso. Observo a esas víctimas, las primeras de esa condición que veo en mi vida. Hay de todo, hombres y mujeres, jóvenes y viejos, aparentemente de todos los niveles sociales a juzgar por su vestimenta. Estoy atónita: su voz es mi voz. Hablan de lo que yo he vivido desde mi niñez, una realidad que a mí me parecía única. Hablan de aislamiento total, de la muralla que se levanta a su alrededor, del miedo que les inspiran los demás, de angustia, remordimiento, odio y falta de amor. Hablan de su obsesión de dirigirlo todo, de olvidarse de sí mismos. Dicen que, en su afán de enterrar el incesto, a veces se han enterrado a sí mismos. Conocen todos los sufrimientos que yo he pasado y siguen el mismo sinuoso camino que yo para continuar viviendo. Las palabras que salen de su boca podrían salir de la mía.

Tengo treinta y cinco años y, por vez primera en mi vida, no me siento sola.

—Me llamo Isabelle... soy superviviente de incesto.

La emoción me pone un nudo en la garganta cuando me toca el turno de hablar y me sale una voz rota, un graznido salpicado de sollozos. Es un momento en el que asumo, finalmente, quién soy. Es un hecho que soy una superviviente. Me gusta esta palabra: superviviente. Implica que el incesto puede causar la muerte. ¡Que me lo pregunten a mí! Ser una superviviente también significa que, finalmente, eres dueño de la propia vida. La víctima soporta, sufre, está atada siempre de pies y manos; un superviviente es activo, empuña las riendas de su propia vida. Es una actitud positiva que lo cambia todo. Con una sola palabra se define la posibilidad de salvarse del incesto y de convertirse en autor de los propios actos. Eso precisamente trataba de hacer yo desde hacía años...

Estas reuniones me hacen un bien extraordinario. No tardo en convertirme en participante asidua e hiperactiva de las mismas. En efecto, creo un sitio en Internet dedicado al grupo, traduzco los textos sobre el incesto que me envía la sede americana de SIA y, en pocas semanas, me convierto en moderadora de la agrupación de París. Con el paso del tiempo, intento superar las «doce etapas del restablecimiento», fundamento del programa de los Supervivientes de Incesto. Pasaré años en la primera, que consiste en «admitir que fuimos impotentes ante lo que nos tocó vivir y ante las consecuencias del incesto y que nuestra vida se volvió incontrolable». Las etapas siguientes no son más fáciles que ésta y consisten en «hacer un inventario moral personal de manera profunda y sin temores», «ponerse en manos de la potencia superior»... ¡Uf! Para mí, que no soy creyente, esta norma me parece bastante abstrusa. Pero lo importante, en esta historia de las doce etapas, estriba en la reflexión en torno a uno mismo, en torno a todo lo que ha trastornado y destruido el incesto en nuestra vida. Me consagro a ello concienzudamente y poco a poco se me van abriendo los ojos. Advierto entonces hasta qué punto, desde el incesto, he querido controlar mi vida y también a los demás, a los hombres, al mismo tiempo que mi propia imagen y mis emociones. Veo hasta qué punto ha sido inútil el esfuerzo, porque lo que yo dominaba por un lado se perdía por el otro y se escapaba en mi adicción desenfrenada al tabaco, en intentos de suicidio y en mutilaciones. Comprendo hasta qué punto me he culpabilizado, castigado, negado. Comprenderlo me ayuda enormemente a no volver a caer en los mismos errores. Cuando me siento hundida, releo las normas básicas de los SIA: «ser bueno con uno mismo», «no

171

complicar las cosas», «eso también pasará»... Participo en todas las reuniones y extraigo de esta dulce fraternidad una fuerza desconocida, un consuelo nuevo para mí. La danza también me ayuda.

Ahora asisto varias horas por semana a un curso de danza destinado a profesionales. El nivel es alto y supone un duro esfuerzo, pero vale la pena. Por la noche, acompañada de Jean-Claude, mi profesor desde hace varios años, nos recorremos los ballets, las comedias musicales de jazz y los espectáculos de danza contemporánea. Como dispone de invitaciones, no dejamos escapar ningún preestreno. Desde *La bayadera* hasta las danzas africanas pasando por el *Polichinela* de Stravinsky, lo veo todo, lo que se dice todo, y más. Tengo hambre de música, dulzura, emociones y de notar que se me calientan los músculos cuando interpreto las sabias coreografías de Jean-Claude. Necesito reconciliarme con mi cuerpo, ponerlo al servicio de la belleza después de haberlo forzado a tanto sometimiento, suciedad y martirio. Tanto como los SIA y como mi hijo, la danza me ayuda a vivir. En esta época hablo continuamente de danza, respiro danza.

Es curioso, pero a mi madre no le interesa la danza en absoluto. No me pregunta nunca por mis distracciones, mis pasiones, mi estado de ánimo. De hecho, no me pregunta nunca nada. Entre las dos no hay en ningún momento un verdadero intercambio de opiniones de manera sincera y profunda. Si hay que fiarse de las apariencias, mi madre es una mujer perfecta, ya que no sólo es elegante, sino amable, educada e ingeniosa y, además, mima a sus dos hijas queridas. ¿Cómo nos demuestra su cariño? Pues regalándonos tanto a mi hermana como a mí vestidos caros, ropa de casa y cosas de su gusto. Está tan orgullosa de sus dos hijas, tan delgadas, tan altas, tan guapas, que cuando alguna persona conocida nos elogia, se pavonea y en tono jovial comenta:

—Es verdad que mis niñas son un encanto. Ayer pesaban tres kilos y medio y hoy miden un metro setenta. No me salté nunca ningún biberón.

Cuando paso unos días en su casa me sirve comidas suculentas y, para celebrar mi llegada, se esmera especialmente y me ofrece banquetes: cigalas, buenos vinos, tostadas crujientes y tiernas. En lo tocante al trabajo, también me echa una mano, ya que no me resulta fácil partir de cero después de haber practicado la prostitución. Cuando abro una asesoría y tardo en ganar dinero, mi madre me brinda ayuda. Morgan también se beneficia de la generosidad de su abuela. Ésta no duda en abrir el billetero cuando se trata de mimar al niño, no sólo para hacerle regalos sino, cuando me enfado con ella, mandarle un pasaje de avión para que vaya a visitarla a Bretaña. Hasta se aviene a hacerme la compra cuando me ve con la moral por los suelos, deseosa de que a mi pequeño no le falte la comida. Verdad es que me envía cheques y regalos, pero me da poco afecto. Todo el mundo quiere a mi madre: vecinos, clientes de la tienda y hasta los amigos que le presento la encuentran «simpatiquísima». Porque debo decir que yo le presento a mis amigos. Paso años buscando su aprobación. Paso años aceptándola tal como es. Y como anhelo tener una madre, quiero convencerme de que esa frialdad envuelta en papel de seda que me demuestra es su manera de quererme. Me digo que sus regalos sustituyen las palabras, los gestos que traducirían su afecto. Yo también la quiero y, además, se lo digo y se lo demuestro. Todos los medios son válidos para unirnos un poco más. Tuve a Morgan en el mismo hospital donde ella me tuvo a mí, e incluso en la misma habitación. Me instalo en Maisons-Alfort como ella en otro tiempo. Me asocio a ella en un negocio de lavandería. Procuro estar siempre guapa, ser educada y amable, ir bien vestida, porque sé que eso le gusta.

173

Poco a poco comienzo a darme cuenta de que hay algo que no encaja. Mi madre no sólo ignora quien soy, sino que no le interesa saberlo. En los tiempos de mi «carrera» en el C. y en el Baron, ella sabía perfectamente de dónde salían mis medios de subsistencia. Yo me vendía y a ella le importaba un bledo. La situación, hoy, no ha variado. Paso quince días en cama a causa de una hernia y mi madre no me telefonea ni una sola vez. Mi hijo se encarga de darme de comer. Cuando muere Bruno, me hundo en la desesperación absoluta hasta el punto de que mi hermana, asustada de mi estado un día que me llama por teléfono para tener noticias mías, monta de un salto en su coche y acude a consolarme. Viajará de Bretaña a París y me llevará a su casa. Pasaré días bajo su techo hecha un pingajo, pero ella no se apartará de mi lado. Me dará de comer, me hablará, me obligará a tomar el aire para distraerme de mis preocupaciones. Será para mí una verdadera hermana.

Sin embargo, cuando mi madre se entera de la muerte de Bruno, se limitará a pronunciar esas palabras:

—¿Y qué pasa?

Mis inquietudes, miedos, momentos de felicidad, todo lo que me concierne, a Marie le tiene sin cuidado. Lo único que le interesa es lo externo: mi apariencia, para que la observen los comerciantes vecinos; que se vea que soy inteligente, para poder presumir ante la gente. Conviene que esté presentable de día, no importa que me prostituya de noche. Si mi padre me transformó en una muñeca y se desinteresó de todo lo que me trastornaba por dentro, mi madre incorpora un elemento más con su obsesión por las apariencias y su incapacidad de amarme de verdad y de demostrarme ternura. Entre mi madre y yo hay una hermosa concha de nácar que no contiene nada. En realidad, no ha habido ningún cambio desde que yo era niña y ella sigue cumpliendo con sus obligaciones sin que en su proceder intervenga su corazón. Esto me hace sufrir y estoy cansada de hacerlo. Además, mi madre me anula. Igual que en otro tiempo, cuando me hacía llevar vestidos iguales que los de ella pero en talla infantil, ahora acabo teniendo en mi casa las mismas cortinas y llevo las mismas blusas y los mismos pantalones que ella. Sus regalos ya no son un rasgo de amabilidad, porque ahora soy adulta y tanta vampirización me resulta insoportable. Porque no es ya sólo que vaya vestida como Marie, sino que, de una forma inconsciente, también reproduzco sus fracasos, sobre todo en el terreno sentimental. ¿Es desgraciada en el matrimonio? Pues yo también. Si después de David, de quien se divorcia por su adicción al juego, se junta con hombres inmaduros, inconstantes e inestables, yo hago lo mismo. En la época en que vivo con Marc, tanto mi madre como mi hermana viven también con alcohólicos. Pero cuatro años de psicoterapia con Bruno, más seis años de psicoanálisis, más dos años de SIA, han agitado de tal modo mis meninges que ya empiezo a notar sus efectos sobre mí y comprendo que, en la relación con mi madre, hago trampa. Intento ser un reflejo de su imagen, hacer y ser lo que ella quiere que haga y sea simplemente para ganarme su afecto y conseguir que me mime. Pero eso no ocurre o bien ocurre mal. Por eso finjo creer que me quiere y ahogo esta sensación persistente de ser juzgada y negada por ella. Pero hace demasiado tiempo que dura esta situación. Es preciso que yo sea yo.

Así pues, me voy distanciando de ella poco a poco, me aparto de sus deseos y de esas falsas apariencias en las que me tiene encerrada. ¡Estoy harta de ser esa muñeca que se enseña a la gente! Estoy cansada de vivir en la mirada de los demás. El día en que, por fin, consigo salir de casa con un chándal encima y sin maquillaje, canto victoria. Estoy progresando. Mi madre lo ve como un retroceso. No entiende que he emprendido el buen camino y no le interesa saber qué me llevo entre manos. Quiere que yo sea y siga siendo como ella, aunque vaya contra ella. Me propone que vaya a vivir al lado de su casa, que trabaje con ella y que recupere su tienda, pero rechazo sus invitaciones. Poco a poco, voy distanciándome. Ya no le presento a mis amistades, dejo de hacerle confidencias, de pedirle opinión. Con más de treinta y cinco años, empiezo por fin a trazar mi camino y a desprenderme de esta dependencia afectiva que me mantiene atada a ella.

No tardo en sufrir las consecuencias. Son, sobre todo, económicas, ya que éste es el único lenguaje que conoce mi madre. Lo primero que hace es pasarme factura, es decir, me presenta la lista de todos los gastos que ella asumió en provecho mío y de Morgan desde que éste vino al mundo. El pasaje de avión que le enviaba para que su nieto fuera a visitarla, la comida... todo lo que ella me había dado generosamente y que ahora me conmina a devolverle. Me pongo a ello. Una cuestión delicada es la lavandería que acordamos montar con la participación de ambas. Mi madre, al ver que el negocio no prosperaba, decidió retirarse del mismo, si bien siguió actuando de garante. Sin embargo,

175

cuando la empresa comienza a zozobrar, como yo continúo per-
cibiendo una ayuda estatal de reinserción social y me encuentro
en fase de creación de una empresa, los acreedores se lanzan sobre mi madre. Le digo que no pague, puesto que yo estoy en periodo de recuperación, pero ella, temerosa de ver a los agentes
judiciales en la puerta de su tienda y de que su buena fama quede a la altura del betún, extiende un cheque. Estima que de ese
modo «liquida mis deudas» cuando, en realidad, me deja en la
estacada con una lavandería que está yéndose a pique y, como
avaladora, sabía a lo que se exponía. En resumen, que la relación
existente entre nosotras se degrada.

La situación no mejorará debido a que hay otra cuestión
que la contamina. Se trata del incesto, por supuesto, que sigue
siendo la piedra que tengo en el zapato. Durante las dos terapias a que me he sometido y en los grupos SIA he revuelto el
fango. Ahora ya no puedo esconder los trapos sucios de mi
vida, y mi madre será quien pague los gastos. De pronto reapa-
rece ante mí, como un puñetazo en plena cara, el hecho de que
mi madre no viera, supiera o quisiera evitar lo que a mí me
ocurrió, que fuera una madre cuya presencia fuera tan escasa
que no llegara a adivinar que, bajo el techo de su casa, ocurría
un incesto. Me cuesta creer que una madre no observase nada,
aunque corro un tupido velo. Tengo que hacer un gran esfuerzo para aceptar que mi madre hiciera el amor con mi padre
ante mis ojos de niña sin que esto la turbara en modo alguno.
Debo forzarme a aceptar, por mucho que me cueste, que tenía
sus dudas, que incluso me examinó físicamente pero que no
dijo ni hizo nada. Es terriblemente duro. En cuanto a su David,
tampoco asume la realidad de los hechos. Su marido me violó
el día mismo de mi tentativa de suicidio y siguió haciéndolo
después. Yo era entonces una niña que se encontraba al borde
de la muerte, frágil, totalmente desorientada. Y él aprovechó la
ocasión. ¿Cómo es posible que no se diera cuenta de que me
acostaba con su marido en su propia cama, al lado mismo de
ella? Si estaba a dos centímetros de distancia, si el somier se
agitaba, si David jadeaba... ¡Vaya sueño profundo el suyo! ¿O
no quería, quizá, romper su matrimonio... ni siquiera para sal-

176

var a su hija? Entonces, cuando mi madre se las da de ciudadana indignada por el incesto, estallo.

El hecho ocurre en ocasión de una cena familiar organizada en su casa. Los comensales son mi hermana y su compañero, mi madre y el suyo, y yo. La conversación empieza a girar sobre la pena de muerte. Yo me manifiesto contraria a ella, incluso en el caso de los pedófilos. Ejecutar al violador de un niño es ponerse al mismo nivel que el propio violador: éste aniquila a un niño y la justicia lo aniquila a él. Yo tengo una idea más elevada de la ley. Las opiniones de los asistentes son moderadas. Cuando el amigo de mi madre se declara partidario de la pena capital para los pedófilos, mi madre calla y le dedica una sonrisa de aprobación. ¡Qué cosa tan espantosa el incesto!, parece decir con el ceño fruncido. ¡Ni que fuera el caballero blanco! ¿No se acuerda, acaso, de que no se dignó protegerme? La rabia que siento me enloquece.

—¿Y los cómplices? ¿Hay que ejecutar también a los cómplices? ¿Y los que no ayudan a un niño? ¿Qué pena les corresponde a éstos?

Y al momento escupo la verdad sobre David a mi madre, a mi hermana y a sus respectivos novios, que se quedan boquiabiertos y se apresuran a escurrir el bulto hacia otra habitación esperando que amaine la tormenta.

Habría querido que, esta vez, mi madre hablase, que me compadeciese, que me murmurase dulcemente al oído: «Pobre hijita mía, mi pequeña, de veras que es horrible que yo no viera nada. ¿Qué puedo hacer para ayudarte a salir de todo esto?».

Sin duda yo habría continuado echándole en cara todo lo que llevaba encerrado dentro porque tenía que darle salida, pero por lo menos habría visto que ella se ponía en mi lugar, que me quería y habría leído la tristeza, el remordimiento, en sus ojos. Y eso me habría sosegado, porque me habría demostrado que se inquietaba por mí. Pero, en lugar de esto, clava en mí sus ojos, pálida, ofendida. Dos días después, recibo una carta suya escrita a mano:

Referente al proceso público al que me sometiste el lunes

pasado, quiero puntualizar que no me considero cómplice culpable de lo que te ocurrió. Yo ignoraba lo que David hacía contigo. Si es verdad que David se aprovechó de ti, ¿puedes explicarme por qué no lo denunciaste? Te deseo que ojalá encuentres un banquero tan comprensivo como lo he sido yo contigo. Mamá.

Yo le hablo de incesto y ella me habla de dinero. ¡No entiende que yo no denunciara a David! ¿Cómo iba a denunciarlo si entonces ni siquiera tenía conciencia exacta de lo que me ocurría? Y aun suponiendo que hubiera estado lúcida, bastante había pasado ya con mi padre y con la justicia para enfrentarme, además, a otro proceso judicial. Incluso hoy sigo siendo, a ojos de mi madre, la que arma un escándalo así que se le presenta ocasión. Está harta de que la ponga en el disparadero, de que esté siempre dando vueltas a viejas historias, de que no me decida a hacer borrón y cuenta nueva. Pero es que el incesto sigue vivo en mí como una bomba de efecto retardado. Basta que alguien me quiera para que yo lo acepte. Es la espina que mi madre tiene clavada. A sus ojos, soy su hija especial. Mi hermana, en cambio, es perfecta porque está de acuerdo en todo con mamá, trabaja con mamá, se viste como mamá. El día en que decide hacer una donación, mi madre demuestra claramente sus preferencias al regalar a mi hermana trescientos mil francos de participación en la tienda, cantidad que crecerá y fructificará. Con el pretexto de que ya ha gastado bastante dinero en mí pagando mis deudas y descubiertos bancarios, no me da nada. El día que me invita a visitar el despacho del notario para firmar el documento ilegal que me deshereda, decido que no volveré a verla en la vida, ni tampoco a mi hermana que, convencida sin duda por mi madre de que yo no soy más que una vil aprovechada, acepta sin rechistar ese acuerdo que me hunde.

Es terrible no tener padres, pero por lo menos los huérfanos que no los conocieron pueden hacerse ilusiones con respecto a ellos. En mi caso, tener padres es mucho peor. Soy el fruto de un monstruo y de una mujer de corazón seco; me ha tocado este

178

lote. Han tenido que pasar largos años para que me decidiera finalmente a considerarlos muertos. Fue muy difícil enterrarlos vivos. En el caso de mi padre, todavía tiene un pase, ya que el odio que me inspira es tan fuerte que no me costó hacer una cruz sobre él. Pero mi madre... Es sabido que madre no hay más que una y, para poderme reconstruir, dejar de sufrir por el desinterés y la vampirización que ejercía en mí, tuve que obligarme a destruir el amor que le tenía. La extraigo con fórceps de mi vida en diciembre de 2001 y el dolor atroz que me produce el desgarramiento me lleva directamente al hospital psiquiátrico. El diagnóstico es depresión nerviosa mayor. Permanezco en la institución un mes y medio, durante el cual me sobresalta el más mínimo ruido y tengo constantes pesadillas; después, todavía tengo que pasar un mes y medio más en una casa de reposo. Unos psiquiatras, profesionales especializados en ayudar a pacientes víctimas como yo, me someten inmediatamente a medicación con antidepresivos y me expiden una baja por enfermedad de muy larga duración.

Romper con mi madre casi acaba conmigo. Pero sólo casi.   179

Lo que me permite resistir es la asociación que creé hace ya dos años.

Todavía me indigna el hecho de haber tardado tanto en descubrir a los Supervivientes de Incesto Anónimos. Invertí dos meses en localizarlos y fue para enterarme de que en Francia existía un solo grupo de estas características. ¿Cómo era posible en un mundo civilizado? De haber vivido en Somalia, se habría entendido, pero es inadmisible que en Francia, uno de los países más ricos del mundo, uno de los más valorados por la Organización Mundial de la Salud, falte información y a la vez estructuras para tratar este flagelo. Así pues, no hago más que llenar el hueco del sitio de Internet destinado a SIA y, en 1999, fundo el mío —inceste.org—, aunque sólo sea para facilitar la labor a las demás víctimas. En él describo los síntomas que padezco, doy igualmente la lista de las breves frases que me ayudan a luchar contra la depresión, incorporo algunos vínculos a sitios ya existentes, facilito dos o tres informaciones sobre mi trayectoria...

El fruto de estas siete páginas personales, redactadas de noche por esa autodidacta de la red que soy yo, supera cuanto podía imaginar. Acuden asiduamente numerosas personas francesas y extranjeras. Una noche, me interpela una quebequesa:

—Isabelle, tienes que saber que eres mi ángel custodio, mi salvadora.

—¿Ah, sí? ¿Por qué?

—Leí tu testimonio, me enteré de tus síntomas, lo leí todo... y tuvo un eco en mí, me cambió por completo. Un segundo después, llamé por teléfono a mi padre y le pregunté si me había ocurrido alguna cosa parecida a lo tuyo en mi infancia. Me respondió que mi abuelo me había violado a los tres años. ¡Y nadie me había dicho nada! Ahora comprendo por qué soy alcohólica, por qué me drogué, por qué me ha ido tan mal en la vida... ¿Cómo podré agradecértelo?

Cuando leo el correo de esta mujer se me llenan los ojos de lágrimas. Gracias a Internet, he podido ayudar a ese álter ego que se encontraba en el otro extremo del mundo, y pese a que mi ayuda no es más que una gota de agua en el océano, para mí supone algo muy grande. ¿La red permite que las víctimas se presten ayuda mutua y se unan? Pues bien, me convierto inmediatamente en una adicta y emprendo la transformación de mi modesto sitio personal en un verdadero portal consagrado al incesto. En mi papel de *webmistress*, me siento útil y veo afluir a mi nuevo sitio los testimonios de las víctimas: mujeres y hombres violados por su padre, su abuelo o su tío. Niñas de las que ha abusado su propio hermano o incluso su madre. Mujeres embarazadas de su padre, secuestradas, prostituidas: en la pantalla de mi ordenador se despliega toda la espantosa panoplia. Me asombra el número de víctimas, veo que el incesto es un iceberg tan inmenso como repugnante. Entre los centenares de testimonios que desfilan ante mí, uno de los primeros, el de «mademoiselle Marie», es el que más me impresiona.

Mademoiselle Marie es, en la vida real, Sandrine. Con esta joven encantadora y otros tres amigos de los grupos presenciales y de la red decidimos fundar una asociación. Nosotros hemos vivido en una época en que no existía el incesto porque nadie hablaba de él, nadie lo denunciaba, los vecinos preferían ocuparse de sus asuntos. Por lo menos yo tuve la suerte de que Madame Abeille levantara la tapadera y que, a consecuencia de ello, se celebrara un proceso, pero mis camaradas tuvieron que aceptar la conspiración del silencio que pesaba sobre ellos. Hoy en día la negación del incesto sigue causando desgracias. Es preciso, sin embargo, que esta situación termine de una vez. Al principio, Sandrine se consagra en cuerpo y alma al proyecto. Fue la esclava sexual de su abuelo desde los seis años, situación que se prolongó seis años más. En la época en que yo conozco a Sandrine, el cerdo sigue aún con vida, aunque se encuentra en paradero desconocido para ahorrarse las represalias que ella le tiene prometidas: está decidida a denunciarlo. Este proceder marca el inicio de sus problemas. Lo primero que le dice su abogado es que los delitos de su abuelo han prescrito. Han transcurrido demasiados años y ya no hay manera de que pague su crimen ante la justicia. Sandrine está desesperada, aunque sigue decidida a exigir que la familia reconozca el drama que ha vivido, ya que el Estado se niega a hacerlo. Escribe, pues, su testimonio en el término de unas semanas y lo entrega en mano a todos sus allegados. Pero nadie le contesta. Convoca entonces una reunión de familia con el objeto de reventar aquel grano, eliminar el pus y, sobre todo, averiguar si ella es, en realidad, según ha empezado a sospechar, la hija de su supuesto abuelo. Su madre se niega a darle una respuesta. Sus parientes tratan de quitar hierro al asunto, ponen en entredicho sus sospechas y cambian inmediatamente de tema de conversación. Cae el silencio sobre su historia y Sandrine se hunde en una profunda depresión.

181

Acostumbra a llamarme por teléfono todas las noches. Sólo para hablar, para intercambiar novedades, para vaciar el buche. Yo hago lo posible para levantarle la moral. Le digo que ese odio que siente aprovechará a otros niños, los que hoy sufren violación en su propia casa. Le digo que podrá hacer justicia gracias a ellos, ya que no lo ha conseguido en beneficio propio. A través de la asociación, lucharemos juntas contra las leyes, contra ese silencio mortal que ahoga a los niños víctimas de abusos. A veces mis palabras consiguen animarla un poco, pero otras el dolor es muy fuerte y entonces decido que vayamos al bosque, junto con sus dos hijos, para cambiar el panorama. Las semanas van pasando y, entre tanto, mi amiga se debate en un marasmo de odio y sufrimientos. Sé demasiado bien cómo se siente: está como yo, como todas las demás víctimas, debatiéndose para no irse a pique.

—Tengo la impresión de encontrarme presa de las llamas detrás de una vidriera y de que, pese a que mi familia me contempla, no hace nada para salvarme. Morir... es lo único que deseo... —me dice a menudo.

Sandrine aguanta por sus hijos y por el proyecto que hemos concebido. Todos los días la pongo al corriente de los progresos. Tan pronto como registremos los estatutos de la asociación, todo irá sobre ruedas y entonces ella será presidenta y yo secretaria.

—¡Presidenta! ¿Te das cuenta, cariño? ¡Mamá será presidenta!

En uno de nuestros paseos por el campo, la idea la divierte tanto que suelta una carcajada mientras acaricia con la mano los cabellos de su hijo mayor.

La Asociación Internacional de las Víctimas de Incesto —AIVI para los íntimos— es fundada oficialmente hacia el final del año 2000.

Mademoiselle Marie se arroja por una ventana tres semanas más tarde. Deja dos huérfanos de tres y cinco años.

La entierran una mañana brumosa en un cementerio de la periferia donde hay muchos castaños. Nosotros, sus amigos, acudimos con los brazos cargados de flores blancas, las que a ella le gustaban, pero con el corazón cargado de inmenso dolor. Es tan grande nuestra pena como nuestra cólera porque sabemos que la ha matado el incesto y, bajo esos grandes árboles, nadie habla en estos momentos de ello. Con los ojos enrojecidos y los dientes apretados, escuchamos al cura mientras suelta una oración fúnebre salpicada de fragmentos de la carta que ha dejado Sandrine. Adivino que sólo se han librado de las tijeras aquellos párrafos que son «familiarmente correctos». Extrapoladas del contexto, las palabras cariñosas dirigidas a su madre sugieren un hogar unido, sano, sin historia. ¡Una mascarada funeraria! Terminada la ceremonia, los parientes de Sandrine no hablan más que de sus hijos. ¿Cómo van a recuperarse del drama? ¿Su padre superará el dolor y sabrá atenderlos? Ninguna alusión al suicidio, silencio absoluto sobre el abuelo, el criminal que la ha empujado por la ventana. Enterrada en su agujero, Sandrine existe tan poco para su familia como cuando vivía. Cuando, unos meses después, paso para recogerme unos momentos junto a su sepultura, veo que no hay flores ni lápida.

He aquí una mujer que ha muerto a causa de un silencio demasiado agobiante y que igual habría podido ser yo. El incesto no la ha dejado escapar. Cuando me despido de ella dejando una azucena sobre su tumba, sé que no tendré fuerza suficiente para continuar el combate que emprendimos juntas, por lo que abandono la asociación recién fundada. Dejo pasar meses sin pensar en ella porque la melancolía me tiene prisionera. Pero poco a poco va subiendo dentro de mí aquella misma cólera que sentí el día del entierro. ¿Alguien se acuerda de esta madre de treinta y dos años, mi cómplice, mi hermana de miserias? ¿Quién exigirá que se haga justicia a su abuelo, su asesino? ¿Qué sabrán sus hijos sobre la verdadera causa del suicidio? ¿Cuántas mujeres víctimas de abuso durante años, como en el caso de ella, tendrán que buscar salida en la muerte por no tener el apoyo de la ley ni de su familia? Yo no salí indemne del incesto, pero por lo menos estoy viva. Soy una de las raras víctimas de mi generación que obtuvo el reconocimiento de la justicia. El tribunal legitimó mi denuncia y, aun cuando minimizó mi calvario, por lo menos no negó el delito del que fui víctima. Sandrine no tuvo tanta suerte y eso fue lo que la hundió. Pero ya que ha muerto, ¿con qué derecho voy a tirar la toalla? Que no se diga que mi amiga murió inútilmente. Por ella y por todas las demás víctimas que destruye el incesto, debo luchar y recoger la antorcha donde la dejó Sandrine. Seis meses después de su entierro, me convierto en presidenta de la Asociación Internacional de las Víctimas de Incesto.

A partir de ese día, lo que me mueve es la rabia. Una rabia

incandescente que en otro tiempo me quemaba a mí y que ahora dirijo contra los verdaderos culpables, los abusadores, contra una sociedad que permite ese tipo de cosas, contra una justicia mal concebida, demasiado condescendiente con los asesinos de niños. Hoy, ocho años después de la creación de AIVI, ocho años después de la muerte de Sandrine, sigue ardiendo en mí ese mismo fuego. Y con más fuerza que nunca.

11

La edad de piedra

$\mathcal{A}$ partir del día en que asumo la presidencia de AIVI, se perfila con toda claridad el objetivo que persigo: hacer la revolución. Nada más que eso, porque todos esos niños que hoy sufren lo que a mí me tocó sufrir en otro tiempo se lo merecen. Incesto, orgías sexuales y, después, tentativas de suicidio, droga, automutilación, prostitución... mi historia personal es inadmisible, exijo que sea imposible. ¡Cuánta tela! Hay que transformar las mentalidades, la justicia, y convertir el incesto, esa palabra tan solemne que nadie se atreve a pronunciar, en una gran causa nacional.

185

Debo confesarlo, mis medios son inversamente proporcionales a mis ambiciones.

Los inicios de la Asociación Internacional de las Víctimas de Incesto son... ¿cómo podría decirlo?... artesanales. Todos nosotros, los afortunados fundadores de AIVI, somos, como indica el nombre de la asociación, víctimas de incesto. Nuestro lema es muy simple: «Concedámonos la palabra». Y si es éste es porque, en familia, todos nos vimos reducidos a guardar silencio, lo que tuvimos que pagar con la autodestrucción. Por lo general, la justicia no nos ha escuchado o nos ha escuchado mal. ¿Quién habla, hoy en día, de incesto? Nadie o, en todo caso, algunos elegidos, médicos, juristas, expertos. En cuanto a las víctimas, quedan relegadas cuando, de hecho, somos las que mejor conocemos las consecuencias de las violaciones y el funcionamiento de los que abusaron de nosotros, puesto que se trata nada menos que de nuestros padres. Dicho esto, crear una asociación de víctimas es un paso atrevido, ya que nuestra moral fluctúa entre los intentos de suicidio de unos y las crisis de angustia de otros, yo incluida, lo que hace difícil reunir voluntarios. Como no regateamos esfuerzos, nuestra asociación rechaza cualquier tipo de subvención. Esta actitud tiene la ventaja de hacernos totalmente independientes del Estado, pero tiene inconvenientes importantes, el principal de los cuales es que no nos sobra el dinero. Así pues, ¡viva la receta casera! Ocupamos gratuitamente un local perteneciente a la alcaldía de París, donde con suerte algunos días nos reunimos seis personas y, si la suerte es mala, sólo tres.

Por unanimidad, la primera cuestión en la que optamos por centrarnos es la ley. Demasiado bien conocen el problema los miembros de la asociación: dado que el niño del que se ha abusado no decide denunciar el hecho hasta que es mayor, a menudo ya es tarde porque entonces el delito ya ha «prescrito». Para decirlo claramente: ha quedado borrado. En mi caso tuve que apechugar con los malos tratos que mi padre me había infligido entre los seis y los nueve años. O sea que tenía tiempo hasta que cumpliera los doce para denunciar el hecho ante la justicia. ¡Menuda broma! ¿Cómo se puede esperar que una niña que ha ocultado hasta lo más profundo de sus entrañas el recuerdo de los abusos sufridos para poder sobrevivir, se presente a esa edad ante una comisaría? Ha pasado mucho tiempo desde mi infancia pero, en lo tocante a justicia, la situación no ha variado. En Francia, a principios del siglo XXI, la víctima de delitos sexuales sólo tiene diez años de tiempo a partir de su mayoría de edad para presentar una denuncia. En cuanto a los delitos, el límite es hasta los veintiún años. Después, ya no hay oportunidad, porque los delitos han prescrito y el agresor puede dormir tranquilo *ad vitam*. Esto equivale a decir que, cuando la víctima sale de la denegación de justicia sigue siendo demasiado tarde. ¡Qué magnífico regalo a los violadores de niños!

Por tanto, los voluntarios de AIVI, y yo al frente de ellos, nos sumergimos en la documentación con el objetivo de preparar un informe de peso a favor de la supresión de la ley. Debemos recopilar datos, encuestas y cifras en relación con el incesto, así como en relación con sus consecuencias. Pero el resultado de nuestras primeras investigaciones no tarda en defraudarnos al ver que existen pocos estudios serios sobre la cuestión y, menos aún, estadísticas. Hay que hacerse a la idea de que, en el plano científico, el incesto no interesa a nadie. Pero esto no impide nuestra decisión, sino todo lo contrario. Como carecemos de materia prima para defender nuestras reivindicaciones, deberemos procurárnosla. Nuestros voluntarios de Québec se pasan semanas estrujándose las meninges en la consulta de libros de derecho ya que, en su país, el incesto no tiene fecha de caducidad y las víctimas pueden denunciarlo durante toda su vida. Me paso día y noche empollando libros de historia a fin de conocer los medios utilizados por los juristas de posguerra para crear ex novo el «crimen contra la humanidad». Después de todo, el incesto también es, en su género, un crimen contra la especie humana, ya que aniquila generaciones de niños y engendra consanguíneos. No por nada es el gran tabú de nuestra sociedad.

El resultado de nuestras reflexiones trasatlánticas es un informe clave que apunta a la abolición total de la ley. Con nuestro trabajo cuidadosamente estructurado bajo el brazo, nos lanzamos al asalto de los diputados de nuestro hermoso país. No es moco de pavo. Lo primero que nos interesa saber es qué diputados están interesados en el incesto. La respuesta es la siguiente: pocos. Tras localizar a unos cuantos curiosos del tema, les enviamos el informe, pero nos contesta, entusiasmado, uno solo, el diputado de Moselle, Gérard Léonard. Nadie mejor que él, ya que precisamente está buscando respaldo para la interesante propuesta de ley que tiene guardada en la manga. Pide la ampliación de la duración de prescripción de tres a veinte años para los delitos sexuales perpetrados en menores y de diez a treinta años para los crímenes. Es menos de lo que reclamamos, pero ya es algo. La Asamblea Nacional acepta por unanimidad su propuesta de ley, pero el Senado la rechaza. Oficialmente, se trata de no «legislar de forma precipitada» y, además, se plantea el

187

problema de la prueba. Después de veinte o treinta años de ocurridos los hechos, ¿qué pruebas subsistirán de los delitos o de los crímenes? A mí me parece sobre todo que, si se alarga el límite de la prescripción, lloverán en los tribunales, bastante atascados ya, montones de casos. ¡Y costará una cantidad de dinero exorbitante dilucidarlos todos! Corramos, pues, un tupido velo. El diputado Léonard está tan decepcionado como nosotros, pero no se ha perdido todo ya que, unos meses más tarde, se perfila una segunda oportunidad a su propuesta de ley. Como se mantiene la esperanza, AIVI y su presidenta, que no es otra que yo misma, van a poner toda la carne en el asador. Consigo que los senadores encargados del asunto «prescripción» —precisamente los mismos que se declaran refractarios a cualquier modificación legislativa— me concedan audiencia. Una mañana, después de un desayuno pantagruélico destinado a darme fuerzas, me pongo el uniforme de batalla: cuaderno de notas, tres toneladas de documentos, traje sastre, carmín de labios. Me muero de ganas de conocer a esos sabios de la nación, de hablar con ellos, de reflexionar, de intercambiar puntos de vista. ¡Será formidable! Pero la realidad es mucho menos gloriosa. El Senado que me encuentro es una sala de lo más espantoso y, dentro de ella, hay seis «expertos». Seis senadores, seis hombres. ¡Dios mío, su ignorancia en la materia es total! Es increíble que los elegidos encargados de evaluar nuestra ley sobre el incesto tengan un conocimiento tan precario de la cuestión.

188

No saben nada de la denegación de justicia, o sea que me veo en la necesidad de informar a aquellos sabios de que lo único que permite sobrevivir al incesto es el olvido. Hay muchas víctimas que ocultan las violaciones sufridas, ya que el horror es demasiado grande, demasiado insoportable. Sólo años más tarde, decenios incluso, adquieren conciencia de los hechos como resultado de una terapia, una defunción, un divorcio o el nacimiento de un hijo. De aquí la necesidad de dejar a su disposición la vida entera para denunciar el delito. Estoy muy acalorada, hablo muy aprisa, tengo que ponerlos al corriente de la máxima información posible en un mínimo de tiempo.

—Pero, después de veinte o treinta años de ocurridos los hechos, ¿qué pruebas de incesto encontrará el juez? —me pregunta un senador.

¡La famosa «prueba»! Sin embargo, si se buscan pruebas de violaciones de niños, se encuentran, incluso treinta años después. En mi caso, por ejemplo, no hay más que examinar los meandros de mi vida para advertir que en ella se ha producido un fallo. No hay más que ver mis fugas, mis intentos de suicidio, mis depresiones. En todos los casos, la policía o el juez podrá interrogar a los parientes próximos, examinar la cartilla sanitaria, sondear la posibilidad de localizar a otras posibles víctimas. En resumen, hacer un buen trabajo de investigación. Entonces aparecerán forzosamente las pruebas. Esta historia de las pruebas no es más que una máscara que encubre la ausencia de voluntad política. Sólo cuando me pongo realmente nerviosa, parece despertarse bruscamente uno de los senadores:

—Dicho sea de paso, ¿por qué cree usted que está prohibido el incesto entre adultos?

No veo qué tiene que ver esto con los calamares a la plancha. ¡De lo que estamos hablando aquí es de niños violados por sus padres! Por lo visto, no soy la única sorprendida, ya que quien preside la sesión se ve obligado a puntualizar en beneficio del despistado colega.

—Estamos hablando de niños, no de adultos.

Volvemos, pues, a centrar la cuestión, es decir, hablamos de la necesidad absoluta de poder denunciar los hechos mucho tiempo después de ocurridos, cuando la víctima ya ha recuperado la normalidad y reunido valor suficiente para apelar a la justicia. Uno de los senadores me interrumpe:

—Bien, bien... de acuerdo, pero necesitamos estadísticas. ¿Qué edad es la media de la salida de denegación de justicia?

La pregunta es increíble. No sabemos el número exacto de víctimas de incesto en Francia y ese carroza me sale ahora con que quiere saber cuál es la media de edad de salida de la denegación de justicia. ¿Y por qué no averiguamos también la edad del capitán, ya puestos? ¿Acaso no sabe que si desbloquea fondos para propiciar la investigación en torno al incesto obtendríamos cifras fiables?

189

Termino mi *speech* a toda marcha y más colorada que un pimiento porque mis interlocutores me indican educadamente la puerta. He agotado la media hora que me habían concedido. Detrás de mí hay otros que esperan turno y el honor de ser escuchados en el Senado.

Salgo despechada de esta audiencia, pero como un reloj al que acabaran de dar cuerda. Decidimos de pronto hacer una manifestación. La ley Perben II, que incluye la prolongación posible de la prescripción, será debatida de nuevo durante dos días. Por tanto, los militantes de AIVI estarán presentes para tomar por asalto el Senado. En previsión de esta operación comando, movilizo cielo y tierra, además de los diez mil internautas que se incorporan cada mes y que frecuentan el sitio que he abierto: inceste.org. ¡Pero qué difícil es que las víctimas salgan a dar la cara! Nuestra manifestación congrega a quince personas apenas, aunque es preciso decir que arman mucho ruido y que, con globos blancos en la mano, son las que más gritan. Un mantel, regalo de mi madre, hace las veces de pancarta: No A LA PRESCRIPCIÓN. Mientras mis compañeros se mueven y actúan delante de las verjas del Senado, yo me hago con un micrófono de calle dispuesta a sensibilizar a los viandantes. A mi pregunta: «¿Cómo definiría el incesto?», una quincuagenaria ensombrerada que pasea me responde con presteza:

—Es lo que hizo mi tío conmigo cuando yo tenía diez años.

Cuando digo que el incesto es un iceberg...

El 9 de marzo de 2004 se modifica la ley. Salvo en casos específicos, las víctimas pueden ahora denunciar su situación hasta cumplir los treinta y ocho años. La prensa y el ministro, sintiéndose satisfecho de sí mismo, saludan un avance tan importante a favor de los derechos de las víctimas. Es algo que me induce a bromear y, aunque en AIVI brindamos con champán, la alegría no es completa; ¿cuántos años tendremos que esperar aún para conseguir otro avance? El objetivo es la imprescriptibilidad, única medida que hará justicia a las víctimas, pero no sé si llegaré a verla en mi vida. En Canadá, las víctimas de incesto pueden poner en marcha un proceso durante toda su vida. Y lo mismo en los países de la Commonwealth, desde

Australia hasta las islas Samoa. En cambio, en nuestro país, en la grande y orgullosa nación de los derechos del hombre, transcurridos veinte años quedan borrados los delitos sexuales. ¡Un pasaporte hacia el incesto que se regala a los pervertidos! Porque no nos engañemos, el tarado que viola impunemente a su propio hijo no encuentra impedimento alguno para atreverse, más tarde, a hacer lo mismo con su nieta. Mientras paladeo la copa, voy cavilando y me digo que Francia vive todavía en la Edad de Piedra. Y no me refiero tan sólo a la prescripción. En AIVI hemos sondeado a nuestros simpatizantes y hemos descubierto que tan sólo un 6 por ciento de los agresores terminan en la cárcel y que un 25 por ciento de las víctimas de abusos no denuncian el hecho. En cuanto a las víctimas restantes que sí lo denuncian, el verdugo se sale de rositas o la denuncia no tiene consecuencias de ningún género. Las violaciones han quedado escondidas bajo la alfombra. Todos los días tenemos noticia de denegaciones de justicia de este tipo. ¿El demandante se retracta? ¡El caso se archiva! Pero, en Canadá, el hecho de que la víctima insista en sus acusaciones ya es un inicio de prueba. Todos los especialistas saben que si algo la empuja a echarse atrás es el temor de destruir su familia. En Francia, debido a la incomprensión que se tiene del incesto y de sus consecuencias, se pasan por alto los verdaderos delitos y los verdaderos delincuentes. En Estados Unidos, cuando las autoridades vieron que se les escapaban los asesinos en serie porque desconocían su manera de actuar y sus métodos, los servicios policiales empezaron a estudiarlos y a ponerse las pilas, recopilaron datos sobre los culpables y establecieron los procedimientos empleados por los *serial killers*. Esta ciencia, que estudia el perfil psicológico del asesino, permite que no se les escape ninguno de los asesinos que persisten en su conducta. ¿Por qué no se hace lo mismo con los violadores de niños?

191

Pero los policías no son los únicos que carecen de información. De los periodistas, mejor no hablar. La pedofilia les mola, es el tema de moda. Se ponen regularmente en contacto conmigo para que exponga mi testimonio sobre el tema en una emisión determinada. Una mujer violada en su infancia que se aviene a exponer su testimonio a rostro descubierto y que, además, es presidenta de una asociación especializada no es persona que se encuentre todos los días. O sea que soy una buena clienta. Pero cuando me llaman de la tele o de la radio o de la prensa para que hable sobre pedofilia, tengo la respuesta a punto:

—Nuestro combate no tiene por objeto la pedofilia, sino el incesto. Lo siento...

Y la réplica es, invariablemente, la misma:

—Viene a ser lo mismo, ¿no?

No, no es lo mismo.

En el café del comercio, todo el mundo está de acuerdo: la pedofilia está mal y el incesto lo mismo, por supuesto. Sobre todo cuando el caso se da en casa del vecino. Porque, cuando ocurre bajo nuestro techo, la cosa se complica. La víctima del pedófilo no está sola, porque su padre, su madre y el conjunto de sus parientes próximos, horrorizados, hacen causa común y se escandalizan en bloque ante tamaña perversidad. A menudo ocupará la primera página de los periódicos y, si su caso arma el suficiente alboroto, hasta conseguirá una entrevista en el Elíseo. Pero la víctima del incesto sacude a la familia entera así que aquélla revela el hecho. Porque no se trata ya de que el violador sea un pervertido desconocido, ni un repugnante asesino en serie, ni un indeseable a quien la víctima no había visto en su vida, sino que es el primo Juanito o el propio padre. Es papá o el marido de mamá o ese tío simpático a quien todos le ríen las gracias cuando viene a casa con motivo de una fiesta familiar, ése que nuestros padres invitan todos los domingos desde hace veinte años para ser cuarta mano en las cartas. Ese hombre bonachón que nos cambiaba los pañales cuando todavía no levantábamos un palmo del suelo y que tanto nos quiere. ¿Que después de la cena dominical enseña a su sobrino querido a tocar la flauta? ¡Imposible! ¡Impensable!

¿Sirve de algo la palabra de un niño en un caso así? ¿Cuántos adultos, cuando un niño les confiesa el delito de que es objeto, prefieren hacer como si no oyeran de aquel oído, como si no lo entendieran, como si no oyeran ni entendieran nada e intiman al niño a mantener cerrada la boca? Pues muchos. En nuestra asociación, los voluntarios tuvieron que oír cosas de todos los colores cuando revelaron el incesto a sus familiares. A Anne, que sufrió abusos por parte de un hermano mayor, le dijo su madre que éstas eran «cosas habituales entre hermanos» y que ella habría debido defenderse. El padre de Mélanie, sometida al imperio de su padrastro, le aconsejó que mejor «no remover la mierda». En cuanto a mí, durante toda mi vida tuve que oír que exageraba... Évelyne, la mujer de mi padre, me aconsejó que no «hiciera montañas» de los hechos cuando le dije que mi padre había destruido mi vida. Tampoco mi madre comprendió por qué no había denunciado a su segundo marido cuando se aprovechó de mi debilidad. Seguramente sigue creyendo que fabulo. Y no es la única. Hace unos meses llamaron a la puerta de mi casa y, al abrirla, me encontré con mi hermana. Hacía cuatro o cinco años que no la veía, desde el día en que presenció cómo mi madre me desheredaba y no dijo ni hizo nada para remediarlo.

Entra en mi casa y tomamos un café. Me comunica que ha tenido un segundo hijo y me enseña fotos de su hija mayor, mi sobrina adorada. Es una puñalada directa al corazón, porque echo mucho de menos a esa niña. Van pasando los minutos y comienzo a preguntarme qué habrá empujado a mi hermana a venir a mi casa. Seguramente tenía ganas de verme porque sigue siendo mi hermana y fue su mano la que así con la mía cuando tuve a mi hijo. Fue ella la que me dio pañuelos cuando me sentí hundida por la muerte de Bruno. Aunque el rencor haya podido encubrirlo, el amor que nos tenemos subsiste. Pero a medida que vamos hablando, va emergiendo algo que barre bruscamente toda ternura. Lo que preocupa a mi hermanita son los abusos que mi padre perpetró en mí, en el cuarto de baño y otros lugares, cuando yo tenía seis años. Estuvo ultrajándome por espacio de tres años y ella lo sabe. Un día, hablando con mi padre por teléfono, se lo eché en cara y él no lo negó.

—¡Di que miento, si no es verdad! —le grité a través del hilo.

Renaud Aubry no dijo palabra y su silencio, fruto de la in-

193

comodidad que sentía, fue respuesta suficiente. Camille estaba presente, se encontraba a mi lado junto al aparato y lo oyó todo. Pero mi hermana querida, mi encantadora hermanita, siempre ha tenido dificultades para admitir tan sucia realidad. Se ampara en que todas esas cosas que cuento, todas esas historias obscenas de toallas y bañeras, no «constan en el proceso». Es decir, que en el acta del proceso que se hizo a nuestro padre en 1981 no hay testimonio de estos hechos. ¡Es lógico, porque las primeras guarradas de papá habían prescrito! Como no hubo ningún juez que confirmara mis palabras, mi hermana se niega a darles crédito.

Alucino.

Hace cinco años aproximadamente que no veo a Camille, pero se introduce en mi casa sin que yo la haya invitado y, además, sentada en mi sofá, se permite poner en duda mis afirmaciones. ¿Y qué más? ¿Acaso tengo que argumentar, tratar de convencerla? ¡Lo que me faltaba! Bastante me esforcé en hacerlo en otro tiempo ante los jueces, los expertos, los médicos, mi madre... He superado ya la edad en que tenía que justificarme. Así pues, mientras Camille termina su café, me levanto, abro la puerta y le indico el camino del metro.

¿Qué valor tiene la palabra de un niño violado, incluso cuando es adulto? Mi hermana no me cree o no me cree lo suficiente. ¡Claro que cuesta imaginar a papá montado sobre su hermanita! ¿Lo creería usted? Está por saber. Es mucho más cómodo pensar que semejante horror no ha ocurrido nunca. En esto radica todo el problema de Francia, que se obstina en correr un tupido velo sobre el caso de los niños que han sufrido abuso. En nuestro país no hay ninguna estructura especializada que acoja a las víctimas de incesto. Para ser exactos, casi ninguna, ya que la casa Jean-Bru, de Agen, da refugio únicamente a una quincena de chicas. Prácticamente no hay otra. Sin embargo, víctimas sí hay. Un tiempo después, me conozco las cifras al dedillo. En Francia, todos los años se denuncia al número de teléfono 119, que corresponde al de la infancia maltratada, el caso de cinco mil niños en quienes se ha ejercido violencia sexual. Y en más del setenta por ciento de los casos, el pervertido que lo ha agredido es de su misma sangre: su padre, madre, abuelo, tío, etc.

La punta del iceberg revela que hay tres mil quinientos niños atropellados por miembros de su propia familia.

Pero resulta que la aplastante mayoría de niños que sufren abuso, ya sea por miedo, por vergüenza o por negación de la realidad, optan por el silencio. Y también porque creen, con razón, que no les van a prestar crédito. Debido a eso, el noventa por ciento de los incestos son ignorados. O sea que la consecuencia es muy simple: nueve criminales de cada diez, o sea el 90 por ciento de los cerdos que abusan de un niño, andan sueltos por el mundo. No me lo invento, ya que así figura impreso en un reciente estudio de la fundación canadiense Marie-Vincent, autoridad en la materia.

Pero es que, además, los criminales a los que se consigue atrapar siguen teniendo grandes posibilidades de salir del atolladero más blancos que la nieve. Como en el caso de mi querido padre, que fue condenado a sólo seis años de cárcel pero sólo cumplió cuatro. Ya que, incluso hoy, en el siglo XXI, continúa estando ausente de la ley la mención expresa que precise claramente que un niño ha sufrido un abuso sexual de un miembro de su familia. No hay ningún texto que declare que, en ningún caso, un niño puede consentir. Aun cuando el incesto está prohibido, se trata de una interdicción que no se cita explícitamente en el código penal. ¿Cómo se puede reprimir, en justicia, un delito que ni siquiera se nombra? Se juzga, por tanto, el incesto como una agresión sexual «normal». El autor de un delito que ejerce una autoridad sobre la víctima debería ser castigado con mayor dureza. Pero no suele ser así, ya que para que una penetración pueda ser considerada violación, es preciso que ocurra con «violencia, amenaza, coacción o de forma imprevista». Ahora bien, el problema que plantea un niño es precisamente que él debe obediencia a sus padres. No es preciso intimidarlo, pegarle u obligarlo para que se doblegue a todas las perversiones de su padre, pero resulta que, en ocasiones, el incesto no es considerado violación porque se estima que el niño consiente. Esto fue precisamente lo que me hundió, que la juez dejara

195

constancia por escrito de que mi padre había tenido numerosas relaciones sexuales con su hija durante años, pero «sin ejercer coacción sobre la niña». Mi padre salió bien librado con una condena ridícula. El proceso contra mi padre se celebró en 1981, se cree que hoy no sería lo mismo. No vale la pena incluir el incesto en el código penal, como saben bien jueces y jurados, ya que es evidente que es imposible que un niño desee tener relaciones sexuales con su padre, su madre o su tío. ¿No es así?

Pues no, no siempre.

En 1998, el tribunal provincial de Carpentras juzgó a un hombre de treinta y seis años acusado de haber violado a su sobrino Nathaniel, que a la sazón tenía once años. La vida de este chico se vino abajo por completo y su adolescencia fue un largo vagabundeo entre el desenfreno y la depresión. En el proceso, el tío del niño reconoció los hechos, si bien manifestó repetidamente que su sobrino había consentido y que él había actuado de aquel modo «para complacerlo». Cuando se produjo la violación, Nathaniel se quejó a su tío de que le hacía daño, a lo que éste le respondió:

—Es un mal momento que hay que pasar, pero ya verás, después me pedirás que repita.

Durante el proceso, el acusado pidió perdón a su sobrino.

Fue una violación que los jurados de Vaucluse no consideraron tal. Con la injusticia del veredicto, los jurados no hicieron otra cosa que aplicar la ley francesa. Nathaniel no había sufrido amenazas, como tampoco se había negado a someterse a su tío, ya que por algo era su tío. Como la penetración ocurrió «sin violencia, amenaza, coacción ni de forma imprevista», los jurados estimaron que el niño estaba de acuerdo. A ojos de la justicia, un niño de once años no es lo suficientemente maduro para ser procesado por la justicia, pero sí lo es para querer que un miembro de su familia lo sodomice.

El verdugo de Nathaniel salió libre del tribunal.

Pero la historia que cuento no corresponde a lo que se hacía en tiempos remotos, sino que se reproduce todos los días. Y en peores términos incluso. Es algo que me revuelve las tripas, que me enfurece. Y lo que me ofusca aún más es enterarme de las campañas de comunicación «antiincesto» de ciertas asociaciones. El lema sigue siendo el mismo: «¡Niños, tenéis el derecho de negaros!». Decir eso a niños que han sufrido abuso es horrible, básicamente porque es imposible que un niño se rebele contra sus padres. ¿Cómo va a rebelarse un niño de seis años? Este mensaje impone a los niños víctimas de abusos una misión imposible de cumplir, algo contra natura, ya que estriba en que un niño obligue a sus propios padres a respetar la ley. El niño violado no sólo se siente culpable de haber excitado a su verdugo y de ser copartícipe de tan odioso secreto, sino que la sociedad todavía le añade un motivo más de remordimiento: «No te negaste, habrías podido resistirte y no lo hiciste».

Un día que me siento particularmente furiosa se me ocurre una idea que se convierte en obsesión: hacer una auténtica «campaña de sensibilización» eficaz y sin ribetes moralistas. Fijar carteles llamativos con el fin de despertar la conciencia de los adultos, vecinos, profesores, asistentes sociales y demás. Es decir, de todas aquellas personas que pueden haber estado en contacto con un niño que ha sufrido abuso sin que nadie se apercibiera de ello. Una agencia publicitaria nos ofrece gratuitamente sus servicios, lo que nos quita un gran peso de encima, ya que no tenemos un céntimo. Esto genera horas de *brainstorming* de las que salen imágenes llamativas en forma de juguetes infantiles un tanto extraños. Metidas en una bolsa de plástico rosa fosforito se pueden ver cosas como «la auténtica lengua de papá» o «la mano errabunda del tío cariñoso» o «el dedo travieso del hermanito». Y debajo de la foto, un mensaje: «el 72 por ciento de las agresiones sexuales se perpetran dentro del círculo familiar». ¡Ira general! Los periódicos que se atreven a publicar nuestros anuncios, *Le Monde* en cabeza, reciben una andanada de cartas airadas, un vendaval que arremete contra aquella «provocación malsana», aquellos «sórdidos principios». Unos días después, la Oficina de Verificación de la Publicidad emite una advertencia negativa sobre la campaña publicitaria. Se trata de un mensaje claro como el agua en el que se intima a las víctimas de incesto a que hablen del mismo en caso necesario, pero siempre en términos amables.

197

Si hay que ser claro, no hay términos amables para hablar del incesto. Estoy dispuesta a reconocerlo: los anuncios molestan, son horribles, provocan náuseas, lo admito. Son como el propio incesto. ¿Por qué hay que envolver con papel de seda y cintajos un crimen tan repugnante? ¿Acaso las orgías a las que me llevaba mi padre cuando yo tenía trece años eran momentos gratos? Y a nosotros, precisamente a las víctimas, se nos conmina a callar. Sandrine, mi amiga, tuvo que pagar los platos rotos por culpa de ese pudor mal entendido. Se convirtió en culpable de escándalo cuando reveló las brutalidades sexuales a que la había sometido su abuelo, lo que hizo que su familia renegara de ella y que tuviera que solucionar el conflicto que vivía arrojándose por la ventana. Así se calló para siempre.

En cuanto a mí, también querrían que me callara de una vez por todas. El primero mi padre, que se enfurece al verme cada dos por tres en la tele contando a toda Francia nuestra hermosa historia. Un día me invitan a France 2 para participar en un debate centrado en las agresiones sexuales. El periodista empieza el programa haciendo un resumen conciso de mi historia. Me presenta así:

—Isabelle Aubry, presidenta de la Asociación Internacional de las Víctimas de Incesto, violada por su padre entre los seis y los catorce años.

Mi papaíto, que está delante del televisor, pega un salto hasta el techo. No pierde tiempo y ataca a France Télévisions alegando que se ha manchado gravemente su honor. Precisa a través de un abogado que él no cometió violación alguna conmigo, sino sólo una «aproximación sexual», puesto que se realizó «sin coacción» por su parte y tuvo lugar entre los doce y los catorce años. Pero la clave de su argumentación se sitúa en otro punto y se centra en su «derecho al olvido». Para resumir, él ya purgó su pena y lo único que exige ahora es que lo dejen en paz a fin de poder «reinsertarse». Yo continúo luchando con la depresión para sobrevivir, mientras que él, perfectamente acomodado en su mansión junto a su mujer, me ordena que mantenga cerrada la boca para poder continuar viviendo en paz. ¡Parece un sueño!

O sea que mi testimonio molesta y, en cambio, se presta oído a lo que dicen los agresores.

Un día del año 2000 lo compruebo al escuchar la radio.

Una mañana me llega a través de las ondas uno de los éxitos de Garou, el cantante canadiense, y por poco se me atraganta el *croissant*. Las palabras de la canción me provocan náuseas repentinas:

«Lo de ella, ¡oh!, es pasional. [...] Parece salir de las faldas de su mamá, se diría que no ha tenido nunca amante, pero no te fíes de la mujer-niña, no te fíes de sus catorce años. [...] Su cuerpecito adolescente no tiene nada que te turbe. [...] Sueño con su piel. [...] Por ella, me llaman criminal. [...] Van a encerrarme, [...] van a condenarme, seguro que me vuelven loco. Por ella.»

Al parecer todavía no se mima bastante a los violadores de niños, encima hay que darles la palabra y dejar que hagan canciones de éxito. Por eso se quejan —¡pobres de nosotros, nos van a encerrar!— y sus lamentos reverberan en las ondas del mundo entero. Me entra una rabia loca y, a solas en mi casa, golpeo puertas y lanzo maldiciones. Después me tranquilizo, porque sé que el mal ya está hecho y no quiero sufrir una úlcera. En casos extremos se reproducen en mí los reflejos de los Supervivientes de Incesto Anónimos y, por consiguiente, respiro profundamente y me pongo en manos de la «potencia superior». Si quiere ser amable conmigo, tal vez el día menos pensado me brinde ocasión de cerrar el pico a ese cantante pervertido.

¡Bingo! Unos meses después, cuando me dispongo a hacer una visita a los miembros de AIVI de Quebec, me encuentro a Garou en el mismo avión en que yo viajo, él en el sector de los ricos. Me paso ocho horas babeando de rabia en mi asiento de tarifa económica, decidida a acorralar a la estrella así que aterrice el avión y a obsequiarlo con el escándalo público más espectacular de toda su carrera. En la recogida de equipajes, me tropiezo de cara con ese cantante tan falto de inspiración. Así que Garou retira el capuchón de la estilográfica creyendo habérselas con una fan enamoriscada a la caza de autógrafo, recibe todo mi odio en plena cara. Intenta justificarse y se defiende lamentando la interpretación errónea que he hecho de su canción.

199

—¡Ya es tarde! ¿Dónde tenía usted la cabeza? ¿Es irresponsable o qué?

Le grito las palabras y hasta tal punto pierdo los estribos que su representante tiene que separarnos para evitar que descargue sobre Garou toda la andanada de insultos que merece. Mis compañeras me recuperan, temblando de rabia y sentada en el suelo con las maletas a mi alrededor. Mi primer contacto con el *star system* no es precisamente glorioso.

Por fortuna, contamos con artistas más sensibles a nuestra causa. No son muchos, por supuesto, ya que posar al lado de víctimas de incesto no es precisamente lustre lo que da. Pero los hay solidarios, como el actor Bruno Solo o la cantante Nicole Croisille. Nos ponemos en contacto con ellos en 2004, en ocasión de nuestra campaña «Cincuenta mil ositos frente al incesto». La idea consiste en reunir ositos de peluche y redistribuirlos gratuitamente en la Jornada Mundial de los Derechos del Niño, dando al mismo tiempo información sobre el incesto a todos los que se presenten a buscar uno. La idea, en teoría, es simpática. Pero en la práctica, ¡menuda montaña! En primer lugar, hay que procurarse los ositos y, después, encontrar un sitio apropiado para su distribución, conseguir las autorizaciones de la prefectura, una carpa de mil metros cuadrados, dinero, patrocinadores... Los voluntarios y yo trabajamos día y noche. Yo, que estoy particularmente especializada en depresiones, desbordo una extraña energía y trabajo a doscientos por hora rozando los límites de la histeria, pegada al teléfono todo el santo día y prescindiendo de beber y comer. Agoto literalmente a mi entorno. ¡Pero es que me excita tanto ver aparecer tantas víctimas saliendo de la sombra en toda Francia! Con el pretexto de recoger un osito, son muchos los que salen del armario y manifiestan sin tapujos su situación. El 20 de noviembre de 2004, la operación «Cincuenta mil ositos frente al incesto» planta tienda en la plaza de la Bastilla y recibe la visita de la ministra de la Familia, la secretaria de Estado encargada de los Derechos de las Víctimas, así como de la defensora de la infancia. A lo largo de la jornada se celebran conferencias sobre las consecuencias del incesto, sesiones jurídicas a favor de las víctimas, exposiciones, un pequeño concierto. Acuden los medios de comunicación, interesados en cubrir el acontecimiento. Gracias a los ositos, el incesto aparece incluso en primera página de *France-Soir* y consigue hacerse invitar por Fogiel. Queríamos que Francia oyese hablar de niños víctimas de abusos sexuales y se percatara del escándalo que supone el tratamiento que reciben los casos de incesto por parte de las instancias judiciales y casi lo hemos conseguido. Parece incluso que mi pequeña intervención televisiva ha llegado a oídos del poder.

Seis días más tarde, el ministro de Justicia, Dominique Perben, anuncia por televisión que el incesto pasará a ser incluido en el código penal. Incesto, una palabra que, por primera vez desde hace siglos, se escribirá con todas las letras, ya que el 26 de noviembre de 2004 el ministro así lo promete ante la prensa.

Nosotros seguimos esperando.

Ya que no ha movilizado al gobierno, por lo menos AIVI ha conseguido su legitimidad gracias a la «operación ositos» y, al mismo tiempo, una importante cobertura mediática. Seguidamente, me conceden el primer premio que, con el título de «Mujeres Formidables», otorga la revista *Femme actuelle.* Y cada vez que los medios citan la asociación, el resultado es que mi buzón de correos se llena a reventar de solicitudes de voluntarios. Así es cómo me llega, en los mismos inicios de la asociación, el CV de un tal Gérard. Aunque no lo indica al dar su nombre, se trata de un muchacho joven, tiene apenas veinticinco años y aspira fervorosamente a convertirse en uno de nuestros voluntarios. En un primer momento desconfío de él, ya que es el primer hombre que me ofrece sus servicios y, por otra parte, no ha sido víctima de abusos sexuales. Es extraño, muy extraño. Me explica sucintamente que quien sufrió abusos es su compañera y que, por solidaridad, desea comprometerse como voluntario en el terreno asociativo. Muy bien. Recibo, pues, a los dos tórtolos en mi casa para agradecerles su solicitud y ponerlos al corriente del funcionamiento de AIVI. Después de tres tazas de té, ya me he formado una opinión de ambos y he visto

201

que Gérard parece simpático, por tanto, lo contrato como técnico jefe de todos los ordenadores de AIVI. Como él y su novia viven cerca de mi casa, nos encontramos regularmente para tomar unas copas o ir de compras. A veces quien carga con ellas es sólo Gérard. Debido a esto, me entero de que la vida de la pareja no es precisamente de color rosa, ya que su compañera lo hace bailar al son que a ella se le antoja y lo engaña tanto y tan bien que él sufre terriblemente; un buen día se corta las venas. Tras varios días en el hospital, el voluntario de marras vuelve a la vida, soltero y sin novia.

En esta época, en 2001, me decido finalmente a comprar un apartamento, el primero de mi existencia. Tener un refugio propio es algo que, en sentido estricto, no me ha ocurrido a menudo, y nunca en sentido figurado. Hasta ahora sólo había vivido en apartamentos de alquiler. Supone para mí un gran paso en el terreno personal. ¡Pero vaya trabajo el que se avecina! Tengo un montón de cosas pendientes, como pintar paredes, trabajos de fontanería, etc. Gérard también se ha mudado y, como yo, anda metido en remodelaciones. O sea que somos un par de corazones huérfanos que se pasean por Castorama e intercambian consejos sobre la colocación de parquet o la manera de casar junturas. Yo le enseño a alicatar y él me echa una mano en el transporte de material. Nuestros encuentros son cualquier cosa menos propicios a la seducción. Sin embargo, me encuentro muy a gusto en compañía de Gérard y espero con impaciencia nuestras visitas a Leroy-Merlin. Entre nosotros no hay seducción, ni peligro, ni angustias, ni desgarros. Es una relación positiva y no hay más que hablar. En otro tiempo, en los tiempos en que sólo deseaba que me cayeran encima todos los males del mundo, no habría mirado siquiera a ese chico por el simple hecho de que es demasiado amable. Ahora, en cambio, poco a poco siento que me derrito por ese operario que sabe hacerlo todo. Una noche le propongo que se quede a ver una película en mi casa. Esa noche nos limitamos a eso. Con Gérard todo procede con dulzura, con ternura, con naturalidad. Tras varios meses de complicidad, pongo fin, sin proponérmelo, a mis dos años de castidad. En realidad, no tiene razón de ser, puesto que yo esperaba un hombre que fuera bueno y recto y acabo de encontrar a mi ángel.

Todo esto ocurrió hace siete años. Desde entonces no se trata de pasión, como en el caso de Bruno, ni de tortura, como en el de Marc y los demás, sino de algo infinitamente mejor. Se trata simplemente de felicidad.

Con Gérard no tengo miedo ni sufro. ¿Me quiere? ¿Por qué no me quiere? ¿Por qué llega tarde? ¿Vamos a romper? ¿Por qué seguimos juntos? Todas esas preguntas, que en mis vidas afectivas anteriores me envenenaban la existencia, ya no me machacan el cerebro. Con su afectuosa constancia y su espontaneidad, Gérard me enseña que una historia de amor puede ser sencilla y al mismo tiempo feliz. No está casado, ni es un pervertido, ni un manipulador, ni un ser torturado, ni tampoco es cruel, ni inestable. Gérard es afable. Gérard es atento. Gérard es agradable, culto, divertido. Además, le gusta cocinar y con él todo funciona, todo fluye. El día que decidió venirse a vivir conmigo se limitó a aparecer ante la puerta de mi casa con las maletas.

203

La abro yo y, aunque a mis treinta y siete años no he vivido nunca con ningún hombre, enseguida le hago sitio en mis armarios. Mi hijo también adopta a Gérard. No tiene nada de extraño, porque entre Morgan y él no hay más que catorce años de diferencia y bastantes aficiones comunes, como el *hard rock*, el manga, las tiras cómicas, los videojuegos... Es la ventaja que tiene salir con un hombre joven. Hoy Morgan sigue encantado con su papá y así llama a Gérard, quien lo considera hijo suyo. Hasta que una mañana, con toda tranquilidad, mi cariñoso y tierno compañero me pone al corriente de la continuación del programa:

—Convendría obsequiar a Morgan con un hermanito o una hermanita. Pero primero, casémonos.

De acuerdo. En 2004, un día soleado de junio, comparecemos delante del juez. Asisten a la fiesta veintiocho personas entre amigos, la familia de Gérard, tres voluntarios de la asociación y mi hijo. Nos reímos mucho, bebemos, cantamos canciones de la Piaf y bailamos a la orilla del Marne. Por una vez en la vida tengo en las fotos esa expresión bobalicona que cuadra tan bien a las personas felices. Luzco un hermoso vestido color crema y rojo y, en la cara, una enorme e indeleble sonrisa.

Pero el hijo que deseábamos no viene. Gérard acepta el hecho sin lágrimas y, creo yo, sin resentimiento. Sé que Gérard volverá todas las noches a casa y que es un encanto de hombre. Nuestra vida no es tumultuosa ni agitada, sino un riachuelo tranquilo, una sucesión de alegrías sencillas, pequeños viajes, pequeñas cenas, ramilletes de flores, minúsculas atenciones que, un día tras otro, van tejiendo un inmenso y sereno bienestar. Gérard sabe que siento frecuentes desazones y que no me he librado de las pesadillas. Procura ahuyentarlas lo mejor que puede y se esfuerza en levantarme cuando caigo y me hundo en el pozo. Desde que nos amamos, me siento segura, una sensación para mí desconocida que debo sólo a él.

Después de haberla buscado tanto tiempo, después de haber sufrido tanto, por fin he encontrado una familia de verdad, una familia que yo he creado. Tal vez sea atípica, pero es una familia a mi imagen y semejanza y me hace todo lo feliz que puedo ser.

12

Nicolas y yo

*H*a llegado el momento de confesarlo: además de Gérard, hay otro hombre en mi vida. Quien ocupa mis pensamientos es Nicolas, Nicolas Sarkozy, el presidente. Me obsesiona conocerlo. Sueño con conseguir una entrevista, aunque sólo dure diez minutos, justo el tiempo necesario para convencerlo de que hay que convertir en causa nacional la lucha contra el incesto. No hay más que imaginar por un instante que, de estar informado del escándalo que comporta el tratamiento jurídico del incesto en Francia y de decidirse a intervenir, ¡cuántas montañas conseguiríamos allanar! No es tan complicado como parece, basta con querer investigar la situación. Así pues, tengo bajo el brazo la hoja de ruta que he trazado para información del presidente. Hay que conseguir sobre todo que el crimen del incesto no prescriba, que sea introducido en el código penal y lanzar regularmente campañas de información entre el gran público. Hay que ordenar, después, que se realicen estudios científicos sobre el número de víctimas y las consecuencias de los abusos y, sobre la base de los resultados, formar adecuadamente a profesores, jueces, médicos y a todo el personal que está en contacto con niños a fin de detectar, atender y orientar a los que son violados. Se trata de algo indispensable, urgente, fundamental y que requiere medios, voluntad y energía.

«Según dicen tanto sus amigos como sus enemigos usted tiene energía para dar y para vender. Urge, pues, que la ponga al servicio de los niños que sufren abusos.» Eso pienso decir al oído del presidente el día que lo vea. Porque lo veré, es preciso. Me lo he propuesto con enorme empecinamiento y, para conseguir mis fines, todos los medios me parecen lícitos.

Para empezar, como hice ya con su predecesor, doy la tabarra a sus consejeros. Desde que existe AIVI he visto a muchos de estos chanchulleros, esos soldados en la sombra que se llaman consejeros de sanidad, justicia, de las víctimas, de lo social... Los hay más amables que otros y también mejor informados que otros. Así pues, después de las frases de cortesía acostumbradas, suelto la pregunta ritual:

—¿Sabe alguna cosa sobre el incesto?

De acuerdo con la respuesta de los mencionados consejeros, les presento la versión total o la semitotal, que consiste, la primera, en un *speech* de una hora sobre «los abusos sexuales dentro del marco familiar», o la versión corta, en el caso de que los señores en cuestión tengan prisa y/o estén ya al corriente del asunto. La mayor parte de esos encargados de la misión me resultan de ayuda. Pero no en el caso de aquellos puntos que más escuecen —la prescripción o el código penal—, sino en los demás, y me encuentro con que uno me apoya en mi proyecto de fundar un centro de estudio del incesto y otro me promete que hará asistir a la ministra de Sanidad a nuestro próximo congreso en torno a las consecuencias médicas y las terapias del incesto. El círculo de los consejeros se muestra conciliador sobre todo porque no pido nunca ni un céntimo. ¿Qué si quiero un cheque? No, gracias, prefiero que estas eminencias se movilicen para lograr que, en cuantos más sitios mejor, se hable del incesto. A fuerza de sitiar los ministerios acabo por entrar en el Elíseo.

Una hermosa mañana del año 2007 recibo, impresa en papel tricolor, una invitación para asistir a las festividades presidenciales del Catorce de Julio. El tema de las mismas —puesto que este año tienen un tema— es: «Víctimas y héroes». Para mí, los supervivientes de incesto son héroes; para el gobierno, son víctimas. Con todo, el resultado es el mismo y, para la presidenta de AIVI, se concreta en el hecho de haber sido invitada por

206

Nicolas a reunirse con él para conmemorar la fiesta nacional en sus jardines. ¡Formidable! Por fin podré hablar con él. Con este objetivo en el punto de mira —conocer personalmente al *big boss* y arrancarle una entrevista—, nuestra tesorera Aude y yo nos acercamos a las verjas del Elíseo. Algo magnífico. Desde allí contemplamos los bellos edificios, los grandes árboles, las inmensas extensiones de césped. El tiempo es espléndido. Un hermoso día para reunir lo útil con lo agradable, ya que no estamos aquí para preparar bocadillos sino para hacer la máxima publicidad de AIVI y hablar con el mayor número posible de ministros y promocionar nuestros planes. La larga cola de espera de la que formamos parte me da tiempo y ocasión suficientes para instruir a Aude sobre el arte sutil de tender redes. La lección número uno consiste en infiltrarse, abrirse camino a codazos hasta los poderosos, y la lección número dos, en dejarles nuestros datos.

—Debes tener a punto tu tarjeta cuando estreches la mano del ministro —explico a Aude.

Aude se troncha, yo también. Bajo el sol de julio, tenemos la impresión de formar parte de una operación comando. Cada una tiene su propia presa: ella, el primer ministro; yo, la ministra de Sanidad. Con el paquete de tarjetas en el bolsillo y vestidas con nuestras mejores galas, irrumpimos finalmente en los jardines del Elíseo, atestados de público. De pronto aumenta el revuelo que anuncia la gran noticia: ¡la llegada del presidente! Centenares de personas se precipitan hacia la escalinata al tiempo que un cordón de seguridad nos impide avanzar, ya que cada veinte centímetros hay un guardaespaldas. Escucho desde lejos:

—Cécilia y yo hemos querido que esta fiesta en el jardín estuviera reservada a todos aquellos de vosotros para quienes la vida, este año, no se ha mostrado indulgente, a todos aquellos que han tenido que doblar la rodilla [...]. Habéis resistido, os habéis negado a sufrir...

Aplausos. Estoy apostada en el punto de salida esperando a que Nicolas se lance sobre la gente para someterse a un baño de multitudes, como hacía Chirac en la tele. Me apresto a ar-

207

ponearlo, tarjeta en mano. ¡Intento fallido! Tras proceder a la conclusión, el presidente vuelve a su despacho seguido de un cortejo de privilegiados. Frustrada pero no desesperada, me lanzo sobre sus ministros. Los hay que han bajado la escalinata y han saltado a la arena. O sea que, ¡al ataque! Aude se abalanza sobre François Fillon, mientras yo trato de abrirme paso hasta Roselyne Bachelot.

Cuando consigo abrirme paso entre la multitud que se aglutina alrededor de Roselyne con la cámara fotográfica en ristre, se me acerca Aude con el rostro iluminado por una sonrisa de oreja a oreja.

—¡Ya está! Fillon nos recibirá... me lo ha prometido.

—¡Genial! ¿Le has dejado nuestros datos?

¡Horror! ¡Se ha olvidado! Corro detrás de François Fillon a pesar de los tacones altos y agarro por el codo a uno de sus guardaespaldas, a quien hago prometer que le pasará mi número de teléfono. De vuelta, me cruzo con una persona próxima al presidente, a quien ya conocí a raíz de nuestro combate contra la prescripción.

—¡Buenos días! ¿Cuándo se volverá a hablar de la introducción del incesto en el código penal?

—Lo siento, pero no tengo tiempo. Debo tomar un avión.

Está visto que no es mi día de suerte.

«Isabelle, tranquilízate, no desesperes, lo conseguirás.» Una vez repuesta gracias al método Coué y después de pisotear a la brava unos cuantos pies, consigo situarme delante de una Roselyne Bachelot risueña que se encuentra posando para las fotos-recuerdo.

—¡Buenos días! Yo no quiero una foto, sino una entrevista.

—Muy bien. ¿Para qué asunto?

—El incesto.

—Ah, pues el incesto no es de mi incumbencia.

¿Cómo es posible? ¿Que no es de su «incumbencia»? ¡Alucino!

—¿Pero no se ocupa usted, la ministra de Sanidad, del alcoholismo, la prostitución, la toxicomanía, el suicidio y la anorexia?

—Sí, sí, estamos al corriente de las consecuencias del incesto, naturalmente... Pero mire usted, yo no soy un robot, sino sólo un ser humano, y tengo la agenda saturada...

Al oír esto, me guardo el orgullo en el bolsillo y paso a la súplica:

—Se lo pido por favor, haga un esfuerzo y concédame una entrevista. Se trata de algo importante, una plaga de la sanidad pública...

Aquí entra Aude y toma la palabra:

—¡Una política adecuada de prevención permitiría un enorme ahorro! Algunos países han estimado en muchos millones la reserva que supondría para la Seguridad Social la atención temprana a las víctimas.

Mi tesorera se ha estrellado con François Fillon, pero hay que reconocer que posee grandes dotes de persuasión. Y ahora, henos aquí atacando a esa pobre Roselyne y tratando de acapararla mientras vamos distribuyendo al mismo tiempo discretos codazos a los atrevidos que intentan también venderle su mercancía. Pero a pesar de la porfía que ponemos en el intento, la señora Bachelot acaba por escapársenos de las manos y no tardo en encontrarme sentada al extremo de una mesa, sola y desesperada, sin ninguna entrevista en perspectiva.

Precisamente ahí es donde un encorbatado quincuagenario me asesta el golpe de gracia; es procurador de una localidad del sur de Francia. Me pregunta qué me ha traído al Elíseo y, mientras picotea los últimos dulces que han escapado a la voracidad de las langostas, lanza un suspiro:

—¡Ah, sí, el incesto! Ciertamente que nos tienen muy ocupados todas esas historias... como mínimo, el 20 por ciento de los casos que trata mi tribunal. Pero ¿por qué hay que incluirlo en el código penal? ¡Como si no estuviésemos ya bastante desbordados! Es un hecho que se pasan por alto muchas denuncias, que no se les da continuidad... pero yo recibo un número de expedientes diez veces superior al que puedo materialmente estudiar. O sea que no es de extrañar si...

En aquel día y en los jardines del Elíseo, desfila toda la historia de mi vida. Para los elegidos, los jueces, el público en ge-

209

neral, el incesto está lejos, muy lejos, de constituir una prioridad. ¿A quién preocupa que a unos niños les hayan destrozado la vida? Y en cuanto a procuradores, ministros, vecinos o parientes, puede decirse lo mismo. Aquellos que deberían interesarse en el asunto procuran pasar la patata caliente al que tienen al lado. El procurador apura el resto de la copa y, como yo también he dado cuenta de mi ración, se ha terminado para mí la fiesta en el jardín. Salgo del palacio presidencial exhausta y con la moral por los suelos. Necesitaré largas semanas para poder relativizar la situación y estimar que, en un fiestorro oficial, han estado representados los supervivientes de incesto y que esto ya es algo.

Pero más eficaz todavía es un auténtico y grandioso escándalo.

Me entero del caso por casualidad en agosto. Al escuchar las noticias, oigo que un pedófilo que acababa de salir de la cárcel ha raptado y violado a un niño de cinco años de nombre Énis. Una historia abominable que me deja temblando cuando apago la radio. Pero lo que más me encoleriza hasta sacarme por completo de mis casillas es ser testigo, en los días que siguen, de las reacciones de nuestros gobernantes. Hacen acto de presencia en todas partes: en la tele, en la radio, en los periódicos, siempre lanzando bravuconadas. El suceso les ha hecho reaccionar e inducido a prometer sin pérdida de tiempo el endurecimiento de las penas para los delincuentes que ya han sufrido condena, una especie de «vuelta de tuerca» para aquellos cabrones que se dedican a violar niños. Y entre tanto, yo desbordo de rabia. ¡Cuánta energía despilfarrada, cuánto ruido destinado tan sólo a tranquilizar a la gente de bien! El gobierno se ensaña en los que reinciden, de hecho un número infinitesimalmente pequeño de los delincuentes sexuales que están en libertad, mientras que el 90 por ciento de los casos de incesto no salen nunca a la luz pública. ¿En qué afecta a los padres pervertidos que se aumenten las penas de cárcel para los antiguos condenados? A ellos no se les molesta nunca debido a que los casos en que están involucrados no tienen un seguimiento o a que, en la sociedad actual, ni se escucha ni se atiende a los niños violados.

Expido inmediatamente a la tierra entera un comunicado desbordante de indignación. No tardan en ponerse en contacto conmigo algunas emisoras de radio nacionales ávidas de divulgar mi reacción, y no me resisto a darles gusto. Manifiesto a través de las ondas que Francia vive en la Edad de Piedra, que no servirán de nada las medidas urgentes que puedan tomarse, ya que se precisa una verdadera política de análisis y prevención de los abusos sexuales, ya se trate de agresores pedófilos o incestuosos.

—Hay miles de Énis que todos los días sufren vejaciones por culpa de la incompetencia total de nuestras instituciones y de la falta de una voluntad política.

Ésta es, en esencia, la base de mi *speech*. Mis palabras están cargadas de indignación.

El día siguiente, un domingo, me llama al móvil un consejero de la ministra de Justicia. No está nada, lo que se dice nada contento. Me dice que por lo menos habría podido medir mis palabras, que Madame Dati está indignada, que Monsieur Sarkozy tampoco debe de estar encantado con mi comunicación radiofónica y que sería muy conveniente que redactase un segundo comunicado en el que reconociese los importantes avances presentados por el equipo gubernamental. ¿Que tengo que desdecirme? Pues va a ser que no, lo siento en el alma. Preciso, en cambio, que tengo una confianza absoluta en nuestro nuevo presidente. Estoy totalmente convencida de su voluntad de cambiar las cosas y, por otra parte, tengo un pequeño proyecto bajo el brazo que consiste en un centro de asesoramiento, atención y estudio consagrado al incesto que estoy segura de que entusiasmará a Nicolas Sarkozy, a quien podría dar más detalles si me concediera una audiencia de cinco minutos. De hecho, si el consejero puede transmitir un segundo mensaje, creo que hacer del incesto una gran causa nacional, al igual que se ha hecho con el cáncer o la enfermedad de Alzheimer, sería esta vez un avance gigantesco que yo no dejaría de aclamar públicamente.

Tan pronto como cada uno termina de exponer su punto de vista respectivo, el consejero y yo nos despedimos amablemente.

211

El presidente Nicolas Sarkozy no llega a concederme nunca una entrevista, aunque ordena a uno de sus consejeros —¡uno más!— que tenga la amabilidad de recibirme y opta por condecorarme. ¡Me nombra nada menos que Caballero de la Orden del Mérito! Decido aceptar con la condición de que el presidente me la conceda de sus propias manos, ya que de lo contrario renuncio a la medalla, que en realidad me importa un bledo. Así después podré decir a todo aquel que quiera escucharme, especialmente a los medios de comunicación, que el gobierno está dispuesto a condecorar a una víctima del incesto pero no a escucharla. Y si provoco con ello un escándalo, por lo menos la condecoración habrá servido de algo. He comprendido que lo que prima es lo que impone el que arma más ruido. Pues si se trata de armar ruido para que a uno le escuchen, el presidente puede contar conmigo. Bastante silencio he guardado en la vida para que ahora me asuste armar ruido. Guardo en el bolsillo municiones suficientes para desatar una revolución de todos los demonios, desde publicidad en la tele hasta una campaña de carteles, pasando por marchas blancas, nuestro inminente congreso y una lista de periodistas más larga que un día sin pan a los que pienso enviar, cada vez que la actualidad me ofrezca ocasión, toda una retahíla de furiosos mensajes. A aquellos que, por su elevada posición, tienen poder de decisión sobre nuestras vidas, no dejaré que olviden el incesto. Jamás permitiré que quieran convencer a la opinión pública haciéndole creer que se ocupan del bienestar infantil, cuando hay un 90 por ciento de padres violadores que andan sueltos por el mundo. Mientras no se ponga en marcha una verdadera política preventiva y legislativa sacudiré toda la esfera política, desde el estamento ministerial hasta el presidente en persona. Y haré lo mismo con su sucesor y con el sucesor de su sucesor, ya sea de izquierdas, de derechas o de centro. Lo estoy haciendo ya y pienso seguir haciéndolo de ahora en adelante.

Este combate es, actualmente, la prioridad de mi vida, el pilar de mi existencia. Ahora dedico mis veladas y mis fines de semana a estudiar expedientes, inmersa siempre en el ordenador. Pasan las semanas y van encadenándose las entrevistas:

aquí, una formación sobre incesto para asistentes sociales de un hospital; allá, un grupo presencial de víctimas que es preciso animar o una compañera violada por su tío cuando era niña a la que quiero acompañar al tribunal... En el círculo de mis más allegados están los que comprenden esta existencia monomaníaca que llevo, entre ellos mi marido y mi hijo, y están los demás.

—Pero, Isabelle, ahora tienes todo lo que necesitas para ser feliz, ¿por qué sigues torturándote con estas horribles historias de incesto?

Toda esta gente que está desconcertada ante mi persistente actitud —primos, vecinos, conocidos— se equivoca doblemente. En primer lugar, no puedo ni quiero abandonar este combate simplemente porque, si me abstuviera, no lo resistiría. Y por otra parte, no conozco esa «felicidad perfecta» de la que debería disfrutar sin preocuparme de nada más.

De mi vida actual, vista desde el exterior, debería realmente dar gracias al cielo, ya que tengo al mejor de los maridos, además de una hermosa casa en las afueras de París, dos perros y, sobre todo, un hijo maravilloso. Aquel taponcito se ha convertido en un muchacho, ¡y qué muchacho! Guapo a rabiar, extraordinariamente afable y, en lo tocante a neuronas, mimado por la naturaleza. Estoy orgullosa de ese chico. Yo, que he tenido tan malos padres, habría podido estropearlo todo y malbaratar mi vida. Educarlo no siempre me fue fácil, hice lo que pude y, de manera especial, lo contrario de lo que hicieron mis padres. Morgan, educado en el amor y el respeto de las normas, ha sabido desenvolverse bastante bien: pasó con brillantez el examen para ingresar en la escuela de comercio y, más adelante, lo veré cursar un tercer ciclo de Estudios Comerciales Superiores o de Ciencias Políticas. Pero si me dice que quiere ser albañil o actor, también pienso decirle amén. Lo importante es que disfrute de lo que yo no he tenido, es decir, libertad de elegir. A mí el incesto me arruinó la vida y los estudios y me ofreció una brillante carrera en la prostitución de lujo. A propósito de esto, he acabado por rendirme a la evidencia y por confesar a Morgan quién era su padre, el cliente del C. Últimamente, mi hijo ha tomado la decisión de ponerse en contacto con él. Es una decisión personal que respeto. Espero que su padre biológico responda, ya que Morgan se lo merece. Pero independientemente de que establezcan contacto, Morgan ya tiene un verdadero padre y ése es Gérard. El vínculo biológico no lo es todo, nadie mejor que yo para saberlo. Hoy, en mi pequeña familia reina el cariño, somos una familia feliz. Y hay otra buena noticia: mi padre murió debido a un paro cardíaco en julio de 2004 a la edad de sesenta y dos años. No pudo disfrutar mucho tiempo de su tercera mujer, ni de su nueva vida, ni de su mansión. Cuando me enteré de la triste noticia, mi marido y yo descorchamos al momento una botella de buen champán. ¡Chin, chin! Brindamos por la justicia y por los caminos, a veces tortuosos, a través de los cuales transita.

Sí, hoy tengo todo lo necesario para ser feliz. Pero no lo soy.

No puedo serlo, porque el incesto destruyó mi vida. Verdad es que conseguí reconstruirla. Ahora ya no soy únicamente la víctima de mi padre, sino que me he convertido en mí misma, en Isabelle, militante, madre, esposa. He conseguido incluso cambiar oficialmente de apellido y el día en que, por fin, la administración me autorizó a tirar el apellido Aubry al cubo de la basura fue uno de los más alegres de mi vida. Ahora tengo las cosas perfectamente delimitadas y, en todas mis actividades relacionadas con el incesto, utilizo Aubry, el apellido sucio de un hombre sucio y de una vida sucia. En cuanto al nuevo patronímico, lo tengo muy bien guardado, calentito y secreto. Es un apellido limpio y sólo me pertenece a mí y a mis más allegados. Con ellos procuro cultivar momentos placenteros, como puede ser aprovechar un rayo de sol, la sonrisa de mi hijo, un mimo de mi marido, un paseo, un buen libro devorado bajo el edredón. Se puede sobrevivir al incesto, lo sé, pero es extremadamente complicado, una situación muy frágil y agradable sólo a veces. Curarse de él es imposible.

Aún hoy, no puedo hacer determinados gestos que mi padre me enseñó. No puedo bailar rock, ni jugar al ajedrez, ni cocinar. Arreglar la casa y limpiarla son actividades que me angustian terriblemente y que me resultan muy difíciles de realizar.

Aún hoy, en sueños, sigo transformándome en la niña fracasada que fui en otro tiempo. La puerta Dauphine, el boulevard des Maréchaux... son lugares donde estuve muerta y sólo necesito cerrar los ojos para verlos de nuevo. Todas las noches, bien a pesar mío, regreso a mis cementerios, todas las noches se despierta mi infancia y sueño que sigo viviendo en aquel piso donde pasé mi calvario. La puerta de nuestro apartamento de cuatro habitaciones no está nunca cerrada y permite siempre que la pesadilla se pasee por él. Todo el mundo tiene entrada en él, todos pueden entrar en mi casa, en mí, pasearse a su guisa por ella. Y el despertar es siempre el mismo: mi cuerpo empapado de lágrimas y de sudor. Si hubo un tiempo en que pensé que un día tendría una vida normal, ahora sé que el contrato de inquilina del infierno es de duración indefinida. Jamás sabré realmente donde vivo.

El suicidio sigue tendiéndome los brazos. Sé que si una mañana me parece que la vida es demasiado dura, tengo a mano esa solución, que no temo. Acabar de una vez es una opción accesible a la que renuncio día tras día.

Entonces, finjo. Sí, como cuando era joven. El malestar que siento se disfraza siempre tras la risa. A veces, cuando voy a ver a mi psicóloga, me río tanto con ella que, dándose cuenta del juego, me corta y me dice:

—No estás bien, ¿verdad?

En efecto, a menudo estoy mal. No tengo raíces. No tengo padre, ni madre, ni hermana, porque los he arrancado de mi vida para protegerme, pero el luto que llevo por mi madre es atroz. Ella me llevó en su vientre, me hizo nacer. Cada día hago un esfuerzo por borrar este vínculo, este amor que siento por ella. Es duro enterrar a tu familia, sobre todo si no ha muerto. Un día desbordo energía, el día siguiente estoy en el fondo de un pozo y así me tengo, oscilando entre la depresión y esa extraña hiperactividad que ya me llamó la atención en ocasión de la operación «Cincuenta mil ositos frente al incesto». Recientemente los médicos han puesto nombre al mal que padezco y lo llaman trastorno bipolar. Enfermedad maníaco-depresiva, mal incurable, medicación de por vida. No se ha detectado ningún síntoma de este tipo entre mis antepasados. Hay médicos que creen que se trata de una patología que también puede tener su origen en un traumatismo grave. Parece que, entre las enfermedades hereditarias y las de origen traumático, mi caso se inscribe en la segunda categoría. El incesto, pues, me ha dejado un regalo del que no me libraré fácilmente, ya que durante el resto de mi vida seguiré adelante gracias al litio y a los antidepresivos. Es un tratamiento de caballo que se encarga de regular mi estado de ánimo. Navego entre los efectos secundarios, diez kilos de más y la anestesia de mis emociones. Bajo el influjo de los potingues, no me siento aplastada ni histérica y mis sentimientos se encuentran amortiguados, lo que si es malo para los agradables, es bueno, en cambio, para los que no lo son. Hace años que no trabajo y quizá no volveré a trabajar nunca más, debido a que soy oficialmente «inválida» y me encuentro sometida a todo un ejército de psiquiatras, médicos y terapeutas que curan a través del arte. Dentro de este cúmulo de cuidados, algunos me tratan con cargo a la Seguridad Social, o sea que represento un coste exorbitante para la colectividad, al igual que todas las víctimas de incesto. La violación dentro del marco familiar no es tan sólo un asunto que incumbe a la sociedad ni un simple problema jurídico, sino además una plaga de la salud pública, un pozo sin fondo en lo tocante a gasto estatal. ¿Cuánto se podría ahorrar si se optase por prevenir el incesto? Si los niños que son objeto de abuso saliesen de la sombra, si los médicos tuviesen una formación respecto a esta cuestión y se ocupasen de ellos con la máxima antelación posible, ¡cuántas depresiones nerviosas se evitarían y qué ahorro para Francia!

En lugar de eso, los profesionales hoy ignoran esta cuestión. Recientemente un voluntario, hablando sobre el tema con su médico, obtuvo esta réplica inmediata del especialista:

—Sí, por supuesto, el incesto es algo espantoso. Pero aquí, en Versalles, no tenemos casos. Afortunadamente, no es propio de la gente de aquí.

Que no se engañe, porque los violadores de niños están en todas partes, entre los camioneros y entre los profesores, entre los altos ejecutivos y entre los parados. El incesto es el vicio más

216

difundido del mundo y, sin duda alguna, el que más daño hace a los que sobreviven a él. A buen seguro que este hombre de la bata blanca trata, sin saberlo, a víctimas de incesto. Sin saberlo, es decir, sin dispensarles los cuidados que precisarían en el caso de hacerlo. Esta ignorancia no es patrimonio de los consultorios urbanos; cada vez que visito los hospitales para dejar prospectos de AIVI, oigo invariablemente el mismo comentario:

—No, no, señora, esto es un hospital para adultos. Le voy a dar la dirección de las instituciones pediátricas.

No se establece de manera lógica la relación entre las violaciones de ayer y las secuelas de hoy. Y sin embargo, el cuarenta por ciento de los alcohólicos manifiestan que fueron violados en su infancia. La mitad de los anoréxicos confiesan haber sufrido abusos sexuales cuando eran niños, al igual que la mayoría de los bulímicos. Y entre los depresivos, los suicidas y los toxicómanos, ¡cuántos menores víctimas de abusos! Los hay a montones, de esto no cabe ninguna duda. Los raros estudios científicos coinciden en este punto: el niño violado por un miembro de su familia sufre una traición tan importante que repercutirá en él toda su vida y se traducirá en trastornos del sueño, de la alimentación, en alteraciones psicológicas y psíquicas.

Sin embargo, en el ánimo de la gente el incesto no deja huellas.

Esta ignorancia, esta inconsciencia me ponen literalmente fuera de mí. No ha cambiado nada desde que yo era niña. En 2007 y 2008, la fundación canadiense Marie-Vincent llevó a cabo amplios sondeos sobre la percepción por parte de la población de los abusos sexuales perpetrados en menores. Los resultados me dejaron estupefacta. En la época actual, un adulto de cada cuatro todavía está convencido de que un niño puede provocar con su comportamiento una agresión sexual. Una aplastante mayoría de las personas interrogadas cree que los niños sufren abuso en la calle o en la escuela, pero no en un contexto familiar. En el caso de recibir las confidencias de un niño violado, la mitad de los encuestados habrían guardado silencio si el niño se lo pedía. Obrarían de ese modo por respeto a su ruego, pero también por miedo a que el niño mintiese y se vieran involucrados en un proceso judicial o tuvieran que declarar contra algún conocido. Hoy como ayer, existen siempre mil razones para no proteger a un niño que sufre.

Se hicieron estos sondeos en el seno de la población de Quebec. Pero ¿es que acaso nosotros, los franceses, estamos mejor informados o somos más valientes que nuestros primos de la «hermosa provincia»? No creo. ¿O quizás es que no se da con la misma frecuencia entre nosotros la lacra del incesto? Tampoco lo creo. Según un estudio sobre la sexualidad en el Hexágono, realizado en 2006 por dos institutos dedicados a este tipo de estudios que gozan de gran prestigio (el Inserm y el Ined), el 6,8 por ciento de las mujeres y el 1,5 por ciento de los hombres confiesan haber tenido relaciones sexuales forzadas. De cada diez casos, seis manifiestan haberlas tenido antes de los dieciocho años, por lo general por obra de personas de su propia familia. La palabra de las víctimas parece haberse liberado un tanto ya que, en efecto, el número de los abusos declarados a los encuestadores ha experimentado un aumento explosivo en los últimos años. Pese a todo, el recurso a la justicia sigue siendo espectacularmente escaso. «Esta paradoja lleva a interrogarse con respecto a la naturaleza de las respuestas aportadas a dicha violencia —concluyen los autores de este estudio, para quienes la solución está clara—: Hay que poner en marcha dispositivos de atención, seguimiento y recursos que estén mucho más cerca de las realidades de la vida de aquellas personas que son víctimas de agresión y dedicar importantes inversiones a medidas concretas de asistencia y apoyo, tanto material como social, a las personas afectadas y a su entorno.»

En resumen, que todo está por hacer en lo tocante a las víctimas, ese ejército callado del que formo parte y que no dejará de crecer en el futuro. Ya que, en este mismo momento, unos niños son violados en su propio domicilio y sufren en su carne y en su alma el mismo calvario que sufrí yo. Cuando pienso en ellos, en esos muñecos vivos destruidos ahora y aquí, siento que se me parte literalmente el corazón. Así pues, debo actuar pronto y sin desfallecer para que el incesto salga del armario donde sigue encerrado. Gracias a haber removido cielo y tierra, AIVI cuenta ahora con mil seiscientos cincuenta simpatizantes y cada mes visitan su página electrónica doce mil internautas. Tenemos antenas en París, Versalles, Burdeos, Ginebra... y no tardarán en aparecer otras en la Francia metropolitana, en el Canadá y en la Guayana a fin de prevenir los abusos y ayudar a las víctimas, federarlas, escucharlas y defenderlas. He puesto en juego un activismo agotador que ya empieza a dar sus frutos, lo que me llena de alegría. En cuanto a mis psicoterapeutas, debo decir que no comparten mi entusiasmo. A veces se inquietan, sobre todo cuando me ven exhausta, desbordada, vigilando tantos pucheros a la vez. Entonces me ponen ante los ojos unas gráficas que muestran el índice de tal cosa y la curva de tal otra y a continuación dictaminan en tono enérgico y tajante:

—Isabelle, debes calmarte, tomarte unas vacaciones... De lo contrario, lo pagarás caro.

No hago el más mínimo caso de sus alarmantes garabatos ni de sus advertencias. No quiero descansos, no pienso calmarme nunca. Los niños de hoy tienen necesidad de mi energía y de mi indignación. Esos mocosos que son violados por sus padres no disponen de un grupo de presión, ni de un partido, ni de un sindicato que los respalde. No tienen voz para hacerse oír. Por eso me peleo por ellos y seguiré peleándome siempre. Al fin y al cabo, ¿qué voy a perder? ¿Lo que me queda de salud, de energía? Pero si yo ya estoy muerta... Hace mucho tiempo que se perdió el sentido de mi vida, se fue por el desagüe de la bañera cuando chapoteaba en ella con mi padre. Es un aplazamiento de condena y, si he sobrevivido, ha sido gracias a que negué la realidad y, más tarde, gracias a mi hijo. Por él dejé de lesionarme y, porque dependía de mí, evité suicidarme durante mucho tiempo. Ahora que ya está criado, mi asociación es mi razón de ser. Gérard, mi marido, me hace extraordinariamente feliz, pero su amor, por sí solo, no sería bastante para frenar la atracción del vacío. Lo que hoy me mantiene en pie es la guerra contra el incesto. Un grupo presencial abierto, una aparición en la tele, una manifestación que sacude a los políticos... son pequeñas batallas que gano y que equivalen a una revancha sobre mi histo-

219

ria, un bofetón en la cara de los violadores de niños, mi padre el primero. Lo que hoy me salva es salvar a otros niños o, por lo menos, intentarlo. De ese modo conseguiré que la pesadilla que viví sirva para algo. De ese modo, mientras haya que cambiar las leyes y las mentalidades, seguiré dando la cara. Mientras haya niños que precisen ayuda, no me consideraré con derecho a pegarme un tiro.

Después, veremos...

La Asociación Internacional de las Víctimas de Incesto (AIVI) fue fundada en el año 2000 por Isabelle Aubry. El incesto no tiene fronteras, AIVI tampoco. Dondequiera que aparezca este flagelo, la asociación tendrá una razón para existir y actuar a fin de reunir, ayudar y transmitir la palabra de los supervivientes de incesto que han vivido o siguen viviendo bajo el peso del silencio.

Si quiere ayudar a AIVI, asóciese o envíe sus donativos a:

AIVI
BP 80200
75921 París Cedex 19

Para más información: http://aivi.org
Para establecer contacto: contact@aivi.org

Este libro utiliza el tipo Aldus, que toma su nombre
del vanguardista impresor del Renacimiento
italiano Aldus Manutius. Hermann Zapf
diseñó el tipo Aldus para la imprenta
Stempel en 1954, como una réplica
más ligera y elegante del
popular tipo
Palatino

***

**

*

La primera vez se acabó de imprimir
en un día de invierno de 2010,
en los talleres de Brosmac,
carretera Villaviciosa de Odón
(Madrid)

***

**

*